D1735131

Hartmut Schauer · DELTA FORCE

Hartmut Schauer

DELTA FORCE

IMPRESSUM

Einbandgestaltung: Günther Nord

Titelbild: US Army / Mike Buytas

Bildnachweis: Defense Visual Information Center, US Forces, US Army, US Air Force, US Navy, US Special Operations Command, Heckler & Koch, Archiv des Verfassers

ISBN: 978-3-613-02958-3

1. Auflage 2008

Sie finden uns im Internet unter www.motorbuch-verlag.de

Lektor: Martin Gollnick
Innengestaltung: Anita Ament
Druck und Bindung: Fortuna Print Export, 85101 Bratislava
Printed in Slowak Republic

INHALT

INHALT

VORWORT

Es ist eine besondere Herausforderung, über eine Anti-Terror-Einheit zu schreiben, die offiziell nicht existiert. »Delta« heißt die von einer Mauer des Schweigens umgebene, supergeheime »special mission«-Einheit für »black operations«.

Die Welt ist ein Ort voller Gefahren, nicht immer regiert das Gute! Gegenwärtig bedroht der Terrorismus die Menschheit, blutige Anschläge haben eine Spur des Todes hinter sich gelassen und die Menschen verängstigt. Terroristen töten nicht nur Unschuldige, sie lähmen Wirtschaft, öffentliches Leben und Infrastrukturen. Herkömmliche, moderne Streitkräfte eignen sich kaum zur Abwehr dieser subtilen Gefahr. Früher kämpften Staaten gegen Staaten, Armeen gegen Armeen. Am Ende standen Sieg, Niederlage und Frieden. Diese Regeln kennt der »asymmetrische« Terror-Krieg nicht mehr.

Weltweit und engagiert bekämpfen heute Spezialkräfte Terroristen, um Menschen, Frieden und Freiheit zu schützen. Diese Soldaten sind aus einem besonderen Holz geschnitzt, sie erledigen die »Drecksarbeit«. Darüber reden dürfen sie nicht, Lob ist unbekannt, Anfeindungen und fehlender Rückhalt häufiger. Nicht verwunderlich also, dass sich viele Mythen und Legenden um Delta ranken, die älteste US-Anti-Terror-Einheit. Die Geheimhaltung, die den Schutz der Betroffenen und der Einsätze gewährleistet, wird in dieser Dokumentation respektiert. Es ist verständlich, dass aus einsatzrelevanten und politischen Gründen wenig über die verdeckten, manchmal umstrittenen Aktionen nach außen dringt. Daher ist es schwierig, wahrheitsgetreu und umfassend zu berichten, ohne »Falschmeldungen« zu verbreiten oder zu bestätigen. Da ich die US-Special Forces seit ihrer Gründung gut kenne, stehen die Chancen jedoch nicht schlecht! Auch Gerüchte haben oft einen wahren Kern, ich bin bemüht, Wahrheit und Fiktion zu erkennen, beides voneinander zu trennen, neutral und vorurteilslos zu berichten. Da Delta eng mit anderen Spezialkräften zusammenwirkt, sind diese recht häufig erwähnt.

Ein Wort zu den Bildern: Wegen der strengen Geheimhaltung gibt es keine offiziellen Bild-Dokumente und Presse-Fotos. Die als »echt« bezeichneten Aufnahmen halten gewöhnlich einer Überprüfung nicht stand. »Gestellte Fotos« oder eine »Dogs and Pony show« entsprechen nicht der Realität und tragen nicht zur Klarheit bei. Deshalb wurden zur Illustration meist solche Bilder verwendet, auf denen nicht Deltas, sondern andere US-Special Operators zu sehen sind, die dasselbe wie Deltas machen.

Aus Platzgründen und wegen der Fülle des Materials wurden einige Bereiche nur kurz angesprochen, andere im Überblick. Eines steht fest: Der Anti-Terror-Krieg hat das Gesicht von Delta in den letzten Jahren entscheidend verändert und wird es weiter tun!

Im Frühjahr 2008
Hartmut Schauer

»DELTA« – REALITÄT UND MYTHOS

1st Special Forces Operational Detachment-Delta (Airborne)

Das Pentagon spricht nicht über sein bestens gehütetes Geheimnis. Dahinter steckt System: Geheimhaltung, Verschwiegenheit und Überraschung sind die Grundlagen erfolgreicher »Counter Terrorist Forces« (Anti-Terror-Einheiten). Hartnäckig weigert sich das Ministerium, die Existenz der »best of the best« zu bestätigen, und schweigt eisern. Aber es gibt Ausnahmen. Hin und wieder wird das »1st SFOD-D (A)« (Luftlande-Spezial-Einsatz-Abteilung D) dienstlich erwähnt. Militär-Zeitschriften werben in Stellenanzeigen um Nachwuchs, Biographien hoher Offiziere listen Delta-Dienstzeiten auf. Zum 1. Oktober 1991 erfolgte die Umbenennung in »US Army Combat Applications Group, Airborne« (Kampf/Einsatz-Gruppe). Dies erhöhte noch die Verwirrung, aber der Name »Delta« hatte sich eingebürgert und blieb. Häufig nennt sich die Einheit »Special Forces«, aber die »Green Berets« sind ein anderer Haufen. Delta ist Fakt und spukt nicht nur als Computerspiel in den Köpfen. Als »Delta Force« (Erfindung der Medien) ist die Einheit bestens bekannt, aber die Vorstellungen der »Fans« entsprechen kaum der Realität.

Am 11. September 2001 erschütterten Terroranschläge die Welt, seitdem führen die USA den von ihnen ausgerufenen »global war on terrorism« (weltweiter Krieg gegen Terrorismus). Die militärische Führungsrolle hat dabei weitgehend das 1st SFOD-D (A) übernommen. Eigentlich gehören terroristische Gewaltakte zu den »normalen« Verbrechen, bekämpft von Polizei und Geheimdienst. Die Abwehr dieser fundamentalen Bedrohung überfordert sie aber. Im Zeitalter

Da Delta offiziell nicht existiert, fehlt ein Einheits-Abzeichen, wie es andere Einheiten haben. Das abgebildete Motiv wird dienstlich nicht getragen, wohl aber zu privaten Anlässen. Drei ineinander gefügte, grüne, weiße und goldene Dreiecke mit einem Dolch in der Mitte symbolisieren die geheimnisvolle Sondertruppe. Der Dolch ist ein Wahrzeichen für die verdeckten Operationen von Kommando-Truppen.

Terroranschläge erschüttern die Welt. Am 11. September 2001 wurde das Pentagon (US-Verteidigungs-Ministerium) angegriffen, in Brand gesetzt und teilweise zerstört. Hunderte Menschen starben oder erlitten Verletzungen, das Feuer wurde erst nach Tagen unter Kontrolle gebracht. Trotz der enormen Schäden ging die Arbeit im Ministerium weiter.

Emblem des US Special Operations Command (USSOCOM).

des globalen Terrorismus ist eine Trennung von innerer und äußerer Sicherheit Unsinn, die Grenzen sind verschwunden, nur gemeinsames Handeln hilft. Einige Staaten treten der Bedrohung mit polizeilichen Strategien entgegen, die USA setzen ihr Militär ein. Trotz einiger Gemeinsamkeiten unterscheiden sich die Spezial-Einheiten der Polizei von den militärischen. Delta ist und bleibt ein »reinrassiger« militärischer Verband. Heute stehen die US-Spezialkräfte weltweit an der »Terror-Front«, sie haben eine entscheidende Rolle übernommen. Das mit der

Terror-Abwehr beauftragte »US Special Operations Command« (USSOCOM) befehligt mehrere Sonderverbände. Operative Einsätze organisiert das gemeinsame Kommando für Spezial-Einsätze (»Joint Special Operations Command – JSOC«) mit den »Special Mission Units« (SMU), das sind neben dem 1st SFOD-D (A) die »Naval Special Warfare Development Group« (DEVGRU-SEAL Team 6) und unterstützende Einheiten.

In den siebziger Jahren breitete sich die erste Welle terroristischer Gewalt aus, Flugzeugentführungen, Morde und Geiselnahmen waren an der Tagesordnung. Sehr spät begann die US-Regierung ab Oktober 1977 mit dem Aufbau der Anti-Terror-Einheit Delta, die im Ausland US-Geiseln befreien sollte. Nach dem 11. September 2001 wurde aus den Experten für »Retten und Befreien« eine flexible Einheit, die primär Terroristen bekämpft, aber auch andere »hochsensible« US-Interessen notfalls gewaltsam und sehr diskret durchsetzt.

»Special Operations – Special Problems«, die dunkle Welt »schwarzer Operationen« verursacht rechtliche und politische Probleme, Missverständnisse und zwielichtige Dinge. Nicht allein das Pentagon gibt den Ton an, auch das Außenministerium mischt kräftig mit. Auslandseinsätze von Spezialkräften dienen auch als außenpolitische Werkzeuge. Nicht selten ist Delta mit fast unerfüllbaren Aufgaben konfrontiert, permanent besteht die Gefahr einer Überforderung. Bis vor wenigen Jahren fehlte jegliche koordinierte Terrorbekämpfung, Geheimdienste, dubiose Organisationen und nachgeordnete Ebenen mischten kräftig und erfolglos mit, dies ist heute besser. Ausnahmsweise operieren die »Special-mission-units« auf höchste Weisung außerhalb geltenden Rechts. Eine rechtliche Wertung ist aber nicht Aufgabe dieses Buches. Unter Verweis auf den Geheimschutz ist es möglich, die politische Aufsicht in Militärangelegenheiten »auszutricksen« oder zu umgehen. Natürlich bringen verdeckte Auslandseinsätze Probleme. Sie entstehen beispielsweise, wenn sie ohne formale Kriegserklärung, auch ohne Zustimmung erfolgen. Selbst der Geheimdienst CIA ist verpflichtet, dem Kongress Auskünfte über Geheimeinsätze zu geben, aber das Pentagon unterliegt dieser Kontrolle nicht. Es setzt Delta ein, wenn das dem Präsidenten unterstellte »National Security Council« (NSC) dies will. Die parlamentarische Kontrolle wird umgangen, die Macht des Präsidenten gestärkt.

Delta beherrscht die Kunst blitzartiger Schläge, List und Täuschung, Zugriffe und Hinterhalte. Verstöße gegen das Kriegsvölkerrecht werden in Einzelfällen und Sonderlagen hingenommen, oder dieses »großzügig« ausgelegt. Ein Beispiel: Wie andere Spezialkräfte auch, tragen Deltas im Einsatz »Räuberzivil«, vermeiden es, die Waffen offen zu zeigen. Streng genommen ist das nicht erlaubt. Auslands-Einsätze als Berater oder Bodyguard, strategische Aufklärung und Einsickern in feindliche Regionen sind aber in Zivil einfacher als in voller Kampfmontur. Manchmal arbeiten Operators als Angestellte ziviler Firmen mit falschen oder veränderten Namen. Ergänzend ist zu sagen, dass die völker- und kriegsrechtlichen Bestimmungen nur dann gelten, wenn beide Parteien uniformiert sind, offen kämpfen und sich an die Regeln halten. Heute ist vie-

Wappen der Central Intelligence Agency (CIA). Die Special Operators der Streitkräfte und des Geheimdienstes arbeiten mehr oder weniger eng zusammen. An der Führungsspitze gab es heftige Machtkämpfe, die Streitkräfte möchten die »halbmilitärischen« Operationen selber durchführen. In einigen Bereichen ähneln sich die Kampf- und Einsatzgrundsätze beider Formationen sehr, die Gefahr von Überschneidungen und Missverständnissen ist hoch.

les anders, denn Terroristen tragen weder Uniformen noch Pflicht-Insignien der Genfer Konvention. Da der rechtliche Status für die »ungesetzlichen feindlichen Kämpfer«, die sich an kein Recht halten, unklar ist, bleibt offen, ob und wie das Kriegsvölkerrecht im Terror-Krieg umzusetzen oder zu ändern ist. Nach Vietnam kämpfte die US-Army mit hausgemachten Problemen. Viele Amerikaner, auch die mächtigen Herren im Pentagon, lehnten Eliteverbände (außer den Marines) ab, da sich Spezialkräfte nicht in die Karten schauen lassen und angeblich nicht in eine freie, offene Gesellschaft passen. Diese Vorwürfe trafen auch Delta. Lange standen die »snake-eaters« (Schlangen-Fresser) im Abseits, etablierte Kreise nannten sie Killer, Phantasten und Söldner. Dann kam mit dem 11. September 2001 die Wende. Nun war guter Rat teuer: Wer sollte gegen die Terroristen kämpfen? Hatte der riesige Militärapparat die geeigneten Werkzeuge für einen solchen Kampf? Aber die weltweit stärkste Streitmacht war schlecht vorbereitet. Da sprangen die Außenseiter aus Fort Bragg als Retter in die Bresche. Man jubelte die wenigen Experten, allen voran Delta, zur »Speerspitze« im Kampf gegen den Terror hoch. Delta, der »Mercedes« unter den US-Spezialkräften, gilt heute als die »ultimative Waffe gegen den Terrorismus«.

Organisation

Beim 1st SFOD-D (A) gehen die Uhren anders, die Truppe ist zwar Teil der US Army, aber einmalig in Gliederung und Organisation. Sie ähnelt sehr dem »Geburtspaten« SAS. Eine »Schwadron« ist eine Kompanie, der troop (Zug) kann den britischen Ursprung nicht verleugnen. Ein erfahrener Colonel (Oberst) steht an der Spitze. Ihn unter-

stützt der »Deputy Commander« (Stellvertreter) und ein »Executive Officer« (zweiter Stellvertreter), alle Lieutenant Colonels (Oberstleutnants). Der »Adjudant« arbeitet den »hohen Tieren« zu. Nicht zu vergessen ist der erfahrene Command Sergeant Major (Oberstabsfeldwebel), er berät den Kommandeur und vertritt die Interessen der unteren Dienstgrade. Stabsoffiziere leiten die Abteilungen, die sich um Sicherheit, Personal, Ausbildung, Einsatz sowie Logistik kümmern. Ärzte überwachen die Gesundheit, Psychologen testen die seelische Verfassung und prüfen den Nachwuchs, der Militärpfarrer leistet geistlichen Beistand. Auch Juristen in Uniform fehlen nicht. Weitere Offiziere für Spezial- und Verbindungsaufgaben gehören dem Kommandostab an. Anders als die Army operiert Delta nach der Auftragstaktik und nicht nach der Befehlstaktik. Die Führung gibt die Ziele vor, überlässt die Planung und Ausführung aber den Soldaten. Delta arbeitet eng mit dem vorgesetzten JSOC zusammen, viel intensiver und direkter als üblich. So fallen nachgeordnete Führungsebenen weg, die taktische Einheit entscheidet nach Lage eigenständig. JSOC führt direkt, überwacht und unterstützt. Ein Dreisterne-General, dem fast niemand zu widersprechen wagt, führt von vorne und trägt die Gesamtverantwortung, unterstützt wird er von weiteren Generalen. »Haarige« Operationen leitet der »oberste Chef« persönlich. Damit wird die hemmende Bürokratie umgangen, werden Befehle in Minuten und nicht erst nach Tagen umgesetzt. Die »sternenreiche« Besetzung unterstreicht den hohen Stellenwert und die strategische Rolle von Delta. Fazit: Die Spezialkräfte managen den einsatz-taktischen Sektor selber, sensible Einsätze verantwortet ein General.

US Special Operations Forces im Überblick

Army
- ■ Special Forces (Spezialkräfte)
- ■ Rangers (fallschirmspringende leichte Infanterie)
- ■ Special Forces Aviation (Heeresflieger)
- ■ Civil Affairs (Aktionen im zivilen Bereich)
- ■ Psychological Command (Psychologische Kampfführung)

Navy
- ■ SEALs (Kampfschwimmer, Kommandos)
- ■ Special Boat Unit (Transportmittel/Waffenplattform)
- ■ Swimmer Delivery Unit (Unterwasser-Fahrzeuge)

Das Marine Corps baut ein Special Operations Command auf.

Air Force
- ■ Special Operations Wing (Spezialgeschwader)
- ■ Special Operations Group (Spezialgruppe)
- ■ Special Tactics Squadron (Spezialstaffel Boden/Luft)

Joint Special Operations Command (Special Mission Units)
- ■ 1st SFOD-Delta (A) (»Delta Force«)
- ■ SEAL Team 6 (Kommando-Truppe der Marine)
- ■ 24th Special Tactics (Spezialstaffel Boden/Luft)
- ■ Joint Communications Unit (Fernmeldedienst)
- ■ Joint Aviation Unit (Flugzeuge/Hubschrauber)
- ■ Joint Technical Intelligence (elektronische Aufklärung)
- ■ Intelligence Support Activity (Geheimdienst)

Die geheimnisumwitterten SEALs sind hochmotivierte und bestens ausgebildete Kampfschwimmer/Kommandos der US-Marine und arbeiten eng mit Delta zusammen. Ihre Stärken sind strategische Aufklärung und geheime Erkundungen im feindbesetzten Gebiet. Im Taucheranzug beobachtet dieser mit modernen Kommunikations-Mitteln ausgestattete SEAL intensiv sein Ziel-Objekt.

Über Stärke und Zusammensetzung der 1st SFOD-D (A) gibt es widersprüchliche Angaben mit der Gemeinsamkeit, dass sie alle falsch sind. Die Zahlen schwanken zwischen 400 und 4000 Köpfen, da nicht zwischen Einsatzkräften, internen und peripheren Unterstützern unterschieden wird. Mit einiger Sicherheit dürfte es in den drei Ein-

Special Operator im Kampfeinsatz. Auffällig sind Bekleidung und Bewaffnung, die sich nicht nach Dienstvorschriften, sondern nach praktischen Erfordernissen richten. Das Gesicht ist von einem wüsten Vollbart überwuchert. Bärte sind nicht modisch bedingt, sondern in einigen Regionen Voraussetzung, um von den Einheimischen als »Mann und Kämpfer« anerkannt zu werden. Es dauerte lange, bis die Militär-Bürokratie das verstand.

Verschiedene Hubschrauber der Heeresflieger unterstützen Delta in vielerlei Weise. Der Bordschütze einer »Chinook« überprüft ein Maschinengewehr. Auffällig ist die freizügige, aber praktische Bekleidung des Soldaten.

Gute Zusammenarbeit mit der Zivilbevölkerung ist der Schlüssel für den Erfolg. Nur wer sie schützt, unterstützt und achtet, hat im Krieg gegen den Terror eine Chance. Neben vielerlei materiellen ilfen steht die medizinische Betreuung der Menschen hoch im Kurs. Ein Sanitäter behandelt in einer improvisierten Sprechstunde kranke Kinder in einem abgelegenen afghanischen Dorf.

Die Sondereinheiten der US-Luftwaffe unterstützen mit Spezial-Flugzeugen und Helikoptern am Boden eingesetzte Kräfte. Eine äußerst wirksame Rolle in der Luft-Nahunterstützung übernimmt die AC-130 »Spectre«, ein kampfwertgesteigerter Nachfolger der AC-130H. Ihre schwere Waffenanlage ermöglicht die gleichzeitige Bekämpfung von zwei Zielen bei Nacht, im Bild deutlich erkennbar.

satz-Schwadronen maximal 250 Operators für Zugriffe geben. In ihrer Personalakte ist als »Skill qualification identifier« (ein Ausbildungs- und Tätigkeits-Nachweis) ein »T« vermerkt. Etwa 800 Delta-Soldaten unterstützen direkt, sind aber keine Zugriff-Kräfte, weitere abrufbare Einheiten stehen als Verstärkungen bereit.

Aufbau der 1st SFOD-D (A)

- A-squadron (1. Einsatz-Schwadron)
- B-squadron (2. Einsatz-Schwadron)
- C-squadron (3. Einsatz-Schwadron)
- D-squadron – Selection Cadre (Ausbildungs-Schwadron)
- Support squadron (Unterstützungs-Schwadron)
- Signal squadron (Fernmelde-Schwadron)
- Aviation platoon (Heeresflieger-Zug)
- »Funny platoon« (Nachrichten-Zug)

Die drei operativen Einsatzeinheiten A, B und C sind das Herzstück der Delta-Truppe, sie tragen auch den Namen »Sabre Squadron« (Säbelschwadron). Die jeweils weniger als 100 Mann starken Einheiten führt ein Lieutenant-Colonel, dem ein Schwadron-Führungstrupp zur Seite steht. Jede Schwadron besteht aus drei oder vier »troops« (Zügen), geführt von einem Captain (Hauptmann) oder Major, sowie vom Sergeant-Major (Stabsfeldwebel). Das sind hochdotierte Stellen, die Führerdichte ist beachtlich. Jede Einheit besteht aus zwei »assault troops« (Angriffs/Sturm-Zügen) und einem Scharfschützen-Zug. In besonderen Lagen werden Scharfschützen und Zugriffs-Kräfte auf Zug-Ebene kombiniert. Scharfschützen-Teams beobachten, sichern, geben Feuerschutz und bekämpfen Einzelziele. Jeder »troop« gliedert sich in Zug-Trupp sowie vier bis fünf Vierer-Teams (A-E). Das kleinste taktische Element führt oft ein Master-Sergeant (Hauptfeldwebel), manchmal ein Warrant-Officer (Fachoffizier). Ein Team setzt sich aus Waffen-Experten, Funker, Pionier sowie Sanitäter zusammen. Fast alle Teams sind spezialisiert, sie beherrschen HALO/HAHO-Sprung-Techniken aus großer Höhe, den Winter- und Gebirgskampf, sind in Wüsten und arktischen Regionen heimisch. Andere absolvieren die Taucher-Ausbildung, sind Sprengstoff-Experten, sprechen Fremdsprachen oder kennen fremde Länder und deren Sitten. Zweiergruppen und Einzel-Personen erfüllen eigenständig diverse Aufträge im Ausland. Falls nötig, erhalten die Teams zusätzliches Personal, Nachrichten-Experten, Techniker, Dolmetscher. Zwei Trupps operieren gemeinsam als »Doppel-Team«. Das Grundelement ist die Vierergruppe, es gibt auch sechs- und achtköpfige Teams. Selten wird ein Zug eingesetzt. Das 1st SOFD-D (A) kämpft im Gefecht nicht als geschlossene Formation.

In der Ausbildungs-Schwadron prüfen Kader den Nachwuchs, bilden ihn aus und entwickeln das Training weiter.

Die Unterstützungs-Schwadron regelt Verwaltung und Finanzen, managt Logistik und Instandsetzung sowie die medizinische Versorgung. Spezialisten übernehmen die Verbesserung und Erprobung von Waffen, Elektronik und Spezialgerät. Werkstätten und technische Einrichtungen setzen ohne einengende »regulations« die Wünsche der Einsatzkräfte schnell und sauber um.

Die Fernmelder stellen weltweit abhörsichere Nachrichten-Verbindungen her, betreiben sie und halten in allen Lagen den Kontakt zu den Einsatzgruppen.

Obwohl das 160th Special Operations Aviation Regiment (Spezial-Heeresflieger-Regiment) viele Flugeinsätze übernimmt, besitzt Delta ein Dutzend wendige »Little Birds« AH-6 und MH-6, gegliedert in mehrere Züge.

Geheimnisumwittert ist der sogenannte »Funny Platoon«, kein wirklicher »Spaß-Zug«, sondern ein spezialisierter Aufklärungs-Zug. Ihm sollen einige weibliche Soldaten angehören oder angehört haben, die vor Auslandseinsätzen infiltrieren, aufklären und Aktionen vorbereiten, aber nicht kämpfen. Die US-Army verbietet Frauen den Kampf, andere Funktionen stehen ihnen offen. Geheime Aufklärung ist kein Kampfeinsatz und für Frauen erlaubt. Zumindest in der Vergangenheit wurden Frauen eingesetzt, vermutlich weniger als zehn dienten zeitweise im »Funny Platoon«. Anfangs der Achtziger sollen es vier weibliche Soldaten gewesen sein, sie wurden aber wieder abgezogen. In den Neunzigern traten fünf Frauen dem Nachrichtenzug bei und blieben dort zumindest einige Jahre, vielleicht auch länger. Im »lustigen« Zug für Nachrichtengewinnung sind Männer tätig, er war nie eine reine »Fraueneinheit«.

Zum unterstützenden Personal, der Mehrheit des 1st SFOD-D (A), gehören versierte Spezialisten verschiedenster Fachrichtungen. Ohne die Mitarbeit der Mechaniker, Funker, Sanitäter, Köche, Analytiker oder Nachschub-Fachleute wäre Delta verloren, wären erfolgreiche Einsätze gar nicht denkbar. Wichtig sind die zivilen Kräfte, Delta-Veteranen und ehemalige Soldaten. Sie beraten, bilden aus und sichern ein hohes Niveau.

Besonderheiten

Das hermetisch abgeschirmte Hauptquartier der Anti-Terror-Truppe liegt auf dem riesigen Militärstützpunkt Fort Bragg, der stolz den Namen »The Home of the Airborne and Special Operations« trägt. Die Fallschirmjäger und Spezialkräfte haben sich keine reizvolle Gegend als Heimat ausgesucht. Der ehemalige Artillerie-Schießplatz liegt in einer relativ eintönigen Landschaft und bietet wenig Ablenkung. Delta hat keine Auslands-Stützpunkte, nutzt aber US-Militär-Basen.

Bei aller Spezialisierung und Geheimnistuerei, die Deltas sind spezielle US-Soldaten, weder »Rambos« noch Geheim-Agenten, auch wenn es manchmal so scheint. Ihr Alter liegt leicht über 30 Jahre, ähnlich wie das der Green Berets. Zuvor leisteten sie in der

Fort Bragg in North Carolina beheimatet Delta und weitere Special-Operations-Verbände. Der riesige Militär-Standort zwischen Sandhügeln und Küstenebene beherbergt seit Jahrzehnten die Masse der schnellen US-Eingreif- und Luftlandetruppen. Das XVIII. Luftlande-Korps und die 82. Luftlande-Division sowie weitere Großverbände sind dort heimisch. Neben Delta befinden sich das streng gesicherte Special Forces Command und das John F. Kennedy Special Warfare Center (Ausbildungszentrum) am Standort Fort Bragg.

US Army mehrere Jahre Dienst als Sergeanten oder Kompanie-Offiziere. Nach dem Ende der Delta-Verwendung treten sie anderen Einheiten bei oder scheiden aus. Viele Operators sind verheiratet und haben Kinder. Raucher sind rar, und Deltas schlüpfen nicht in die Rolle des »last man standing« – Alkohol wird selten getrunken, Ausnahmen bestätigen die Regel. Nicht wenige sind Nichtraucher und »Anti-Alkoholiker«. Zwielichtige Kneipen werden von den meisten Delta-Boys gemieden, sie führen ein unauffälliges Privatleben. Nicht zu vergessen sind die religiösen Männer, denen ihr Glaube hilft, den schweren Dienst zu leisten.

Manchmal hängen in düsteren Bars bärtige Burschen herum, die sich als Deltas ausgeben und mit Heldentaten prahlen – das sind Aufschneider und keine »Originale«. Nach Jahrzehnten »militärischer Abstinenz« haben manche US-Bürger ihre Liebe zum Militär entdeckt. Sie rühmen sich als Helden, prahlen mit kühnen Taten, behaupten, ehemalige Deltas, Green Berets oder SEALs zu sein. Erstaunlich ist, dass hochrangige Wirtschafts-Bosse und Politiker die Dummheit besitzen, ihre Biographien entsprechend zu fälschen. Aber die wachsamen Elitekrieger passen auf, dass sich niemand mit »ihren Federn« schmückt. Sie enttarnen die »wanabees« (Möchtegernhelden) und stellen sie öffentlich bloß.

Für die Dienstzeit und auch danach sind die Deltas zum strikten Schweigen verpflichtet. Delta ist ein verschworener Haufen, die Männer halten zusammen wie Pech und Schwefel, die Vertrauensbasis ist absolut. Ohne die Kameradschaft wäre die Truppe längst untergegangen. Die Männer helfen sich privat, pflegen Freundschaften, oft über die Dienstzeit hinaus. Auch die meisten Familien machen das Beste aus ihrem wahrlich nicht einfachen Leben mit einem »Mann auf Abruf«. Intern wird eisern über dienstliche Themen geschwiegen, nur Beteiligte erhalten notwendige Informationen (»Need to know«-Prinzip), das Schweigen hat sich bewährt. Verschwindet jemand, wird nicht darüber gesprochen, nach Rückkehr gibt es keine lästigen Fragen. Über verflossene Einsätze wird kein Wort verloren, auch nicht im Gespräch mit Freunden.

Seit einigen Jahren steigen die Belastungen. Das erhöhte Operations-Tempo der Kriegseinsätze belastet Special Operators weit über Gebühr, führt sie an ihre Grenzen. Obwohl die US Army Probleme mit der Geheimhaltung hat, ist Delta vollkommen »dicht«. Bisher durfte kein Journalist das 1st SFOD-D (A) besuchen. Für eine heiße »story« opfern ehrgeizige Reporter viel und scheren sich nicht um die Folgen. Das kann für Delta tödlich sein, wer möchte dieses Risiko eingehen? Dringen Einzelheiten nach außen, werden sie nicht kommentiert. Obwohl bereits Tausende ehemalige und aktive Delta-Soldaten viel Wissen über geheime Aktionen besitzen, wird dichtgehalten. Die Deltas schließen nicht aus Angst vor Strafen den Mund, aus Überzeugung riskieren sie keine »schnelle Zunge«.

Es gibt Ausnahmen. Colonel Charlie Beckwith schrieb ein Buch über Delta, Training, Personal und die Panne im Iran. Bunt trieb es ein früherer Chef des SEAL Teams 6, der einige Zeit im Gefängnis schmorte. Er gab in einem Buch Details über maritime Sondereinsätze preis. Schlecht erging es dagegen dem Command Sergeant Major a. D. Eric L. Haney, der im Buch »Delta Force – Im Einsatz gegen den Terror« über die Ausbildung und Einsätze in den 80er Jahren schreibt. Einige Weggenossen griffen ihn an, stellten ihn als Lügner und Verräter hin, er wurde zur

Delta trägt offiziell das Ärmelabzeichen des US Army Special Operations Commands und ist so nicht als eigenständige Formation erkennbar.

»unerwünschten Person« erklärt. Aber er liebt seine alte Einheit weiterhin und betrachtet den Dienst als persönlichen Gewinn.

Auch eine geheime Truppe, die amtlich nicht existiert, verschwindet nicht in der Versenkung, sie schlägt sich mit täglichen Dingen und Bürokram herum. Gewisse Kontakte nach außen sind nötig, um den »Delta-Boys« und ihren Familien ein Zuhause zu bieten. Diese Rolle übernimmt eine fiktive Einheit, die öfters den Namen wechselt, sie hat einen Kommandeur, einen »Spieß« und ein Telefon. Für die Soldaten dient sie als Anschrift. Die Geheimhaltung geht so weit, dass die Personalakte entfernt wird und die Deltas zeitweise aus der Army ausscheiden. Die Akte verschwindet im »Security Roster« (Geheimverzeichnis). Bei Todesfällen lüftet sich der Schleier leicht, aber die Zugehörigkeit zum 1st SFOD-D wird nicht bestätigt. Als Heimateinheit ist die »Headquarters Company, Special Forces Command« (Stabs-Kompanie) angegeben.

Eine weitere Besonderheit: Wenn Operators als Zivilisten auftreten, dürfen sie lange Haare, Ohrringe, Bärte und Tätowierungen tragen. Falls erforderlich, verwandeln sich »Strolche« in zackige Soldaten – und umgekehrt. Die »Anzugsordnung« ist anders als in regulären Einheiten, richtet sich nach den praktischen Notwendigkeiten. Auftrag, Formales und »Einheitlichkeit« treten zurück. Die Delta-Boys tragen diverse Kampfanzüge, Schutzbekleidung und häufig einen Mix aus militärischer und ziviler Kleidung, Sport- und Survivalausrüstung. Sie lassen sich nicht fotografieren und geben keine Fotos weiter. Wird zu seltenen Anlässen der Dienstanzug angezogen, weisen keine Abzeichen auf Delta hin. Deltas tragen das allgemeine »Army Special Operations Command«-Abzeichen am Arm, so wie das Stabspersonal oder die Logistiker. Wer als »Green Beret« qualifiziert ist, behält die grüne Kopfbedeckung.

Delta ist rund um die Uhr gefechtsbereit, die eingeteilten Soldaten dürfen nicht den Standort verlassen. In früheren Jahren bestand für jeweils eine Schwadron Alarmbereitschaft im Wechsel. Das änderte sich durch die aktuellen Einsätze, erhebliche Kräfte fehlen nun in Fort Bragg. Trotz des Mangels steht Tag und Nacht eine Eingreifreserve für heikle Aufträge bereit. Da Operators zur Auffrischung in Fort Bragg weilen, können sie einspringen. Die Dauer der Verwendung liegt weit über dem Durchschnitt. Sechs Jahre und mehr sind häufig, einige bleiben 15 Jahre, eine Handvoll bis zur Pension. Versetzungen, Abordnungen, privat oder dienstlich bedingte Ausfälle lichten die Reihen. Tragisch sind Verletzungen, die zu lebenslangen Behinderungen führen. Verletzte können unter bestimmten Voraussetzungen in den Streitkräften verbleiben. Die

Besoldung richtet sich nach Dienstgrad, Lebensalter und Dienstalter. Es winken Zuschläge, Kostenerstattungen, Prämien und Zulagen. Da meist ein höherer Feldwebel-Dienstgrad die Norm ist, die Offiziere bekleiden mittlere und höhere Ränge, leiden die Deltas keine materielle Not. Sie beziehen als Special Operators eine monatliche Zulage von 375 Dollar sowie die Fallschirmspringer-Prämie in Höhe von 150 Dollar, Taucher streichen 225 Dollar ein. Wer eine Fremdsprache spricht, und das tun viele, wird mit je 200 Dollar belohnt. Wird die Dienstzeit verlängert, winkt eine steuerfreie Prämie von 40 000 Dollar, bei erfahrenen Kräften steigt sie auf 150 000 Dollar. Dieser Bonus ist nötig, um bewährte Kräfte zu halten und vom Wechsel in die Sicherheits-Industrie abzubringen. Das Pentagon plant, die Dienststärke zu erhöhen, ohne das Niveau zu senken, aber es ist schon schwierig, die Ist-Stärke zu halten. So scheint eine Verstärkung um 25 Prozent kaum realisierbar.

Kampf- und Einsatzgrundsätze

Überraschend, schnell und streng geheim erledigt Delta hochwertige, anspruchsvolle und gefährliche Aufträge, vorwiegend gegen Terroristen. Es gibt einige offizielle Hinweise auf weitere »schnelle, punktgenaue Operationen«, aber aus Geheimhaltungsgründen fehlt eine offizielle Aufgabenbeschreibung. Mit Beginn des Krieges gegen den internationalen Terrorismus übernahm USSOCOM die führende Rolle, passte seine Fähigkeiten an und erweiterte sie. Im Mittelpunkt steht »Counter Terrorism« (CT), der Kampf gegen Terroristen sowie die präventive Verhinderung von Terror. Obwohl alle US-Sondereinheiten terroristische Netzwerke aufspüren und verfolgen, tragen »Special Missions Units« des JSOC die Hauptlast der »Counter Terrorism Operations«. Dazu gehören die Zerstörung von Führungsstrukturen und das Ausheben von Waffenlagern. Mit einigem Erfolg versuchen sie, ihren von der Politik vorgegebenen, äußerst heiklen Auftrag zu erfüllen, nämlich den Krieg in die terroristischen Hochburgen zu tragen, bevor er die USA und ihre Verbündeten erreicht. Obwohl Belege fehlen, ist anzunehmen, dass sich die JSOC-Kräfte (Delta, SEAL Team 6) auf vier der neun Kern-Bereiche und einige Nebengebiete der den US Special Operations Forces zugewiesenen Aufgaben besonders konzentrieren.

Kampf: »Direct Action« sind überfallartige, begrenzte offensive Aktionen, die Ziele zerstören, aber kein Gelände halten. Diese klassischen Kommando-Einsätze sind gefährlicher als konventionelle Einsätze und dazu politisch oft auch riskant. Sie erfordern spezielle Einsatz-Techniken wie Überraschungsangriffe, Hinterhalte, Überfälle, Angriffe aus Distanz, Fliegerleitung, Rettung/Bergung und präzise Schläge aus der Luft.

Aufklärung: »Special Reconnaissance« sind Missionen, um aufzuklären, zu überwachen, wichtige Informationen zu sammeln, Kapazitäten, Absichten und Waffensysteme des Gegners zu erkunden. Nicht nur das Erkunden von Feindzielen gehört zu den Aufgaben der Fernspäher, sondern auch das Sammeln wichtiger Daten über Industrie, Wirtschaft und Forschung sowie die »Erfolgs-Kontrolle« nach Angriffen.

Krieg gegen den Terror: »Counter Terrorism« schließt offensive Handlungen gegen Terroristen ein. Das sind verdeckte Operationen und Überraschungs-Angriffe gegen Infrastruktur und Netzwerke. Der Gegner soll getötet, verunsichert und entwaffnet werden, bevor er Ziele von strategischer Bedeutung angreift. Die »special missions«-Einheiten beschaffen Informationen über Personal, Stärke, Organisation und Aktivitäten. Auch die Befreiung von Gefangenen und Geiseln sowie die Bergung von Material obliegt Delta weiterhin.

Maßnahmen gegen Verbreitung von ABC-Waffen: »Counterproliferation of Weapons of Mass Destruction« (CP) verhindert die Weiterverbreitung von Massen-Vernichtungswaffen. Hierzu zählt das Lokalisieren von ABC-Waffen, ihre Übernahme, Zerstörung, Sicherung und Bergung. Die Weitergabe von Massen-Vernichtungs-Waffen kann zu unübersehbaren Unruhen führen und Terroristen den Zugang zu ihnen er-

leichtern. Gegenmaßnahmen sind aktive und passive Verteidigung sowie ein »Konsequenzen-Management«. Es wird überwiegend mit geheimen Methoden und Mitteln gearbeitet.

Die Aufzählung ist nicht vollständig, sie vernachlässigt Aufgabenfelder und Kapazitäten, die im Terrorkrieg zwar weniger Bedeutung haben, aber weiter bestehen.

Heute herrschen neue Regeln und Taktiken vor: Selbstmord-Attentate, Morde, Überfälle, Sprengstoff-Anschläge, Verfolgungen und Entführungen sind einige der neuen »Kampfformen«, die das »Schlachtfeld« total verändert haben. Ihre Abwehr erfordert angepasste Taktiken, klassische Gefechte bilden die Ausnahme, Terroristen vermeiden sie. Ein nie endender Kleinkrieg ohne Re-

»Combat City«, Fort Bragg, dient mit seinen zahlreichen Gebäuden und Anlagen als wirklichkeitsnahe Ausbildungs-Anlage für den urbanen Kampf.

geln, Fronten und sichtbarer Gegner ist an ihre Stelle getreten. Nicht nur Taktik und Ausbildung haben sich verändert, auch Waffen und Material. Spezialkräfte schützen Menschen und Objekte, laufen Streife, stürmen Objekte, überwachen und klären auf, begleiten Konvois, bilden ausländische Spezialeinheiten aus, errichten Straßen-Sperren und bemannen Checkpoints. Das Durchsuchen von Gebäuden und Zivilisten ist alltäglich, überall lauern tödliche Gefahren. Verfolgungen und Festnahmen sind häufig, sehr aufwändig und binden starke Kräfte. Die Urbanisierung hat riesige Ballungsräume geschaffen, Mega-Städte dehnen sich aus und verändern die Welt. Der Kampf gegen Terroristen verlagerte sich in dicht besiedelte Räumen. Besonders dieser neue »Geländetyp« stellt das klassische Militär vor große Probleme, während er den Terroristen einen Vorteil verschafft. Sie tauchen in der Bevölkerung unter, nutzen unbeteiligte Menschen als lebende Schutzschilde. Das urbane Operations-Gebiet mit einer Mischung aus Bauten, Straßen, Plätzen, Kanälen, Tunnels, versiegelten und begrünten Flächen erfordert angepasste Kampfweisen und einen hohen Kräfteansatz. »Aus dem Dschungel in die Stadt«, diesen Weg ging das 1st SFOD-D (A) schon vor Jahren. Nun dominieren Kampfeinsätze und Zugriffe in bebautem Gelände auf kurze Distanz.

Was macht Delta sonst noch? Gerüchte über gezielte Tötungen und grausam wütende »Todes-Schwadronen«, die eine Blutspur hinter sich lassen, geistern umher. Auch Entführungen, Folter und Sabotage sind im Gespräch. Nachprüfbare Fakten fehlen! Sicher ist, dass gezielte Tötungen nur in seltenen Ausnahmefällen und nur dann stattfinden dürfen, wenn sie angemessen sind, Beweise vorliegen und durch sie »Schlimmes« (ein dehnbarer Begriff!) verhindert werden kann.

In den drei Jahrzehnten seiner Existenz hat sich Delta zu einer flexiblen Sondertruppe entwickelt. Spezialisierte Einsatzteams bekämpfen subversive Kräfte nach dem Motto »rein, zuschlagen, raus«. Heute steht Delta primär im Kampf gegen Terroristen, nimmt aber weiterhin seine Kernaufgaben wahr. Vor 30 Jahren sollte Delta auch als strategische Kommandotruppe dienen, neben der Befreiung von Geiseln und Erstürmung von Flugzeugen zum Beispiel Kriegsgefangene befreien, wichtige Ziele angreifen und sabotieren. Dann verlagerte sich der Schwerpunkt auf die Terrorismus-Abwehr sowie auf Einsätze bei nuklearen Vorfällen und im Inneren. Aus innenpolitischen Gründen wurden alternativ polizeiliche Spezial-Einheiten aufgebaut, die ziviler Kontrolle unterliegen. Als Ronald Reagan ans Ruder kam, übernahm das Pentagon das Kommando. Die Truppe nahm an fast allen Kriegen und Interventionen teil. Heute kämpft Delta in zwei Kriegen, operiert am Horn von Afrika und jagt vornehmlich »high-value terrorist targets« (hochwertige terroristische Ziele). Zusätzliche Kräfte stehen für Notfälle bereit. Das kann eine Krise in einem Staat sein, der nukleare Waffen hat. Delta agiert aktuell offensiver als in der Vergangenheit. Für den Nahkampf sind andere, härtere Kampfweisen nötig als bei Rettungsaktionen. Im Jahr 2007 hielten sich nur noch geringe JSOC-Kräfte in Afghanistan auf, etwa 30 SEALs und CIA-Operators sowie eine Ranger-Kompanie. Anders sieht es im Irak aus. Dort stehen über 120 Deltas sowie 120 SEALs im Einsatz, unterstützt von einem Ranger-Bataillon. 100 Operators sollen einer »Task Force Orange« angehören. Über den weiteren Kräfteansatz fehlen Informationen. Heute steht fest, dass nur gemeinsame Operationen erfolgreich sind. Special Operators und andere Kräfte arbeiten eng zusammen und bilden »Task Forces« (TF), Kampfgruppen. Aus den früheren Task Forces 11, 20, 121, 145 und 6-26 entwickelten sich die TF 16, 88 und 373. Der Namenswechsel erfolgte wegen der Sicherheit. Im Irak führten sie 300 Zugriffe durch, die aber die Lage nicht entscheidend veränderten.

Operators – Kämpferische Patrioten

Deltas »Kapital« sind seine Soldaten. Was trennt die Spezialkräfte von den »Waffenbrüdern«, wie und warum ertragen sie die harte Ausbildung und meistern höchste Belastun-

gen? Warum suchen intelligente junge Männer diese Herausforderung? Ist es Berufung oder Ehrgeiz? (Am Geld liegt es sicher nicht.) Welcher Typ Mensch riskiert Kopf und Kragen? Zum »Supersoldaten« eignen sich nur wenige, keine Rambos, kein »Superman«, schon gar keine Mörder. Es ist schwer, die Ursachen ihrer hohen Motivation zu finden. Deltas sind keine Mörder, keine Killerelite für »dirty jobs« oder eine »Terrorbande« des Präsidenten. Sie leben in dauernder Anspannung, riskieren fast täglich Leben und Gesundheit, verzichten auf ein angenehmes Dasein, sie ertragen Schmerzen und familiäre Belastungen. Eines steht fest: Naive Träumer und Maulhelden schaffen das nicht, sie scheitern an der Realität. Kriminelle auch nicht! Es sind cha-

Wie diese Patrouille bevorzugen Special Operators die Dämmerung und Dunkelheit für ihre Einsätze.

raktervolle, verantwortungsbewusste, motivierte Menschen, die ein klares Ziel vor Augen haben. Deltas sind zähe, reife, teamfähige Personen, denken und handeln unter Stress eigenständig und lagegerecht. Mut, Disziplin, Härte, gute Gesundheit, Ausdauer und ein starker Wille sind nötig, um der elitären »Brüderschaft« anzugehören. Aber auch Elite-Soldaten kochen nur mit Wasser, sind nicht fehlerfrei, kennen aber vielleicht besser als andere das eigene Limit und die eigenen Schwächen.

»Special, not super«, diese Worte zeigen die Grenzen auf. Auch Elite-Soldaten sind keine Übermenschen. Aber wer sich überwindet ,beweist, dass er die nötige Willens- und Tatkraft besitzt. Die scharfe Auslese filtert Soldaten heraus, die wirklich wollen und können. Jeder aktive und ehemalige Soldat kann ein Lied davon singen, wie lustlos und unmotiviert viele ihren Dienst tun. Sie vermeiden Risiken, Anstrengungen, zählen die Tage bis zur Entlassung. Solche Soldaten finden bei Delta keine Heimat. Es gibt keine leichte Tour, nur wer bereit ist, alles zu geben, sein Leben ganz dem Beruf widmet, hat dort eine Chance. »We don't want a guy who can beat up everybody in a bar. We want a guy who can go into a bar, realize it's not a good place to be, and leave.« (Wir wollen niemanden, der in einer Bar jeden vermöbeln kann. Wir wollen jemanden, der hineingeht, sieht, dass es der falsche Ort ist, und weggeht). Diese Worte leiten über zu den vielen falschen Vorstellungen, die über die ultrageheime Sondereinheit kursieren. »Kriegerelite« für die »dirty jobs« ist dabei noch eine relativ milde Bewertung. Es liegt nahe, die Männer als Abenteurer und Teufelskerle zu titulieren, aber leichtsinnige, naive Typen, »Spinner«, Schläger oder Träumer finden keinen Platz. Häufig nennt man sie

»Killer«, aber Spezialkräfte brennen nicht darauf, Menschen zu töten. Sie tragen Verantwortung und treffen in Sekunden die nicht leichte Entscheidung, zu töten oder es eben nicht zu tun. Das ist ein großer Unterschied! Charakterfeste Menschen empfinden dabei weder Freude noch Machtgefühle. Wer dem Tod ständig ins Auge blickt, unter Dauerstress steht, Angst und Schrecken erlebt, neigt zwar zur »Robustheit«, verfällt aber deswegen nicht in einen »Blutrausch«. Manche Deltas sind Idealisten, Enthusiasten, Patrioten, aber keiner ist ein Mörder. Ihr IQ liegt weit über dem Durchschnitt. Die Yale-Universität hat untersucht, warum manche Soldaten schon bei geringen Belastungen zusammenbrechen, Kommandos aber schwierige Situationen ohne psychische Schäden mühelos ertragen. Danach lieben Elite-Soldaten ein risikoreiches Leben und suchen Herausforderungen, die ein bürgerliches Dasein nicht bietet. Sie sind meist ernste, zurückhaltende und konzentrierte Menschen, denen blinder Gehorsam fremd ist und die Freiräume brauchen. Sie haben positive soziale Fähigkeiten, sind teamfähig. Warum sind manche Personen gegen Stress resistenter als andere? Yale stellte fest, dass die Kommandos keine gefühllosen Menschen sind. Meist sind sie sensibler, besonnener und ruhiger als andere, selten ängstlich oder neurotisch. Elite-Soldaten stammen nicht aus einem typischen sozialen Umfeld, einige kommen aus ländlichen Regionen, andere sind liberale, »coole« Großstadtkinder. »Bodybuilder« schaffen es kaum, auch keine frechen, großmäuligen Typen. Während eines Survival-Lehrgangs standen Kommandos und Infanteristen unter Beobachtung. Die Stresshormone der »grunts« (Army) entsprachen denen eines Patienten, der am Herz operiert wird. Aber

Voraussetzung für den Dienst in einer Sondereinheit ist es, harte körperliche und seelische Belastungen zu ertragen. Die Soldaten besuchen Lehrgänge über richtiges Verhalten in der Gefangenschaft und die Bewältigung von Stress. Dazu gehört auch, wie dieses »gefangene« Besatzungsmitglied eines Hubschraubers zu lernen, mit verbundenen Augen in einer feindlichen Umgebung nicht »durchzudrehen«, sondern ruhig und überlegt zu bleiben.

Special Operators wirkten kurz nach brutalen Verhören erholt und wach, die Infanteristen hatten einen Tag später noch hohe Stresshormone. Fazit: Spezialkräfte sind an hartes Training gewöhnt und haben schwierige Situationen bereits gemeistert. Diese Erfahrung stärkt sie, reduziert den Stress, nimmt die Angst und fördert die Leistungskraft. Allein der Wille ist entscheidend: Nicht aufgeben, trotz Schmerzen und Angst durchhalten! Die Elite-Soldaten sind locker, aber nicht disziplinlos, sie handeln »funktional« und nicht »formal«, verstehen, mit Grenzsituationen umzugehen. Kompliziert

sind Kontakte zur Hierarchie und den Partnern der »grünen Army.« Deltas gehorchen nur ihren Vorgesetzten und lehnen Offiziere ab, die auf den Dienstgrad pochen. Sie akzeptieren höhere Chargen nicht automatisch, erkennen und ignorieren sofort »Schauspieler« und arrogante Typen. Es wird behauptet, dass Kommandos die Army hassen und oft deshalb zu den Spezialkräften wechseln. Das stimmt bedingt, aber von Hass zu sprechen, scheint übertrieben. Elite-Soldaten leben zweifelsohne in ihrer eigenen Welt, heben sich von der Masse ab. Aber das ist eine ganz normale Erscheinung und keine Arroganz. Innerhalb der US-Streitkräfte gibt es Differenzen und Konkurrenz, die man nicht überbewerten darf. Die echten Deltas gehören zu dem Soldaten-Typ, der den Beruf liebt und in ihm bedingungslos aufgeht. Sie wollen echte Kämpfer sein und etwas leisten. Dieser Wunsch erfüllt sich für viele Soldaten oft nicht. Langweiliger, sturer Garnisonsdienst, Routine und »unsoldatische« Tätigkeiten vermiesen ihnen das Soldatsein. Special Operators sind ein verschworener Haufen, benötigen Freiräume und Gelegenheit, den Tatendrang zu befriedigen.

»Schwarz-Weiß«

Delta, eine »special mission«-Einheit des JSOC, übernimmt die geheimen »black operations«, harte Kampf/Undercover-Einsätze. Die »weißen« Spezialkräfte agieren weitgehend offen und weniger geheimnisvoll. Das sind die »Green Berets«, Verbände für psychologische Kriegsführung und solche zur Unterstützung ziviler Projekte. Obwohl beide Gruppen ein Ziel verfolgen, herrschen gegensätzliche Vorstellungen über das »Wie«.

Die »schwarzen« Kräfte bevorzugen hartes Zuschlagen und glauben an die Wirksamkeit von Waffen und Gewalt. Dieses Ausbildungs-Bild zeigt das Sprengen eines Fahrzeuges mit Plastik-Sprengstoff auf einem US-Übungsplatz.

Die »Weißen« bevorzugen unkonventionelle und indirekte Wege. Sie versuchen, das Vertrauen der Menschen zu gewinnen und gemeinsam mit ihnen den Gegner zu bekämpfen. Bei den mit Panzerfäusten bewaffneten Afghanen handelt es sich um Angehörige der siegreichen Nord-Allianz, die im Herbst 2001 die Taliban im Handumdrehen besiegten.

Die »schwarzen« Kräfte gehen aggressiv vor, oft mit »kick down the door«-Methoden (Türen eintreten). Auf den ersten Blick erzielen sie tolle Erfolge. Manchmal läuft es nicht so gut, sie treffen Unschuldige, schaffen mehr Probleme, als sie lösen. Die harten Burschen stehen auf »strike missions«, »Heldentaten«, die jungen Soldaten imponieren, honoriert von Vorgesetzten, die nach Erfolgen dürsten. Seit 2001 sind die Kommandos im Vormarsch und haben die klassischen Green-Berets-Sondereinsätze verdrängt. Das Pentagon liebt die »hardliner«, denen zwar Osama bin Laden entkam, die aber Saddam Hussein und hochrangige Terroristen schnappten. Langfristig führen eher die »sanften« Bemühungen »weißer« Kräfte zu Erfolgen, sie gewinnen Vertrauen und sichern den Frieden. Der frühere Minister Rumsfeld glaubte, mit SOF-Einheiten das große Los gezogen zu haben und machte sie zu einer erfolgreichen, aber nicht siegreichen »killing machine«. Im Sommer 2007 haben die »Weißen« etwas an Boden gewonnen, da sich die harten US-Strategien offensichtlich nicht bewähren. Die Befürworter von »Unconventional Warfare« setzen dagegen auf ein bewährtes Vorgehen. Es beginnt mit dem Einsickern in feindliches Territorium, Kontakte zur Zivilbevölkerung werden hergestellt und Informationen gesammelt. Erst dann folgen Kampfeinsätze, möglichst von einheimischen Kräften ausgeführt.

Nach diesem Konzept wurden 2001 die Taliban vernichtend geschlagen. Allerdings

Trotz örtlicher Erfolge verschlechtert sich die Situation in Afghanistan und im Irak von Tag zu Tag. Der Sieg gegen die Taliban wurde verschenkt, heute sind sie wieder erstarkt, gefährden und sabotieren den Frieden. Im Irak lief alles noch schlechter, nach dem »Einmarsch« brachen Konflikte aus, die vorhersehbar waren, die aber niemand hatte wahrnehmen wollen.

Mit Härte allein sind zwar einmalige Erfolge machbar, langfristig verändern diese jedoch wenig. Das hat nun scheinbar auch das Pentagon kapiert, es gab Personalveränderungen. Nun will man »indirekte« Wege gehen, um die Lage zu stabilisieren. Aber das dürfte zu spät sein, ungenutzte Chancen kehren nicht zurück, und was falsch zu machen war, ist auch falsch gemacht worden. In Afghanistan hätten nach dem Sieg über die Taliban ernsthafte Wirtschafts- und Wiederaufbauhilfen einsetzen müssen. Aber das Gegenteil trat ein, die Special Forces zogen viel zu früh ab und wurden auf den Irakkrieg getrimmt. Dort kämpften sie zwar tapfer, erinnerten sich aber erst wieder an ihren Kernauftrag, als es zu spät war. Einen Bürgerkrieg, in den 25 rivalisierende Gruppierungen verwickelt sind, können fremde Mächte nicht lösen, der Schlüssel liegt in den Händen der Iraker. Fazit: Ungeduld beseitigt keine Probleme, sondern schafft nur neue. Auch den, der nicht warten kann, bestraft das Leben! Ungeduld und falscher Tatendrang haben vieles verschlechtert. Der »schwarze Trumpf« hat nicht gestochen, nur ein kombinierter Einsatz weißer und schwarzer Kräfte ist erfolgversprechend. Es gibt Vorschläge, die schwarzen Kräfte im Strike-Command (Einsatz-Kommando), die weißen im Unconventional Command zusammenzufassen.

sind Zeit und Geduld erforderlich, um die Grundlagen zu schaffen. Als die Sowjets 1980 Afghanistan überfielen, halfen CIA-Agenten und Special Forces den Einheimischen und schufen eine erste Basis, auf der sie später aufbauten. Das klappte im Jahr 2001 bestens! Aber als der Krieg gegen den Irak begann, zählten schnelle, sichtbare Erfolge. Niemand wollte Jahre in die Vorbereitung investieren, die Spezial-Kommandos, die auf moderne Waffen und Technik setzen, sollten schnell Fakten schaffen. Die aktuelle Entwicklung in Afghanistan und das Desaster im Irak beweisen, dass es nicht möglich ist, im blinden Vertrauen auf die technische Überlegenheit Schlachten zu gewinnen. Nicht der Sieg allein ist wichtig, die Menschen müssen gewonnen werden.

Mythen und Märchen

»Die tödlichsten Killer, die dieses Land hervorgebracht hat, gehören der Delta Force an«, schreibt die Los Angeles Times. Geheime Spezialkommandos geraten schnell unter den Generalverdacht, aus blutrünstigen Killern und schießwütigen Haudegen zu bestehen. Konkret fehlen solide Fakten, die dies belegen könnten. Unseriöse Trittbrettfahrer oder Anhänger von Verschwörungs-Theorien vermarkten eifrig, mit viel Phantasie und ohne Skrupel den gängigen Begriff »Delta«. Sie erfinden haarsträubende Geschichten über Ereignisse, die nie stattfanden. »As dark as Delta«, einer dieser Sprüche, vermittelt den Eindruck einer geheimnisvollen Scheinwelt, die real gar nicht existiert.

Delta, der zweite Buchstabe im griechischen Alphabet, ist als Symbol verbreitet. Der Buchstabe dient technischen und wissenschaftlichen Zwecken, Fluglinien, Forschungs-Projekte oder Hotelketten schmücken sich mit ihm. Richtig spannend wird eine Beschäftigung mit dem Reizwort »Delta Force«. Obwohl es kaum Fakten gibt, sind »Delta Force«-Produkte und Aktivitäten unüberschaubar. Selbst eine bekannte Sportartikelfirma bezeichnet Laufschuhe mit dem Zusatz »Delta Force.« Waffen-Firmen, Fan-Clubs, Survival-Enthusiasten oder Paintball-Vereine tragen diesen Namen und identifizieren sich damit. Manche idealisieren die Truppe, schlüpfen in die Rolle ihrer »Vorbilder«, gehen in ihr auf. Heute spielt jeder dritte Deutsche täglich 180 Minuten mit Computer- und Videospielen. Die Spiele-Industrie setzt jährlich 40 Mrd. Euro um, mehr als alle Kinos zusammen. Oft »kämpfen« die Online-Gamer mit anonymen Gegnern, »Ballerspiele« verherrlichen die Gewalt. Die deutschen Innenminister planen deswegen, Killerspiele zu verbieten.

Häufig beziehen sich Spiele auf frühere echte und fiktive Einsätze einer »Delta Force«, so zum Beispiel »Black Hawk Down« oder »Task Force Dagger«. Dabei wird dem Unsinn Tür und Tor geöffnet, mit der Realität hat das wenig zu tun. Effekte und »action« dominieren vor der Wahrheit. Oft wird ein falsches, unkritisches Bild über die Einsatzrealität vermittelt. Besser sieht es bei den Büchern aus. Die von Delta-Veteranen verfassten Werke sind meist sachlich und wahr, sie hinterlassen aber wegen der Geheimhaltung einige Lücken. Die Filmindustrie hat sich vor über zwei Jahrzehnten des Themas bemächtigt, Delta erstmals »enttarnt« und populär gemacht. Schon 1986 verstand es Chuck Norris, mit dem Film »Delta Force« die Massen zu begeistern. So verwundert es nicht, dass »Experten« den guten Mann als den Gründer und ersten Kommandeur der Sondertruppe bezeichnen. Charlie Beckwith würde sich im Grab umdrehen! »Black Hawk Down«, das Drama von Somalia, ist ein sehenswerter Film. Auch das Fernsehen steht nicht zurück. So gehört der Terroristen-Jäger Jack Bauer, der alles im Griff hat, in der US-Serie »24« zur Counter Terrorist Unit und ist ein ehemaliges Mitglied von Delta. Die Serie »The Unit« bietet einige interessante Einblicke, schließlich diente der Verfasser von »Inside Delta Force«, ein Delta-Veteran mit acht Dienstjahren, als sachkundiger Berater. Manche Darstellungen outen die Spezialkräfte als gefühllose Kampfmaschinen und unbesiegbare Helden, gehen aber an der Wirklichkeit vorbei.

DIE ENTSTEHUNG VON DELTA

Terroristen legen Bomben, sprengen Unschuldige und sich selber in die Luft, ermorden harmlose Menschen, nehmen Geiseln, versuchen Unsicherheit und Angst zu verbreiten und so weiter. Für sie zählt nur der Erfolg, deswegen halten sie sich an keine Regeln oder Gesetze, geben kein Pardon. Fairness oder »Ritterlichkeit« fehlen völlig auf dem Weg zurück ins Mittelalter. Sie leben mitten unter uns, kennen weder Fronten noch offene Gefechte. Keiner weiß, wann die »Idealisten« wo gegen wen zuschlagen. Das macht sie sehr gefährlich. Sie wollen Aufmerksamkeit erwecken und töten wahllos Menschen. Ihr Ziel ist es, die Welt neu zu ordnen, aber ihr Weltbild ist vage, überzeugende Visionen fehlen, Demokratien sind ihnen ein Dorn im Auge. Besessenheit, blinder Fanatismus, Opferwille und Ehrgefühl machen sie bedrohlich, aber Morde formen keine bessere Gesellschaft. Eine umfassende Bekämpfung und Abwehr sind unmöglich, aber Wachsamkeit und Selbstbewusst-

sein helfen, die Gefahr zu kontrollieren. Der Terrorismus radikaler Gruppen hat im Zeitalter der Globalisierung mit ihren Anfälligkeiten und Vernetzungen neue Regeln gesetzt, er will Existenz und Freiheit zerstören. »Ihr liebt das Leben, wir lieben den Tod«, lautet das Motto der Opferwilligen gegen die Angstvollen. Mit Waffen sind sie nicht zu schlagen, militärische, polizeiliche und geheimdienstliche Aktionen sind in der Wirkung begrenzt. Wirtschaftliche und finanzielle Maßnahmen, die Medien, kulturelle und religiöse Dialoge helfen. Es gilt der Grundsatz: Terroristen

Abzeichen der Kämpfer gegen den Terror.

Ein »Molotow-Cocktail« ist von Terroristen leicht herzustellen und wirksam einsetzbar. Dieser Ausbilder für den Anti-Terror-Einsatz demonstriert vor Lehrgangsteilnehmern die Herstellung dieses Kampfmittels mit einfachen »Zutaten«.

Vor Terroranschlägen ist nichts und niemand sicher. Fanatische Selbstmord-Attentäter opfern dabei ihr Leben und verursachen schreckliche Schäden.

kämpfen im Schatten und müssen im Schatten angegangen werden!

Die Wurzeln des Terrorismus liegen im Sechstage-Krieg 1967 zwischen Israel und den arabischen Staaten, den die Israelis mit US-Hilfe gewannen. Rebellen, wie die Mitglieder des »Schwarzen Septembers«, verübten erste Terrorakte. Besonders US-Bürger wurden zu Opfern der damals noch nationalistischen und weniger blutrünstigen Terroristen. Bereits 1970 gab es Morde, Geiselnahmen und Flugzeugentführungen. Das nahe Europa, dort standen Hunderttausende GIs, eignete sich vorzüglich für blutige Anschläge. Aber der Angriff auf das olympische Dorf in München im September 1972 und die Ermordung zahlreicher Menschen führte zum ersten Höhepunkt im Terrorkrieg, er weckte die Politiker. Die deutsche Regierung und weitere Länder reagierten prompt auf die neue Bedrohung. Nach kurzer Zeit meldete die GSG 9 Einsatzbereitschaft, in den kommenden Jahren bewährte sie sich. Kaum Interesse zeigten die USA, sie folgten dem Beispiel der Europäer nicht und taten wenig für die Sicherheit ihrer Bürger und Soldaten im Ausland. Zuständig für die Anti-Terror-Ausbildung war die Militär-Polizei, erst Mitte der Achtziger übernahmen Special Forces diese Aufgabe. In Deutschland gerieten US-Soldaten ins Visier der Baader-Meinhof-Bande. Erst nach dem Erfolg der GSG 9 von Mogadischu 1977 genehmigte der US-Präsident eine Anti-Terror-Truppe – Delta. Der Terror nahm zu, in den 90er Jahren häuften sich Angriffe gegen US-Einrichtungen. Die Verantwortlichen reagierten zögerlich, es musste sie erst eine Katastrophe aufrütteln. Nach dem 11. September 2001 nahm die Welt die Bedrohung ernst.

Terror ist keine Erfindung unserer Zeit, er gefährdete die Menschheit häufig. Aber der örtlich und zeitlich begrenzte Terrorismus erzeugte nie eine existenzielle Bedrohung und wurde nur selten militärisch bekämpft. Meist übernahmen dies geheimdienstliche, polizeiliche oder paramilitärische Sicherheits- und Ordnungskräfte. Auf den ersten Blick ähnelt der Kampf gegen den Terrorismus dem gegen das organisierte Verbrechen und hat wenig mit militärischen Kampfweisen gemeinsam. Wie ein führender deutschen Innenpolitiker kürzlich sagte, ist allerdings die Wahrscheinlichkeit, Opfer »organisierter Kriminalität« zu werden, tausend Mal höher als die, einem Anschlag von Terroristen zum Opfer zu fallen. Schon früher

Truppen gegen Freiheitskämpfer, Banden, Freischärler und Guerillas zum Einsatz, die sich ähnlich wie Terroristen verhalten, die aber keine sind. Auf der unteren Einsatz-Ebene sind einige Kampfweisen fast deckungsgleich. Terror tritt im Guerillakrieg auf, aber nur als eine spezielle Taktik unter vielen. Im Zweiten Weltkrieg entstanden erste Spezial-Einheiten der Geheimdienste und der Streitkräfte. Bekannt wurden sie als »Special Forces« (Angloamerikaner) und »Brandenburger« (Wehrmacht), sie kämpften mutig und listig in kleinen Gruppen, spionierten und sabotierten. Unter Nutzung des Überraschungsmoments schlugen sie zu, wie Gespenster verschwanden sie spurlos im Nichts. Diese Kampfweise übernahmen die Spezialkräfte, die heute den Terroristen die Stirn bieten.

kämpften Soldaten gegen Gruppen mit terroristischen Zielsetzungen, diese Einsätze trugen aber stark improvisierte Züge. Einige Verbände bewährten sich, andere versagten, sie waren falsch gegliedert, ausgebildet oder ausgerüstet. Häufiger kamen reguläre

Delta-Vorläufer

Schon immer gab es Soldaten, die gerissener, aber auch intelligenter kämpften als der Gegner, sie zeichneten sich durch Mut, Stärke, Initiative, List, Härte und Rücksichtslosigkeit aus. Oft entschied eine Handvoll furchtloser Männer über Sieg oder Niederlage, die Kriegs-Geschichte ist voller Beispiele. In den Kriegen des 18. Jahrhunderts zeichneten sich Ranger- und Scharfschützen-Formationen aus. Auch im US-Bürgerkrieg setzten beide Seiten Spezialeinheiten ein, die hinter den Fronten Tod und Terror verbreiteten. In den Indianer-Kriegen heuerte die US Army weiße und indianische Scouts an und eroberte mit ihnen den »Wilden Westen«. Dann prägte und veränderte die fortschreitende Waffentechnik die Schlachtfelder. Die Fronten erstarrten, Materialschlachten gaben dem Krieg ein neues

Das Abzeichen der »Brandenburger«, einer Sondereinheit der ehemaligen deutschen Wehrmacht, trägt Dolch und Fragezeichen. Die frühere »Baulehrkompanie Brandenburg z. b. V.« (Tarnbezeichnung) entwickelte sich im Verlauf des Krieges zur »Division Brandenburg«. An allen Fronten führte sie erfolgreich unzählige Kommandoeinsätze und Handstreiche durch. Gegen Kriegsende fiel die nicht sehr »linientreue« Sondertruppe bei den Nationalsozialisten in Ungnade und wurde als Panzer-Grenadier-Division eingesetzt. Die US Special Forces der ersten Generation in Bad Tölz verehrten die deutschen Brandenburger als Beispiel und nachahmenswertes Vorbild.

DIE ENTSTEHUNG VON DELTA

Kurz vor der Invasion in der Normandie 1944 sprangen Fallschirm-Agenten des US-Geheim-Dienstes »Office of Strategic Services« (OSS) hinter den deutschen Linien ab und unterstützten französische Widerstandskämpfer. Ein mit Maschinenpistole bewaffneter Franzose und ein US-Oberleutnant überwachen die von deutschen Truppen benutzte Straße.

hässliches Gesicht. Erst im Zweiten Weltkrieg gewannen mobile Kriegsführung und spezielle Einsätze der Wehrmacht an Bedeutung. Mutige Aktionen der »Brandenburger« leiteten Blitzkriege ein, trafen den ahnungslosen Gegner, verunsicherten und »terrorisierten« ihn. Die Amerikaner bauten Sonder-Verbände auf, einige können als »Ahnen« von Delta gelten, aber konkret fehlen der »schwarzen« Truppe »Stammbaum« und Traditionsbezüge. Im Zweiten Weltkrieg verunsicherten OSS-»Operational Groups« und »Jedburghs« das Hinterland. Sie führten Widerstandskräfte, sprengten Brücken oder töteten Führer. Ähnlich agierten deutsche Kommandos, die Briten warfen den Special Air Service SAS sowie die »Commandos« ins Gefecht.

Nicht wenige dieser Kampfweisen finden auch im Krieg gegen den Terror Anwendung, Delta übernahm einige. Trotz unterschiedlicher Aufgaben ist die Sondertruppe eng mit den Green Berets verbunden. Anno 1952 herrschte zwar der Kalte Krieg, aber eine Bedrohung durch Terroristen, wie sie heute existiert, fehlte. US-Special-Forces übten nicht nur den Guerillakampf hinter dem »Eisernen Vorhang«, sie dachten auch an Szenarien, die der heutigen Terrorbekämpfung ähneln. Zur Erhöhung des Leistungsstands arbeiteten die »Trojans« mit ausländischen Eliteeinheiten zusammen. Das führte die GIs aus Bad Tölz und Fort Bragg in viele befreundete Länder. Green Berets aus der Bad Tölzer Flint-Kaserne weilten als Gäste bei den »Roten Teufeln« (Fallschirmjäger) in Frankreich, kletterten mit den Alpinis in den Dolomiten oder sprengten mit deutschen Gebirgs-Pionieren »Löcher in die Alpen«. Eng entwickelte sich der Kontakt zu den Briten, den Lieblingsverbündeten. Ab 1960 begannen Austauschpro-

gramme, der US-Offizier Charlie Beckwith und der Sergeant Dimitri Roseniuk dienten ein Jahr beim SAS in Herefordshire. Dort liegen die Wurzeln der Delta-Truppe.

Im Frühsommer 1962 nahm Sergeant first class (SFC, Oberfeldwebel) Dimitri Roseniuk Abschied von seiner Familie in Bad Tölz und trat beim 22 Special Air Service Regiment seinen Dienst an. »Rosie«, so nannten ihn die Kameraden der 10th Special Forces Group, galt als guter Soldat, er flüchtete wie viele der »alten« Green Berets aus Ost-Europa. Dimitri wuchs in der Ukraine als Sohn eines Brauerei-Besitzers auf und ging nach Kriegs- und Nachkriegswirren zur US Army. Im Jahr 1955 wurde Corporal Roseniuk, Dienstnummer RA10812618, mit 41 Soldaten nach Bad Tölz zur 10th Special Forces Group versetzt. Der helle Mann beherrschte sieben Sprachen, sprach Deutsch besser als Englisch und engagierte sich sehr für seine Männer. Als der Sergeant Major der »Trojans« es sich in den Kopf setzte, seine »Flint-Barracks« zum saubersten US-Standort in Europa herauszuputzen, spielten Roseniuk und sein Team nicht mit. Es kam zu einem heftigen Streit zwischen dem

Indian Scouts zählen zu den traditionellen Vorläufern der US Special Operations Forces. Die »Apachen-Kompanie« leistete für die US Army gegen Ende des 19. Jahrhunderts Späherdienste und nahm auch an Kampfeinsätzen gegen das eigene Volk teil. Die »Krieger« verpflichteten sich meist für sechs Monate oder die Dauer eines Feldzuges, erhielten Sold und Verpflegung wie US-Soldaten. Recht ungewöhnlich erscheint ihre Uniformierung. Die Scouts trugen zwar alte Uniform-Jacken, aber keine »unpraktischen« Hosen, sondern lange Unterwäsche. Die unterschiedlichen Kopfbedeckungen entsprechen der Stammestradition. Scouts kämpften tapfer und gerissen, waren hart und genügsam, zuverlässig und loyal.

Team-Sergeanten und Sergeant Major John Pioletti. Dimitri weigerte sich, die Männer zum »unwürdigen« Revierreinigen abzustellen. »Wir sind keine Putzfrauen, sondern Soldaten, und brauchen die Zeit zur Ausbildung«, belehrte er den mächtigen Sergeant Major. Die Weigerung blieb ohne Folgen, »Lucky«, ein aus München stammender Hauptmann, stärkte ihm den Rücken. Übrigens: Die beliebte, heute »entsorgte« Flint-Kaserne, erhielt mehrfach das begehrte Prädikat und führte bis zur Schließung 1991 stolz den Namen »Garden of Eden«.

Die 7th Special Forces Group, Fort Bragg, schickte Captain Charlie A. Beckwith zum SAS.

um seine Männer, hielt ihnen den Rücken frei und scheute keine Mühen und Gefahren. Trotz rauer Umgangsformen war er ein belesener, fürsorglicher, auch moralischer Mensch und ging in die Kirche. Beckwith war mit Leib und Seele Soldat, ein glühender Patriot, der alles für sein Land tat und sich nie schonte. Aber der große, schwere Mann mit kantigem Kinn, beeindruckender Nase und durchdringenden Augen machte sich viele Feinde wegen grober Manieren und dem Hang zum Einzelgänger. Gelegentlich trank er, diese Gewohnheit brachte ihm mehr Probleme als sie löste. An erster Stelle stand für ihn der Auftrag, um ihn zu erfüllen, opferte er zur Not seine Soldaten, in

Colonel Charlie Alvin Beckwith

Der umstrittene, leicht exzentrische Fallschirmjäger-Offizier Charlie A. Beckwith galt bei Vorgesetzten und Untergebenen als schwieriger, jähzorniger Zeitgenosse. Seine Freunde schätzten ihn trotz der derben Grobheit und Unberechenbarkeit wegen seiner Ehrlichkeit. Stets kümmerte er sich

Colonel Charlie A. Beckwith als junger Fallschirmjäger-Offizier.

den Augen einiger Untergebener etwas zu schnell. Nach Vietnam, wo er tapfer kämpfte, verfolgte ihn der Vorwurf, er sei ein »verrückter Hund«. Selbst in ausweglosen Lagen zeigte Beckwith keine Furcht, er riskierte ohne mit der Wimper zu zucken sein Leben. Die Neigung, Entscheidungen zu fällen und durchzusetzen, brachte ihm Probleme, in der US Army hat der »team-player« Vorrang, einsame Wölfe sind unbeliebt. Der grimmige Gesichtsausdruck, ständige Ungeduld und die oft verletzende Offenheit, auch Vorgesetzten gegenüber, erhöhten seine Beliebtheit nicht. Für seine Überzeugung tat er alles, ohne wie andere Offiziere an die Karriere zu denken.

Schon als junger Mann machte der 1929 in Atlanta als Sohn eines Ölhändlers geborene Offizier auf sich aufmerksam. Bei den »Green Bay Packers« galt er als guter Footballspieler, vernachlässigte aber sein Studium. Im Koreakrieg 1952 meldete Beckwith sich zur US Army, galt bei seinen Vorgesetzten als störrischer Offizier. 1955 wechselte Charlie als Chef zur Unterstützungs-Kompanie des 504. Luftlande-Regiments. Er wich keinem Streit aus, fiel negativ auf und wurde im Jahr 1958 zur benachbarten 7th Special Forces Group am Smoke Bomb Hill abgeschoben, die damals fast jeden nahm. Der Dienst bei den Berets führte meist in eine Sackgasse, in der viele »mavericks« (= Einzelgänger, Außenseiter) endeten. Beckwith schob einen langweiligen, wenig abenteuerlichen Dienst, vergeblich wartete er auf Herausforderungen. Ende der 50er Jahre, wenige Jahre nach ihrer Gründung, stand die Sondertruppe kurz vor der Auflösung. Von den mächtigen Militär-Bürokraten an die Kette gelegt, waren die Elitekrieger äußerst zahm. Als Beckwith mit Teilen der 7th Special Forces Group nach Laos ging,

erlebte er wieder nicht das große Abenteuer. Aber der Dienst als Austausch-Offizier in England prägte ihn entscheidend. Kampfeinsätze in Südostasien folgten, Stabsdienst, ein Job als Ranger-Ausbilder, und schließlich wurde er Special-Forces-Kommandeur in Fort Bragg. Obwohl Beckwith mächtige Feinde hatte, wurde er Oberst und erhielt 1977 »grünes Licht« für den Aufbau einer Anti-Terror-Truppe. Die von ihm geführte Operation »Eagle Claw« scheiterte 1980 kläglich, an dieser Niederlage zerbrach der Soldat Beckwith. Es gibt Schuldzuweisungen, berechtigte und unberechtigte Kritik. Sie richtet sich auch gegen den Menschen Beckwith und seine Schwächen. Die Gründe dafür, ihn mit einem derart verantwortungsvollen Kommando zu betrauen, lagen in seinem in Vietnam bewiesenen Mut, seiner Entschlusskraft und seinem »Draufgängertum«. Bei der Auswahl des Kommandeurs wurde aber vergessen, dass strategische Einsätze einen besonnenen und beherrschten Führer benötigen, der unter Stress ruhig bleibt, vernünftig reagiert und nicht emotional handelt. Als Eagle Claw daneben ging, reagierte der abgebrühte, coole Offizier nervös und verlor die Beherrschung. Gerade als es darauf ankam, fehlte im Durcheinander eine starke Hand. Ein beherrschter Führer hätte alles getan, das Schlimmste zu verhindern, und einen organisierten Rückzug durchgesetzt. Das Versagen in den entscheidenden Minuten mündete direkt in eine Katastrophe und in planloser Flucht.

Nach seiner Rückkehr wollte Beckwith Chef des Stabes im neuen Kommando für Sondereinsätze werden. Da General Meyer, einer seiner Förderer, zeitgleich in Pension ging, verlor er einen Fürsprecher und erhielt die Stelle nicht. Dies wurmte Beckwith,

1981 flüchtete er nach 29 Dienstjahren in den Ruhestand. Nach der Pensionierung schrieb »Charging Charlie« das lesenswerte Buch »Delta Force«, versuchte einiges zu rechtfertigen und vieles zu erklären. Obwohl Delta der Geheimhaltung unterlag, gelangten Details und Personalien an die Öffentlichkeit. Das Verhalten des Kommandeurs, dessen Untergebene den Mund nicht aufmachen dürfen, ist ungewöhnlich.

Nach dem Ausscheiden aus dem Militärdienst gründete Beckwith in Austin, Texas, die Sicherheitsfirma »Security Assistance Services« – SAS! Damit ehrte er seine »große Liebe«, den britischen SAS. Am 13. Juni 1994 fand ihn seine Frau tot im Bett. Mit 65 Jahren starb der alte Kämpfer friedlich. Die Polizei bescheinigte einen »natürlichen Tod«.

Beckwith beim SAS

Der SAS ist eine der besten Sondereinheiten und dient vielen Eliteeinheiten als Vorbild. Elitär und nicht nur militärisch zu verstehen ist das Motto »who dares wins« –

Delta arbeitet in der Ausbildung und im Einsatz eng mit der britischen Sondertruppe »Special Air Service« (SAS) zusammen. Bei einer gemeinsamen Übung in den USA setzt dieser »trooper« einen Funkspruch ab.

wer wagt, gewinnt. Ein junger, verwundeter Offizier, gelangweilt und tatendurstig, vertrieb sich 1941 in Nordafrika die Zeit mit der Planung einer Sondereinheit. Nach Überwindung interner Widerstände bewährte sich die Truppe im Kampf gegen die Wehrmacht. Sie fügte dem siegesgewohnten Deutschen Afrikakorps unter General Rommel empfindliche Verluste zu und kämpfte an vielen Fronten. Der Special Air Service ist für extrem hohe Anforderungen an das Personal bekannt, Auswahl- und Spezialtraining gelten als rigoros und besonders hart. Das war nicht immer so. 1950 gab es weder ein Auswahl-Verfahren noch eine ordentliche Ausbildung. Wer es schaffte, einen mittleren Hügel zu erklimmen und anschließend heil zurückzukommen, hatte bestanden. Viele Anwärter meldeten sich aus Gefängnissen oder wurden kurz zuvor aus der Haft entlassen.

Heute schaffen nur die besten Bewerber den Auswahlkurs und das Spezialtraining. Zu Beginn der 80er Jahre lag die Todesrate schon in der Ausbildung hoch. Erst als mehrere Männer erfroren, gab es Schlafsäcke und eine Notfallausrüstung. 1980 geriet der SAS bei einer Geisel-Befreiung ins Visier der Medien. Der Falklandkrieg erhöhte den Bekanntheitsgrad, ebenso »Desert Storm« im Irak. Die troopers unterliegen strengen Regeln, der Dienst wechselt im sechsmonatigen Turnus. Sechs Monate dauert das Training in England oder in Übersee. Es folgt ein Spezialtraining auf Zugebene, meist bei einer befreundeten Sondereinheit, im nächsten halben Jahr ist Bereitschaftsdienst angesagt. Schließlich steht die Truppe sechs Monate im Anti-Terror-Einsatz, bis vor einigen Jahren bekämpfte sie die IRA in Nordirland. Wegen der Kriegseinsätze änderte sich dieser Zeitrahmen und ist an die neuen

Erfordernisse angeglichen. Der Schwerpunkt liegt heute in Afghanistan und im Irak. Der SAS ist Teil der UK Special Forces Group und hat drei Regimenter. Das 21. und 23. Regiment sind Reserveeinheiten, sie nehmen im begrenzten Umfang an Operationen teil. Das 22. Regiment ist im Aktivdienst, seine Stärke entspricht aber eher einem Bataillon. Die vier Kampfkompanien führt ein Major, Stellvertreter ist ein Hauptmann. Die Sollstärke der »Sabre Squadrons« von sechs Offizieren und 78 Soldaten wird selten erreicht, neuerdings wechseln vermehrt »troopers« zu Sicherheits-Firmen. Die A-Schwadron besteht aus spezialisierten Luftlande-Zügen, Teileinheiten für mobile Bodeneinsätze, amphibische Landungen und den Gebirgs- und Winterkampf. Ähnlich sind die weiteren drei Einheiten gegliedert. Von Bedeutung ist die »Counter-Revolutionary Warfare Squadron« (auch Special Projects Team). Jeweils eine Schwadron übernimmt den Anti-Terror-Dienst, dies fördert einen hohen Ausbildungstand. Vier Züge mit jeweils 16 Mann in vier »patrols« bilden die Teams »Rot« und »Blau«. Sie gliedern sich in Angriffs- und Scharfschützen Teams, »patrols« (Vierer-Trupps) mit Waffen-Experten, Funker, Sanitäter und Sprengmeister.

Colonel Beckwith meldete sich damals im Geschäftszimmer der A-Schwadron und wurde als Zugführer des »Three Troop« (Dritter Zug) eingeteilt. Als der forsche Offizier durch die Unterkünfte in den alten Holzbaracken spazierte, traute er seinen Augen nicht. Daheim in Fort Bragg herrschten strikte militärische Disziplin, Ordnung und Sauberkeit, Harrschnitt, Uniformen und Ausrüstung der GIs waren perfekt. Bürokratische Vorschriften regelten jede Kleinigkeit mit größter Genauigkeit. Anders als bei der 10th Special Forces Group in Bayern, wo der Dienstbetrieb ziemlich locker, aber nicht undiszipliniert und schlampig lief, fielen die »Schlangenfresser« von der 7th Special Forces Group bei den Army-Granden in Fort Bragg bald in Ungnade. Misstrauisch beobachteten sie jeden Schritt und überwachten die Einheit besonders streng. Dafür gab es einen Grund: Gute Leistungen! Bei einem Manöver im Jahr 1955 glänzten A-Teams durch kühne Husarenstreiche. Ein Trupp drang heimlich in das streng bewachte Zelt des schlafenden obersten Generals ein und »tötete« ihn. Am Morgen wusch er sich wutschnaubend Lippenstiftstriche vom Hals, die seine »Ermordung« dokumentierten. Es ist eine »Todsünde«, einen General zu blamieren und ein sorgfältig geplantes Manöver durcheinanderzubringen. Die Strafe von höchster Stelle kam umgehend. Die A-Teams wurden abgezogen, schwer getadelt und in ihre Unterkünfte verbannt, es hagelte Disziplinarstrafen, bald herrschten »preußische« Zucht und Ordnung.

Kein Wunder also, dass »Charging Charlie« Beckwith die Zornesröte ins Gesicht stieg: Voller Abscheu musterte er das Chaos in den Unterkünften. Dreckige Böden, ungemachte Betten, schlampig eingeräumte Schränke erzürnten ihn. Ärgerlich schnauzte der forsche Hauptmann die leicht verwahrlosten Soldaten mit ihren unmilitärisch langen Haaren an. »Säubert den Boden und räumt den Saustall auf«, befahl er scharf. Sein Zorn wuchs, als ihm die Soldaten hartnäckig den Gehorsam verweigerten. Sie entfernten sich und ließen ihn wie einen begossenen Pudel stehen. Nicht im Traum hätten die GIs in Fort Bragg das gewagt!

Statt die Zeit mit Formalausbildung, Putz- und Flickstunden zu verplempern, nahmen die Amerikaner jetzt also am anstrengenden

SAS-Dienst teil, schwitzten bei Märschen im schwierigen Gelände. »Charlie« und »Rosie« gaben ihr Letztes! Als Beckwith nach einem Jahr seine SAS-Freunde verließ, war er ein neuer Mensch. Fortan wollte er der US Army einen ähnlichen Verband schenken. Mit seinen Vorschlägen fiel er jedoch auf die Nase, niemand nahm sie zur Kenntnis. Bald holte ihn das »Klein-Klein« des Garnisons-Dienstes ein. Beckwith nervte die Vorgesetzten weiter mit dem SAS-Konzept und geriet zunehmend ins Abseits. Endlich »erlöste« ihn der Vietnam-Krieg. Er wartete aber lange auf seine Versetzung nach Nha Trang. Ab Juni 1965 führte er das »Project DELTA«, eine Einheit mit ziemlich schlechtem Ruf.

Beckwith bei der Geheimtruppe B-52

In Vietnam arbeiteten Green Berets mit einheimischen Kämpfern und Söldnern zusammen. Einen Sonderstatus nahmen die »Griechen« Omega B-50, Sigma B-56 und das Project Delta B-52 ein. Delta führte das »Project Leaping Lena« (Fernspäheinsätze) fort. Als die US Army diese Formation von der CIA übernahm, wurde daraus das Detachment B-52 (Project Delta). Das von einem Major befehligte B-Team mit 11 Offizieren und 82 Soldaten arbeitete mit dem 91. vietnamesischen Ranger-Bataillon sowie einer Kompanie chinesischer Nung-Söldner zusammen. Zwölf »Roadrunner-Teams« (Green Berets, Söldner) und zwölf »Reconnaissance-Teams« (US Special Forces, vietnamesische Special Forces) klärten auf. Traf ein Team auf überlegenen Feind, hauten Rangers und Nung-Söldner den Trupp heraus. B-52 führte neben Fernspäheinsätzen auch Kommando-Aktionen und nächtliche »hunter-killer«-Aktionen durch. Als Beckwith

Inoffizielles Abzeichen der im Vietnamkrieg eingesetzten US-Sondertruppe »Project Delta« oder »B-52«. Die Kommando-Einheit übernahm risikoreiche Sondereinsätze gegen den Vietcong und die nordvietnamesische Armee. Trotz einiger Gemeinsamkeiten besteht aber keine direkte Verbindung zwischen der noch in Vietnam aufgelösten Truppe und Delta. Im Hintergrund sind die Embleme der Green Berets und die Nationalfarben der ehemaligen Republik Süd-Vietnam zu erkennen.

das Kommando antrat, fand er einen »Sauhaufen« vor. Die 30 GIs genossen in Nha Trang, einer Garnisonsstadt am Meer, das süße Leben in vollen Zügen und vergnügten sich lieber am Strand, als im Dschungel zu kämpfen. Beckwith versetzte fast alle in abgelegene A-Camps, nur sieben Mann blieben. Mit einem Flugblatt suchte er Freiwillige zum Test für ein »äußerst interessantes Projekt«, spontan meldeten sich viele Sergeanten. Sie nahmen an einem harten Test teil, den Staff-Sergeant Walter Shumate konzipierte. Zwölf Jahre später gehörte er als Sergeant Major zum Stamm der ersten »echten« Delta-Truppe und half die Einheit aufzubauen.

Sergeant Major Walter Shumate

Als Mann der ersten Stunde prägte dieses »Urgewächs« Delta entscheidend, nach seiner Pensionierung blieb er der Einheit treu und diente ihr als Zivil-Berater. Walter L. Shumate kam 1934 in Pocahontas, Virginia, zur Welt. Mit 18 Jahren ging Shumate 1952 zur US Army und diente in der Flugabwehr-Batterie beim 187th Airborne Combat Team (Rakassans) in Korea. Ende 1955 verlegte »Walt« mit der 11th Airborne Division (Luftlande-Division) nach Augsburg, im Januar 1962 meldete sich Shumate zur 1st Special Forces Group. Der begeisterte Wassersportler absolvierte 1963 einen Taucherkurs beim Underwater Demolition Team Tango der US Navy und hielt anschließend Kurse für seine Einheit. Mehrfach kämpfte er in Vietnam und benachbarten Ländern, ab 1965 als Aufklärer bei B-52. Er leitete die Freifaller-Ausbildung der 3rd Special Forces Group, bildete in der 46th Special Forces Company in Thailand GIs im Unterwasser-Kampf aus. Walt wurde Chefausbilder des »Underwater Committee« der 1st Special Forces Training Group und leitete das Training auf den Key-West-Inseln vor Florida. 1969 kam er zur »Vietnam Studies and Operations Group« und führte Himmelfahrts-Kommandos hinter den Fronten durch. Walt diente als Tauchlehrer und Intelligence Sergeant bei der 1st Special Forces Group auf Okinawa und bei der 7th Special Forces Group. Charlie Beckwith holte ihn 1977 als Sergeant Major zu Delta. Im März 1982 wurde er pensioniert, blieb aber Delta treu.

Ein gegen das Special-Forces-Camp Plei Me geführter Angriff mündete im Oktober 1965 in schwere, verlustreiche Kämpfe. Plei Me, ein 40 Kilometer südwestlich von Pleiku an der Nationalstraße 6 gelegener Stützpunkt, sperrte den Zugang zum westlichen Hochland. Sein Verlust hätte katastrophale Folgen gehabt, Südvietnam in zwei Hälften geteilt. Im Camp lebten 400 Milizionäre mit Familien sowie ein Special Forces A-Team. Am 19. Oktober 1965 griffen zwei Regimenter das Lager an und drohten es zu überrennen. Mehrere Delta-Teams landeten am 21. Oktober 1965 mit zwei Ranger-Kompanien in der Nähe des Camps und rückten nach Plei Me vor. Überall lagen verwesende Leichen, die von schweren Kämpfen zeugten. Die Truppe verstärkte die Stellungen, aber die Lage eskalierte und verschlechterte

sich. Nun verstärkte die US Air Force ihre Luftangriffe mit Napalm, die Kampfflugzeuge griffen rund um die Uhr an und brachten Entlastung. Helikopter flogen ein Bataillon der 1st Cavalry Division (Airmobile) ein. Daraufhin brachen die Kommunisten das Gefecht ab, zurück blieben unzählige Bombenkrater und 1000 Tote sowie eine vom Napalm-Öl geschwärzte, verwüstete Vegetation. Einige Wochen später sollte der Vietcong in der Aktion »Masher« aus dem An-Loa-Tal in der Küstenprovinz Binh Dinh vertrieben und in die Berge von Bong Son und An Loa abgedrängt werden.
Am 28. Januar 1966 sprangen Delta-Aufklärungs-Teams aus Hubschraubern mitten in heftiges Feuer und forderten umgehend Verstärkung an. Beckwith hörte den Funkspruch mit und flog im Helikopter zu den

Nach einem nächtlichen Angriff des Vietcong, der zurückgeschlagen wurde, überprüfen zwei US-Spezialkräfte ihr altes MG Kaliber .30. Die Stellung liegt auf einem Gipfel des Nui-Coto-Berges im Süden des Landes.

bedrängten Aufklärern. Es regnete in Strömen, der tieffliegende Helikopter geriet in schweres Maschinengewehr-Feuer. Beckwith wurde von einem Geschoss Kaliber .50 getroffen, es riss ihm den Oberkörper auf, wie durch ein Wunder überlebte er. Nach Vietnam übernahm Beckwith das Ranger-Camp nahe der Eglin-Flugbasis in Florida und träumte von einem »SAS-Ranger Bataillon« für Vietnam. Ab Ende 1967 kommandierte Oberstleutnant Beckwith das 2. Bataillon, 327th Airborne Infantry, ein luftbeweglicher, leichter Infanterieverband. Mit dem »No-Slack-Bataillon« stand er ununterbrochen im Kampfeinsatz, im umkämpften A-Shau-Tal entging das Bataillon nur durch eine Helikopter-Evakuierung der Vernichtung. Es besteht zwar kein direkter Zusammenhang zwischen dem »Project Delta« und der heutigen Delta-Truppe, aber die Erlebnisse in Vietnam dürften Charlie Beckwith stark geprägt haben.

Geburtswehen: Start im Militärgefängnis

Nach dem Vietnamkrieg führte Beckwith die »Special Forces School« in Fort Bragg und zog die stark gelockerten Schrauben an, sie verlor unter seiner rigorosen Führung die Hälfte des Personals. Im Jahr 1976 dachten einige US-Generäle über eine Anti-Terror-Truppe der US Army nach. Beckwith entwarf Pläne für eine US-Truppe nach SAS-Muster. Im Mai 1977 fand ein Gespräch mit General Frederick »Fritz« Kroessen statt, dem späteren Chef der US-Streitkräfte Europa, der die Vorschläge aus Fort Bragg unterstützte. Erheblichen Widerstand leistete die »Ranger-Lobby«, die beiden Ranger-Verbände traten 1974 die Nachfolge der Green Berets an. Im Pentagon gab es Pläne, die Rangers zur Bekämpfung von Terroristen einzusetzen. Nach heftigen Diskussionen herrschte die Überzeugung vor, dass sie zwar vorzügliche Kämpfer sind, aber keine Experten im Anti-Terror-Kampf. Im Juni 1977 las der Stabschef des Heeres, General Bernhard W. Rogers, das Konzept. Rogers erkannte die Notwendigkeit einer Anti-Ter-

Viersterne-General Frederick »Fritz« Kroesen im Gespräch mit einem deutschen General während seiner Verwendung als US-Oberbefehlshaber in Europa. Kroesen überstand in Heidelberg mit viel Glück einen Panzerfaust-Angriff der RAF auf seinen gepanzerten Dienstwagen. Er trägt am rechten Uniform-Ärmel das Abzeichen seiner alten Einheit, bei der er im Korea-Krieg als Fallschirmjäger diente. Es handelt sich um das 187. Luftlande-Regiment (Rakassan).

General Rogers förderte als Stabschef der US Army gegen massiven Widerstand den Aufbau des 1st SFOD-D (A). Später wurde er Nato-Oberbefehlshaber Europa.

ror-Truppe und übertrug General »Shy« Meyer die Oberaufsicht. »Charging Charlie« Beckwith wurde mit ihrem Aufbau betraut. Aber General Jack »Bobo« Mackmull, Special-Forces-Chef in Fort Bragg, zeigte wenig Interesse an der Truppe. Der Westpoint-Absolvent war Heeresflieger, aber kein Experte für Sondereinsätze, seine Erfahrungen beschränkten sich auf Hubschrauber-Flüge zur Versorgung abgelegener A-Camps. Er stellte zwei baufällige Baracken und etwas Geld bereit, versetzte einige Offiziere und Sergeanten. Die nächsten Monate brachten den Kadern harte Arbeit, der Aufbau einer neuen Einheit ist ein tückisches Organisationsproblem. Dabei ergab sich die Frage, ob Special Forces die ideale Heimat für eine Einheit zur Befreiung von Geiseln sind oder eine andere Unterstellung besser wäre. Aber die Deltas blieben, wo sie waren! Bald reichte der Platz nicht mehr aus, aber das Standort-Gefängnis war fast leer. Im geräumigen Gefängnis saßen elf Mann, verursachten viel Arbeit und Kosten, sie kamen in

Fayetteville in den »Knast«. Delta übernahm sechs Blocks und weitere Bauten.

Im Oktober 1977 tobte in Europa, besonders in Deutschland, ein erster Terrorkrieg. Die »Rote Armee Fraktion« (RAF) mordete erbarmungslos im »Deutschen Herbst« und brachte die junge deutsche Demokratie in Nöte, aber nicht zur Aufgabe. Mit der Entführung der »Landshut« nach Mogadischu eskalierte die Gewalt. Die GSG 9 stürmte das Flugzeug und rettete die Geiseln, die Erfolgsmeldung verbreitete sich wie ein Lauffeuer. Deutschland hatte aus dem Fiasko des Olympia-Massakers von München 1972 gelernt und mit der Polizei-Formation konsequent seine Hausaufgaben gemacht. Beckwith weilte gerade zu einer Besprechung im Pentagon, als die brisante Nachricht über die Rettung der Geiseln eintraf. General Rogers wollte Details wissen, aber die »hohen Tiere« glänzten durch Ahnungslosigkeit, für Beckwith die große Chance. Im Pentagon durfte er seinen obersten Chef über Anti-Terror-Techniken informieren. Das

Interesse des Stabschefs hatte einen Grund, kurz nach der Erfolgsmeldung bereitete eine Anfrage des Präsidenten den Offizieren Kopfzerbrechen. »Haben wir dieselben Kapazitäten wie die Westdeutschen?«, wollte der oberste Kriegsherr wissen. Die Stabs-Chefs verneinten. Keiner hatte den Mut, Carter zu sagen, dass die Streitkräfte die Entwicklung verschlafen hatten.

Rogers informierte daraufhin die Kollegen über die neue Anti-Terror-Einheit in Fort Bragg. Dem Vorsitzenden fiel ein Stein vom Herzen, er betraute die Army mit dem Kampf gegen Terroristen. Der Wunsch des Präsidenten hatte das Eis gebrochen, nun begeisterten sich alle für Anti-Terror-Einsätze. Die Generäle Rogers und Meyer drängten auf baldige Einsatzreife, alle Türen standen offen! So ist die GSG 9, deren Professionalität Präsident Carter überzeugt hatte, ein indirekter Pate von Delta.

Bereits am 19. November 1977 traf der Befehl zur Aufstellung ein, der Name Delta folgte dem Special-Forces-Schema, Detachment A Zug, Detachment B Kompanie, Detachment C Bataillon. In Fortführung des Alphabets erhielt die neue Truppe den Buchstaben »D«, Code »Delta«. Vorgesetzt waren das JFK-Center, das XVIII. Airborne Corps, das Armee-Ministerium und der Chef des Heeres, eine lange Befehlskette. Als Zeitrahmen wünschten die Politiker Einsatzbereitschaft in sechs Monaten, Beckwith forderte zwei Jahre. Um die Zeit zu überbrücken, befahl General Mackmull dem Kommandeur der 5th Special Forces Group, Colonel Robert »Black Gloves« (schwarze Handschuhe) Mountel, zunächst eine Eingreiftruppe zu bilden. Mit dieser Entscheidung goss der JFK-Chef Öl ins Feuer und löste einen Wettkampf zwischen Green Berets und Delta aus.

Den Chef der 5th Special Forces Group kennzeichneten nicht nur schwarze Lederhandschuhe, auch seine Pfeife ging nie aus. Als zackiger Offizier trug er eine »Bad-Tölz-Uniform«, immer tadellos gebügelt, frisch geputzte Stiefeln und ein verwegenes grünes Barett. Am Koppel hing der Colt und verstärkte das Bild des eisenharten Führers noch. »Blue Light« (Blaues Licht), so hieß die Übergangs-Lösung, betrachteten viele Special Forces auch als eine Chance, Mountel erhielt Rückendeckung von General Mackmull. Umgehend begannen 40 Profis mit dem Training. Sie bauten ihr »shooting house« aus alten Autoreifen und errichteten weitere Anlagen. Als Delta einsatzreif war, erfolgte die Auflösung von »Blue Light«, das Personal erhielt das Angebot, zu Delta zu wechseln. Niemand nahm die Offerte an! Beckwith und seine junge Delta-Truppe hatten gesiegt. Hätte »Blue Light« das Rennen gemacht, wäre Delta nie Realität geworden. Voller Energie suchte Beckwith Zuwachs. Am ersten Auswahlkurs nahmen 30 Mann teil, sie absolvierten einen sechs Übungen umfassenden Sporttest und mussten mindestens 60 Punkte erzielen. Liegestütze, eine Schwimmübung von 100 Metern mit Kleidern und Stiefeln sowie ein Drei-Kilometer-Lauf in 16 Minuten, durchaus machbare Leistungen, die einige Bewerber nicht erfüllten. Beim 18-Meilen-Marsch schrumpfte die Gruppe um die Hälfte. Dem folgten, ähnlich wie beim SAS, Navigations-Übungen im Uwharrie National Forst. Am Ende standen ein mehrstündiger psychologischer Test sowie Gespräche mit ausgefuchsten Trainern. Sieben Mann bestanden.

Um gutes Personal herausfiltern zu können, sind möglichst viele Bewerber nötig. Delta-Werber schwärmten aus und fahndeten nach Freiwilligen. Verzweifelt suchte Beck-

Voraussetzungen für die Zulassung zum Auswahl-Verfahren:

- Mindestalter 22 Jahre
- Dienstgrad E 6 (Staff-Sergeant/Specialist 6)
- US-Staatsbürger
- Keine gravierenden Disziplinarstrafen
- Fallschirmsprungtauglichkeit

- 110 Punkte im Armee-Leistungs-Test
- positive Sicherheitsüberprüfung/ Geheimschutz
- zwei Jahre Restdienstzeit
- Bestehen des Auswahllehrganges

with nun bei den Rangers Rekruten, er stieß auf eisige Ablehnung, niemand meldete sich. Auch die fürsorgliche »Special Forces Community« unterstützte Delta kaum. Dagegen sonnte sich »Blue Light« im Erfolg mit guten Leistungen. In seiner Verzweiflung schrieb Beckwith einen »Brandbrief«. Das dürfen loyale Offiziere nicht, sie begehen damit eine »Todsünde«, da sie den Dienstweg nicht einhalten. Beckwith schrieb trotzdem, schilderte die Personallage und mangelnde Unterstützung.

Anfang März 1978 besuchte der Stabschef Fort Bragg und holte Beckwith zu sich. Der informierte Rogers sehr direkt über die Entwicklung, ohne dabei ein Blatt vor den Mund zu nehmen. General Rogers hörte aufmerksam zu, dabei las er, dass die für Delta bestimmte Munition nicht eintraf und bei den Rivalen von »Blue Light« landete. Es ärgerte ihn, dass er so erstmals etwas über »Blue Light« erfuhr. Bevor der Boss nach einem Riesenkrach mit den Generälen wütend in das Pentagon zurückkehrte, sprach er mit Beckwith Klartext: Delta stand ganz oben auf der Prioritätenliste. Präsident Carter hatte die Zeichen der Zeit erkannt und energisch eine Anti-Terror-Truppe gefordert.

General Meyer, Stellvertreter von Rogers, knüpfte sich die »hohen Tiere« in Fort Bragg

persönlich vor und sorgte für klare Verhältnisse. Nun war Delta im Aufwind und hatte »Narrenfreiheit«. Die Schikanen endeten, die Einheit unterstand nun direkt dem Armee-Stabschef, endlich ging alles zügig voran! Am nächsten Lehrgang nahmen auch Rangers teil, von den 70 Anwärtern bestanden 14. Von 264 Bewerbern des fünften Tests schafften es 73, der Stamm der ersten Schwadron. Nach der Ausbildung im Anti-Terror-Kampf meldeten im Sommer 1978 zwei Züge der A-Schwadron Einsatz-Bereitschaft.

In den nächsten Monaten erhöhte sich der Ausbildungsstand, neue Einsatz-Techniken wurden entwickelt und trainiert. Viel Schweiß kostete die Schieß- und Scharfschützenausbildung, allein 30.000 Schuss Pistolenmunition verpulverten die Männer in einer Woche. Versuche anderer Einheiten, den »Newcomer« zu »schlucken«, scheiterten. Mit der Zeit wuchs auch die Zusammenarbeit mit fremden Sondereinheiten. Mitte 1979 veranstaltete San Juan, Puerto Rico, die achten panamerikanischen Spiele. Ursprünglich sollte Delta dort seinen Einstand geben und für die Sicherheit sorgen. Aus verschiedenen Gründen wurde dieser Plan nicht realisiert. Unter FBI-Aufsicht weilten jedoch Beobachter in San Juan. Da die Spiele friedlich verliefen, erübrigte sich ein Einsatz.

Als General Rogers Fort Bragg seinen Abschieds-Besuch abstattete, fürchtete Delta, erneut einen Förderer zu verlieren. Der Wechsel hatte aber positive Auswirkungen, neuer Stabschef wurde General Meyer. Nachdem Rogers NATO-Chef in Europa wurde, stellte er fest, dass es mit den NATO-Spezialeinheiten nicht gut lief. Er wollte dies ändern und dachte an Beckwith, der für eine neue Verwendung reif war. Im Sommer 1979 forderte er ihn als Kommandeur für die Special Operations Task Force Europe (Sondereinheiten Europa) in Stuttgart an. Beckwith weilte schon lange in Fort Bragg, auch die zwei Aufstellungs-Jahre endeten, aber die Dienstzeit wurde bis November 1979 verlängert, vor der Einsatzreife sollte kein Wechsel erfolgen. Eifrig trainierten die Männer für die Abschluss-Prüfung, die Geiselbefreiungen, der Sturm von Gebäuden und Einzel-Übungen klappten optimal und überzeugten die Zuschauer, darunter Botschafter und hohe CIA-Beamte. Am 3. November 1979 endete der Test erfolgreich, nun war die Truppe mit der »A-und B-Schwadron« einsatzbereit.

Delta in Deutschland

Im Gegensatz zu anderen Special-Operations-Kräften besitzt Delta kein Stützpunktnetz, nutzt aber US-Basen und Einrichtungen befreundeter Streitkräfte. Nach der Entführung der »Achille Lauro« wurde Ende 1986 mit der deutschen Regierung vereinbart, in Stuttgart-Vaihingen eine zwölfköpfige Delta-Truppe zu stationieren. Ihre Aufgabe war die Nachrichten-Beschaffung und Zielaufklärung. Weiterhin sollte das Team Verbindung zur GSG 9 und zum SAS halten. Im selben Jahr wurden in Karatschi Geiseln genommen, aber Delta kam zu spät. Der

Grund dafür lag in einem Streit zwischen Luftwaffe und US Army. Durch Schlampereien bei der Beladung verzögerte sich der Start, und die Retter kamen zu spät. Eine Kommission schlug vor, Zugriffkräfte in Europa zu stationieren, um schneller vor Ort zu sein. »Wir hätten vielleicht ein paar kostbare Stunden gewinnen können, wenn wir näher am Ort des Geschehens gewesen wären«, meinte ein Regierungsmitglied. Als Standorte waren Frankfurt/Main und Bad Tölz sowie Sizilien im Gespräch.

Der Plan wurde nicht verwirklicht. Die US-Regierung befürchtete, dass eine Stationierung im Gastland Probleme auslösen und terroristische Angriffe nach sich ziehen könnte, außerdem fehlten geeignete Ausbildungsmöglichkeiten. Deltas hielten sich mehrfach in Deutschland auf und nahmen an Manövern teil. Zeitweilig war die Verbindung zur GSG 9 eng, es gab gemeinsame Übungen, Personalaustausch sowie sportliche Wettbewerbe. Besonders der Kommandeur Ulrich Wegener förderte die Aktivitäten, in letzter Zeit ging die Zusammenarbeit zurück.

Eine einmalige Situation kennzeichnete lange die geteilte Stadt Berlin. Dort trafen demokratischer Westen und kommunistischer Osten aufeinander. Viele Agenten tummelten sich beiderseits der Mauer. Als Anfang der 70er Jahre die terroristische Bedrohung stieg, bauten die Amerikaner provisorische Anti-Terror-Einheiten auf. Nichts war für Ausländer einfacher, als vom Ostteil der Stadt in den Westen und umgekehrt zu gelangen. Die DDR, heiß auf die Destabilisierung des Westens, gewährte islamischen Terroristen, aber auch RAF-Mitgliedern Unterschlupf und Unterstützung. Daher schuf die Berlin-Brigade schon bald eine Eingreiftruppe. Sie baute zu Beginn der 70er Jahre eine Formation auf, finanziell unterstützt von deutschen Stellen. Auch das »hasty response Team« Berlin und das »Berlin Special Detachment Alpha« arbeiteten eng mit Delta zusammen. Als im April 1986 in der Diskothek »La Belle« Bomben detonierten und zwei Menschen töteten, verstärkten die USA die Terror-Abwehr in Berlin. Meist zweimal im Jahr bereisen Delta-Laufbahn-Berater Deutschland und werben in US-Kasernen um Nachwuchs. Im Spätherbst 2002 besuchte Sergeant first class Brian Jennings Standorte der 1. Infanterie-Division in Nordbayern und führte Gespräche mit den GIs. Im Sommer 2003 soll nach Presseberichten ein seltsamer Besuch in Deutschland stattgefunden haben. Es wurde gemeldet, dass sich eine unter CIA-Führung stehende zwölfköpfige Truppe, zu der Delta-Angehörige gehörten, in Deutschland aufhielt und nach Terroristen suchte.

Die Grenzschutzgruppe 9 (GSG 9)

Die GSG 9, für die die Rettung von Menschenleben an erster Stelle steht, gehört zu den weltbesten Spezial-Einheiten. Sie hat sich nicht nur einen guten fachlichen Ruf erworben, sondern blieb auch »moralisch« sauber. Am 5. September 1972 nahmen palästinensische Terroristen Israelis als Geiseln, sie starben bei einem misslungenen Befreiungsversuch. Nach der Tragödie im Olympischen Dorf in München reagierte die Bundesregierung blitzschnell. Der Aufbau der Grenzschutzgruppe 9 in St. Augustin bei Bonn begann. Ein Jahr später war sie einsatzbereit. Ihre Feuertaufe erlebte sie am 18. Oktober 1977 in Mogadischu. Die Beamten stürmten die Lufthansa-Maschine »Landshut« und befreiten die Geiseln.

Es folgten Hunderte Einsätze gegen Terroristen und Kriminelle, die früheren Grenzschützer und heutigen Bundespolizisten schulten auch ausländische Sondereinheiten. Der Kampf gegen die RAF stellte hohe Anforderungen an die Spezialeinheit, enge Verbindungen entwickelten sich zu Delta und zum SAS. Später schickte das KSK Personal nach St. Augustin, um den reichen Erfahrungsschatz der Profis mit dem »grünen Barett« zu nutzen. Etwa 200 Beamte gehören heute zur GSG 9, die sich aus Führungsgruppe, Fernmeldern, Technischer Einheit, Ausbildungseinheit, Versorgern, Hubschraubern sowie drei Einsatzeinheiten mit mehreren Spezial-Einsatztrupps zusammensetzt. Der Trupp ist die kleinste taktische Einheit und hat eine Stärke von fünf Mann. Die Grund-Ausbildung dauert vier Monate, ihr folgt die gleich lange Spezialausbildung. Die Bedingungen für eine Aufnahme in die GSG 9 sind sehr scharf. Ein Test prüft die geistigen und charakterlichen Fähigkeiten. Die Sportprüfung testet die körperliche Verfassung, ein Ausdauer- und Schießtest folgt. Vorgeschrieben sind eine ärztliche Untersuchung mit Prognose über die Bildungs-Fähigkeit. Etwa 50 Prozent der Bewerber schaffen diese Hürden nicht, obwohl sie erprobte Polizisten sind. Ein Drittel überlegt es sich und springt ab, während der Ausbildung scheiden 10 Prozent aus. Die Spezialausbildung ist äußerst vielseitig und führt zum Präzisionsschützen, Fallschirmspringer, Bergsteiger, Taucher und in viele andere Verwendungen. Selbst Hochgeschwindigkeits-Training ist zur Freude vieler »Autofans« angesagt. Bewaffnung, Fahrzeuge und technisches Material entsprechen den hohen Anforderungen, hier wird sogar weniger als sonst an der Ausrüstung gespart.

Eagle Claw – Katastrophe im Iran

Am 4. November 1979 besetzten Revolutionäre Garden die US-Botschaft in Teheran und nahmen 99 Geiseln. Später kamen 46 Personen frei, aber 53 US-Bürger blieben in Geiselhaft. Die Machthaber im Iran forderten die Auslieferung des in die USA geflohenen Schahs. Aber die US-Regierung lehnte dies ab und wollte den Geiseln auf diplomatischen Weg zur Freiheit verhelfen, als letztes Mittel sollte eine gewaltsame Befreiung erfolgen. Nur eine geheime, gut geplante Blitzaktion hatte Aussicht auf Erfolg. Daheim in Fort Bragg warteten die tatendurstigen Delta-Männer ungeduldig auf ihre erste Bewährungsprobe im Gefecht.

An einem Sonntagmorgen meldete »Good Morning America« die Geiselnahme im Iran und beendete die Nachtruhe von Colonel Beckwith. Das war das Richtige für Delta! Sofort verlegte die A-Schwadron unter strengster Geheimhaltung in das »CIA Camp Smokey« im nördlichen North Carolina. Dies war nötig, da damals noch der Kalte Krieg herrschte, es gab Agenten und Spione. Der Vorbefehl des Pentagons für eine mögliche Rettungsaktion lautete: »Erstürmung der US-Botschaft in Teheran, Beseitigung der Wachen, Befreiung der Geiseln und ihre Evakuierung aus dem Iran«. Delta begann mit den Planungen, verzichtete aber auf die Geistesblitze realitätsferner Offiziere. Die Vorstellungen höchster US-Militärs zeugen von großer Naivität. Ein »Experte« schlug eine Bruchlandung mit Hubschraubern im Hof der Botschaft vor. Auf die Frage, wie er sich die Evakuierung mit zerstörten Helikoptern vorstelle, blieb er die Antwort schuldig. Das Kommando über »Eagle Claw« (Adler-Klaue) lag in den Händen von Generalmajor Vaught, kein Experte für Sondereinsätze. Beckwith und sein Stab planten ein realistisches Konzept, Analytiker sammelten alle Nachrichten über die Geiseln, ihr Umfeld und die Lage im Iran. Die Operators übten die Befreiung mit der Stoppuhr und planten an Modellen jedes Detail. Soweit möglich, wählten die Soldaten Bewaffnung und Ausrüstung selber aus. Viele Männer der Sturmtrupps bevorzugten die MP5 9 mm mit Schalldämpfer, andere das CAR15-Sturmgewehr oder die alte MP M3, Kaliber 45. Die Scharfschützen bemannten MGs. Keiner verzichtete auf Pistolen oder Revolver, meist schwerkalibrige M-1911A1, Kaliber 45, andere übten mit Granatwaffen M 203 (40 mm) und M79. Im Dezember 1979 erreichte eine Information die

Die US-Botschaftsgeiseln wurden mit verbundenen Augen in Teheran der internationalen Presse vorgeführt. Unter ihnen befanden sich mehrere Marines der Schutzmannschaft und Militärs in anderen Verwendungen.

Auf dem Flugdeck der Nimitz werden die Hubschrauber gewartet und für den Flug in den Iran vorbereitet.

»Task Force 76«, drei weitere Geiseln hielten sich im Außenministerium auf. Aus Personalmangel konnte Delta kein Befreiungs-Team auf die Beine stellen. Alternativ sprangen 13 Mann vom »Special Forces Detachment A« aus Berlin ein und trainierten in Bad Tölz für ihren Einsatz.

Die Entscheidung über die Stärke der Rettungstruppe raubte den Stabsoffizieren den Schlaf. Zunächst sollten es 72 Mann sein, Anfang Dezember 1979 wurden alle 92 Soldaten in Camp Smokey eingeplant. Die A- und B-Schwadron sowie die Hilfskräfte wurden in die Elemente »Rot«, »Blau« und »Weiß« gegliedert. »Rot«, der größte Teil der A-Schwadron, sollte die Bewachergruppen beseitigen und nach den Geiseln suchen. »Blau«, die B-Schwadron, übernahm die Hauptgebäude. Die 13 Mann des »weißen Elements« sollten Feuerschutz geben und die Zugänge sichern. Ein zwölfköpfiger Ran-

ger-Trupp stand als Sicherungselement bereit. Zur Abwehr von Luftangriffen verfügten die Rangers über Redeye-»Fliegerfäuste«. Startsignal für den Zugriff in Teheran war die Sprengung einer Bresche in die Schutzmauer. Durch diese Lücke sollten die Rettungskräfte eindringen, die Geiseln suchen und in 45 Minuten finden – etwas knapp bemessen! Den Plan zu entwerfen war ein Kinderspiel, ihn umzusetzen aber nicht. Schwierig war es, unbemerkt den Raum Teheran zu erreichen. Die Planung sah so aus: Delta fliegt nach einer Landung in Frankfurt (1. Zwischenlandung) zum ägyptischen Flugplatz Wadi Kena (2. Zwischenlandung), dann auf den Flugplatz Masirahs im Golf von Oman (3. Zwischenlandung). Von dort bringen sechs C-130-Maschinen die Männer in den Iran. In den Weiten der iranischen Salzwüste, nach Satellitenfotos das alleinige geeignete Gelände, findet 500 km südwestlich von Teheran eine (4.) Zwischenlandung statt. »Desert One« (Wüste I), der in der Dasht-e-Karir-Salzwüste gelegene Rendezvouspunkt, ist der Angelpunkt des Unternehmens. Dort steigen die Deltas in RH-53D-Hubschrauber der Marine (Hochseeminenräumung) um und erreichen den Raum Teheran. Die Kommandos fliegen um 1 Uhr ab und landen zwischen 2.15 Uhr und 3.00 Uhr bei »Desert II«(ein gegen Sicht abgeschirmtes Tal) nahe der Stadt Garmsar, 80 km von Teheran entfernt. Dort beziehen sie ein Versteck unter Tarnnetzen, dringen nachts mit Lkws in Teheran ein und befreien die Geiseln. Die Hubschrauber stellten den Schwachpunkt des Unternehmens dar, einige der Helikopter aus den frühen 70er Jahren waren bereits zu 50 Prozent »abgeflogen«. Die Navy-Piloten zeigten während des Trainings wenig Lust, mitten in eine fremde Stadt zu fliegen und dort auch noch zu landen, sie wurden von »Ledernacken«-Piloten abgelöst, die zwar besser motiviert waren, aber die Maschinen nicht gut kannten. Appelle um Abhilfe blieben im Pentagon ungehört. Die Hubschrauber waren auf dem Träger *Nimitz* stationiert, der ab Januar 1980 vor der arabischen Küste kreuzte, 80 km vom Iran entfernt. Um die Aktion zu bewältigen, hätten sechs Hubschrauber genügt, aber wegen möglicher Ausfälle erhöhte sich die Zahl auf acht.

In Teheran mussten Agenten anwesend sein, um aufzuklären, das Versteck »Desert Two« vorzubereiten und den Lkw-Transport zu organisieren. Die CIA konnte nicht einen Agenten aufbieten, Meadows meldete sich aus dem Ruhestand zurück und bot seine Mithilfe an. Zuerst lehnte die CIA ab, nannte ihn einen »Amateur mit schlechtem Format, ungenügendem Rückhalt und zu wenig Ausbildung«. Erst als er ankündigte, auf eigene Faust nach Teheran zu fliegen, gab CIA-Direktor Turner seine Zustimmung. Als irischer Auto-Händler Richard H. Keith getarnt, mietete er sich im Arya Sheraton Hotel ein. Zwei seiner drei Sergeanten waren erfahrene Special-Forces-Profis und hatten in Europa das Licht der Welt erblickt. Sergeant first class Lempke überzeugte als waschechter Deutscher, Scotty McKuen als typischer Schotte, jeder beherrschte mehrere Sprachen. Der dritte, ein sprachkundiger »Amateur« der Luftwaffe, war im Iran zur Welt gekommen. Sie organisierten ein Agentennetz und mieteten sechs mit Planen geschützte Lkws und einen VW-Bus. Angeblich stellte ein reicher US-iranischer Geschäftsmann am Stadtrand von Teheran eine alte Fabrik bereit, in der die Fahrzeuge parkten. Aber bald bekam er »kalte Füße« und verließ den Iran. Meadows hielt alles unter Kontrolle, er fuhr die Strecke bis zur Botschaft ab und bestach vor der Halle auftauchende Straßenarbeiter. Die Fahrtroute verlief über den Afsarieh-Boulevard, die Resalat-Stadtautobahn, die Sajjid-Kandan-Brücke und die Modares-Stadtautobahn mit Endziel Roosevelt-Avenue.

Folgendes Vorgehen war geplant: Über eine Seitenstraße dringen die Kommandos in die Botschaft ein, überwältigen die Wachen und befreien die Geiseln. Mehrere MG-Teams bewachen die Zugänge und sichern das Vorfeld. Vier AC-130 »Gunships« greifen im Notfall mit ihren Bordwaffen ein und riegeln die Zugänge ab. Die befreiten Geiseln werden in ein Fußballstadion neben der Botschaft gebracht. Um 2.30 Uhr fliegen sie per Helikopter zum Flugplatz Manzariyeh, den eine 100-köpfige Ranger-Kompanie erobert und sichert. Anschließend verlassen alle Amerikaner in Transportern C-141 den Iran.

Major Dick Meadows

Die Gemeinschaft der Special Forces verehrt Richard J. »Dick« Meadows als ihr großes Vorbild. Meadows übernahm beim Aufbau von Delta als leitender Zivilberater eine Schlüsselrolle und prägte nachhaltig die Truppe. Er stammte aus einem abgelegenen Dorf in den Appalachen und wuchs unter ärmlichen Bedingungen auf. 1947 trat der 16-jährige, magere und untergewichtige Bursche mit falschen Angaben in die US Army ein. Da er Fallschirmjäger werden wollte, aber nicht das Mindestgewicht von 65 kg auf die Waage brachte, arbeitete er zunächst als Küchenhelfer, um »herausgefüttert« zu werden und ordentlich zuzunehmen. Im Koreakrieg wollte der junge Fallschirmjäger gegen die Kommunisten kämpfen und trat 1951 beim 674th Field Artillery Battalion, 187th Regimental Combat Team ein. Seine guten Leistungen und die Hingabe zum Soldatenberuf verhalfen ihm dazu, mit 20 Jahren zum jüngsten Master-Sergeanten (Hauptfeldwebel) der US Army zu werden. Im März 1953 ging Meadows zu den Special Forces, im November 1953 kam er mit der 10th Special Forces Group nach Bad Tölz. Über 24 Jahre diente Dick bei den Green Berets und den Rangers. Schon 1960 nahm er als erster Unteroffizier am Austauschprogramm zwischen der 7th Special Forces Group und dem britischen 22 Special Air Service Regiment teil. Er absolvierte den SAS-Auswahlkurs mit Auszeichnung und war zwölf Monate Zugführer, eine Hauptmann-Position. In Laos bildete er Soldaten der königlich laotischen Armee aus und kämpfte gemeinsam mit Eingeborenen der Kha-Stämme gegen die Kommunisten.

1965 meldete sich Meadows nach Vietnam zur supergeheimen »Studies and Oberservation Group«. Der erste Einsatz führte ihn nach Laos. Dort entdeckte sein Aufklärungs-Team »Iowa« eine Batterie originalverpackter 75-mm-Geschütze sowjetischer Herkunft. Dieser Fund hatte politische Folgen. Erstmals konnten die USA beweisen, dass Nordvietnam einen Angriffskrieg führte und die Neutralität des Königreichs Laos nicht beachtete. Als einmal fünf Vietcongs den Fehler machten, dicht neben dem Team zu lagern, trat Meadows aus der Deckung und begrüßte sie in der Landessprache: »Guten Morgen, meine Herren,

Ende Januar 1980 beherrschten die Männer jedes Detail des Unternehmens. Sie ähnelten kaum Soldaten, einheitliche Uniformen, Waffen und Ausrüstung gab es nicht. Auf dem Kopf trugen sie die praktischen, dunkelblauen Wollmützen der US Marine. Die Feldjacken waren schwarz gefärbt, eine im Iran unauffällige Bekleidung, die Beine steckten in Jeans. Äußerlich ähnelte die Truppe einer Belegschaft auf Betriebsaus-

flug und nicht einer Eliteeinheit. Dienstgrad-, Tätigkeits- und Einheitsabzeichen fehlten, nur am rechten Oberarm wies eine mit Klebeband verdeckte, winzige US-Flagge auf die Herkunft hin.

Parallel zu den Planungen dauerten die diplomatischen Gespräche an, die Politiker hofften bis zuletzt auf eine friedliche Lösung. Auch im Februar und März erfolgte keine Alarmierung, die lange Wartezeit machte die ihr seid nun unsere Kriegsgefangenen.« Trotz seiner Warnung »Nein, nein, nein!« griffen drei von ihnen nach der Waffe, in wenigen Sekunden waren sie tot. 1966 sicherte RT Iowa wichtige Beweismittel, die Nordvietnams Premierminister Pham Van Dong als Lügner bloßstellten. Er behauptete, nicht ein nordvietnamesischer Soldat sei in den Süden des Landes geschickt worden, der US-Kongress forderte Beweise über eine Kriegsbeteiligung. General Westmoreland schickte Meadows und seine Nung-Söldner nach Laos. Das Team beobachtete an der Staatsstraße 110 viele Soldaten der nordvietnamesischen Armee (NVA). Meadows filmte mit einer 8-mm-Kamera eine Stunde ihren Vorbeimarsch aus einem Versteck. Nun hatte Westmoreland für die Abgeordneten Beweise über eine Kriegsteilnahme Nord-Vietnams. In Anerkennung seiner Tapferkeit beförderte Westmoreland den Master-Sergeanten zum Captain, die erste von nur zwei »battlefield direct commissions«. Nach Fort Benning zurückgekehrt, meldete er sich für einen zweiten Dienst bei MACV/SOG. Ende 1970 nahm er am Unternehmen »Ivory Coast« teil. 70 Gefangene sollten aus dem Lager Son Tay, 23 km von Hanoi entfernt, befreit werden. Meadows führte die 14-köpfige Sturmgruppe. Mit einem Hubschrauber baute das Team im engen Hof des Gefängnisses eine kalkulierte Bruchlandung und suchte nach den Inhaftierten. Aber nach 27 Minuten Aufenthalt verließ das enttäuschte Team ohne die Gefangenen Son Tay. Im Lager herrschte gähnende Leere, die Kriegsgefangenen waren bereits Monate vor der Operation verlegt worden. Eine positive Folge hatte das missglückte Unternehmen aber doch. Die POWs wurden nun von den Nordvietnamesen deutlich besser behandelt. Meadows wurde nach dieser Aktion Major und zur 10th Special Forces Group versetzt. 1977 beendete er den 30-jährigen Dienst als Ausbilder und Vize-Chef der Ranger-Schule in Camp Rudder. Der Ruhestand behagte ihm nicht, und als Colonel Beckwith ihn um Mithilfe beim Aufbau von Delta ersuchte, sagte er zu und wurde »special consultant« (Sonder-Berater). Mit 64 Jahren starb der 20 Jahre jünger wirkende vitale Kämpfer an Leukämie. Nie verlor er einen Mann im Einsatz, niemand blieb zurück!

Soldaten, die auf ihre Bewährung brannten, nervös und ungeduldig. Der Druck auf Jimmy Carter stieg und zwang ihn, etwas zu unternehmen. Da die Gespräche zu keinen Ergebnissen führten, stimmte er am 11. April 1980 einer Rettungsaktion zu. Er verpflichtete das Militär, zivile Verluste zu vermeiden, und behielt sich vor, die Aktion jederzeit abzublasen, wenn nötig eine Minute vor dem Zugriff. Am 16. April 1980 kam der Einsatz-Befehl, am 19. April flog Delta nach Ägypten. Ab 23. April 1980 bestand Einsatzbereitschaft.

Als am 24. April 1980 die Abenddämmerung anbrach, hob das erste Flugzeug mit der »blauen« B-Schwadron, Fliegerleit-Offizieren sowie Rangers und Kraftfahrern des »White Teams« ab. Das von Captain David Grange geführte »Road-Watch-Team« der C-Kompanie, 1st Battalion, 75th Ranger

Eagle-Claw-Einsatzgruppen

Bodenkräfte		**Fluggerät**
Rote Gruppe:		3 MC-130 (Spezialtransporter)
A-Schwadron/Delta	40 Mann	3 EC -130 (Tankflugzeuge)
Blaue Gruppe:		8 RH-53D Sea Stallion
B-Schwadron/Delta	40 Mann	(Minenräum-Hubschrauber)
Weiße Gruppe		4 AC-130E (schweres Kampfflugzeug)
Unterstützer/Delta	13 Mann	3 C-141 Starlifter (Transporter)
Angriffsgruppe Außenministerium	8 Mann	3 C-130 (Transporter/Rangerkompanie)
Special Forces Det. A, Berlin:		
Straßenposten/Road Watch Team	12 Mann	
Rangers/Delta:		
Sturm Flugplatz Manzarieh	100 Mann	

Regiment, sollte Desert One während des Transfers gegen Angriffe sichern. Der Anflug über den Golf von Oman nach Desert One dauerte etwa vier Stunden. Westlich von Chah Bahar ging die dunkle Maschine unter 100 m, stieg dann landeinwärts wegen eines Gebirges auf 2000 m Flughöhe. Nach einem ruhigen Flug erreichte sie die Landepiste in der Wüste, nahe einer Straße. Nachdem der Pilot die Landehilfen aktiviert hatte, setzte die Maschine gegen 22 Uhr ziemlich hart, aber sicher auf. Als sie ausrollte, sprangen die ersten Männer mit schussbereiter Waffe ins Freie. Mit wenigen Handgriffen machten sie einen Jeep fahrbereit. Kaum betrat der erste Amerikaner iranischen Boden, blickte er in die grellen Scheinwerfer eines Omnibusses, dem ein Tanklastzug und ein weiteres Fahrzeug folgten. War alles verraten? Der Bus durfte nicht entkommen, Rangers stoppten ihn mit 40-mm-Granaten. Zu Tode erschrocken hielt der Fahrer an, die 40 Passagiere bangten um ihr Leben. Rangers trieben sie ins Freie, durchsuchten sie

und setzten sie fest. Dann donnerte der Tanker heran, der Fahrer reagierte blitzschnell, trat aufs Gas und floh. Rangers und Delta-Operators verfolgten ihn, ein eifriger Ranger feuerte seine M-72 Panzerfaust ab. Alles brannte lichterloh, eine weit sichtbare, über 100 m hohe Feuersäule erhellte die Nacht. Fahrer und Beifahrer sprangen aus dem Führerhaus und flüchteten in den folgenden Wagen. Die um ihr Leben bangenden Fahrer brausten davon und wechselten mehrfach die Richtung. Ein Delta-Operator wollte sie mit dem Motorrad verfolgen, aber der Motor sprang nicht an. Als er endlich lief, war es zu spät, die Fahrzeuge verschwanden in der Nacht. Es ist davon auszugehen, dass die Fahrer ihre Erlebnisse der Polizei meldeten. Die Alarmierung des gesamten Landes war dann nur eine Frage weniger Stunden!

Die lodernde Fackel des brennenden Tankers tauchte alles in gespenstisches Licht und erhöhte das Entdeckungsrisiko. Die Entscheidung zur Fortsetzung der Aktion

Mit Ziel »Desert One« in der iranischen Salzwüste starten acht Hubschrauber im vorbildlichen Formationsflug in der Abenddämmerung zu einem abenteuerlichen Flug ins Ungewisse. Nur sechs Helikopter erreichten wie vorgesehen den Rendezvous-Punkt. Nach dem Ausfall einer weiteren Maschine wurde die Operation vorzeitig abgebrochen. Kein Helikopter kehrte zurück!

nach diesem »Feuerwerk«, also »heimlich« nach Teheran zu fliegen, um die Geiseln zu befreien, war nun mehr als realitätsfern. Um Mitternacht traf das zweite Flugzeug ein, nach einer Stunde hatten alle Maschinen ihr Ziel erreicht. Um Platz zu schaffen, flogen zwei leere Transporter zurück, alle warteten gespannt auf die Hubschrauber. Sie sollten 30 Minuten später ankommen, aber weit und breit war nichts zu sehen. Beckwith blickte nervös auf die Uhr und suchte vergeblich das Firmament nach den Helikoptern ab. Diese waren kurz nach dem ersten Transporter vom Flugdeck der *Nimitz* gestartet, nun drohte die Verzögerung, den ganzen Zeitplan durcheinanderzubringen. Endlich kam der erste »Vogel« gegen 0.50 Uhr aus einer unerwarteten Richtung an. Bis 1.40 Uhr landeten fünf weitere Helikopter. Pech hatte die Besatzungen beim Anflug verfolgt. Hubschrauber 6 landete nach zwei Stunden mit einem Schaden am Hauptrotorblatt in der Wüste, die Besatzung stieg in Nr. 8 und gab die Maschine auf. Helikopter 5 meldete Probleme bei der Stromversorgung. Und das Pech blieb der Hubschrauber-Flotte treu. Zwei Sandstürme trafen sie

mit aller Macht. Der Hubschrauber von Ed Seiffert verlor die Orientierung, änderte den Kurs und versuchte, den Sandwolken zu entkommen. Zusammen mit Hubschrauber 2 machte Seiffert eine Notlandung und flog erst nach einer halben Stunde weiter. Nach einer Stunde geriet Helikopter 5 in böse Turbulenzen. Ein abgelegtes Kleidungsstück blockierte die Kühlung des Stromaggregates und setzte das Navigationssystem außer Betrieb. Daraufhin beendete die Besatzung den Flug und kehrte zum Träger zurück.

Und es sollte noch schlimmer kommen: Kurz nach der Landung in der Wüste blinkten im Helikopter 2 die Warnlichter auf, der Pilot hielt ihn wegen des Ausfalles der Hydraulik für nicht mehr flugtauglich, die Reparatur gelang nicht. Die Hydraulikflüssigkeit des zweiten Kreislaufes pumpte sich durch ein Leck nach außen. Schuld hatte eine gebrochene Mutter, die das Loch in der Leitung verursacht hatte. Nach dem Flüssigkeitsverlust verschmorte die zu heiße Hydraulik-Pumpe, über die Maschine wurde ein Flugverbot verhängt. Nun blieben noch fünf Hubschrauber übrig, und einer Absprache zufolge sollte die Aktion bei weniger als

sechs flugtauglichen Hubschraubern abgebrochen werden.

Die Stimmung wurde immer gereizter, Beckwith beschuldigte die Piloten, Gründe für den Abbruch zu suchen. Der Zeitplan war um fast zwei Stunden überschritten, da es um 5.30 Uhr hell wurde, hätte die Truppe Desert Two erst im vollen Tageslicht erreicht. Beckwith entschied, das Unternehmen abzubrechen, und teilte dies dem Oberkommando mit. Präsident Carter billigte diese Entscheidung. Die B-Schwadron begab sich in ein Tankflugzeug (das später in Brand geriet) und wartete auf den Rückflug. Im Durcheinander kam es beim Auftanken zu einem tragischen Unfall. Major Schaefer wollte die Position seiner Maschine verändern, um Platz zu machen, sie hob etwas vom Boden ab und geriet dabei für einen Augenblick außer Kontrolle. Der Hubschrauber neigte sich leicht nach rechts und der Hauptrotor krachte in das Cockpit des Tankers. Exakt um 2 Uhr 52 gingen beide Maschinen in Flammen auf, fünf Besatzungsmitglieder des Flugzeuges und drei Marines der Hubschrauberbesatzung verbrannten, acht erlitten schwere Verbrennungen.

Glück im Unglück hatte die B-Schwadron, die es sich zwischen den mit Kerosin gefüllten Gummi-Behältern gemütlich gemacht hatte. Plötzlich erschütterten Explosionen Laderaum und Flugdeck, Flammen und eine wahnsinnige Hitze breiteten sich rasend schnell aus. Überall wütete das Feuer und versperrte den Fluchtweg über die Laderampe. Wie durch ein Wunder gelang es den über 60 Männern, zur Seitenluke zu flüchten und sie zu öffnen, fast alle verhielten sich diszipliniert. Wie beim Fallschirmsprung bildeten sie vor der Luke eine Reihe und taumelten »schulmäßig« in das rettende Freie. Ein Master-Sergeant rettete ein Besatzungsmitglied vor den Flammen, ein anderer stoppte mit ruhigen, klaren Anweisungen eine Panik. Die dem Flammentod entronnenen Soldaten liefen von der Unfallstelle weg, um nicht Opfer umherfliegender Trümmer zu werden und der wahnsinnigen Hitze zu entgehen. »Angesengt« überlebte die B-Schwadron das Desaster, aber um ein Haar wären alle verbrannt. Auch Delta wäre damit wohl gestorben.

Dann explodierte die Munition, die Redeye-Raketen flogen weithin sichtbar durch die Nacht. Überall herrschte Panik, ein Spaßvogel flachste, der Dritte Weltkrieg sei ausgebrochen, was gar nicht witzig war. Zunächst herrschte hilflose Überraschung, viele glaubten an einen Angriff. Dann merkten die Männer, dass es sich um einen Unfall handelte. Eilig entfernten sich die Flugzeuge von der Unfallstelle, um nicht in Flammen aufzugehen. Die Hubschrauber-Besatzungen hatten es besonders eilig, ließen ihre Maschinen mit Inhalt in Stich und brachten sich in Sicherheit. Einige Piloten nahmen sich nicht einmal die Zeit, die Motoren abzustellen, und so liefen die Rotoren noch nach

Beim Auftanken stieß ein Hubschrauber mit einem Tankflugzeug zusammen, beide gingen sofort in Flammen auf. Das Bild zeigt das vollkommen zerstörte und ausgebrannte Flugzeugwrack.

Nur rauchende Trümmer blieben von diesem US-Helikopter übrig. Nach dem Unfall brach unter den US-Soldaten Panik aus, die in einer überstürzten Flucht endete.

Stunden. Im Chaos gelang es nicht, die Helikopter zu sprengen, das Geheim-Material, darunter das »Drehbuch« für den geplanten Operationsablauf, blieb zurück, ebenso modernste Waffen, geheime Navigations-Instrumente und hochbrisantes Material – aber auch acht Leichen. Wer die US-Streitkräfte kennt, weiß, dass es als Todsünde gilt, Leichen nicht zu bergen. Im Weißen Haus traf die Nachricht über die neuerliche Katastrophe erst ein, als die Flucht bereits lief. Wie besessen stürmten alle die Flugzeuge, um die eigene Haut zu retten, die Offiziere machten keine Ausnahme, obwohl in dieser Krise nur energische Befehle von ihnen geholfen hätten, die Disziplin wieder herzustellen. Der sonst so eifrige Kommandeur hatte nichts mehr im Griff, im entscheidenden Augenblick versagte er. Er bezichtigte die Piloten der Feigheit, fuchtelte mit der Pistole herum und wollte ihnen »den Hintern versengen«. Beckwith verlor die Kontrolle, saß weinend am Boden, schlug die Hände vor sein Gesicht und murmelte, »ich habe versagt, ich habe versagt.« Da sich das Feuer weiter ausbreitete, flogen die Transporter

fluchtartig ab, ein Hauch von Weltuntergang legte sich über die von taghellen Bränden gespenstisch beleuchtete Öde. Einige Männer wären fast zurückgeblieben, sie liefen hinter dem anrollenden letzten Flugzeug her, hilfreiche Hände zogen sie über die halb geschlossene Ladeluke an Bord. Niemand überprüfte die Anwesenheit, nur mit viel Glück wurde niemand vergessen.

In Teheran wartete das Undercover-Team ungeduldig auf das Signal zum Einsatz. Erst nach geraumer Zeit informierte sie die Operationszentrale über den Abbruch. In der Stadt herrschte am frühen Morgen helle Aufregung. Gerüchte über eine »US-Invasion« versetzten die Menschen in Angst und Schrecken. Überall wimmelte es von Polizisten, Agenten und bewaffneten Garden. Meadows und seine Männer blieben ruhig. Eine Radio-Meldung aus Deutschland heizte die Situation weiter an. Sie zitierte »gut unterrichtete Quellen« und posaunte in die Welt: »Derzeit halten sich noch mehrere Angehörige vom Special Forces Detachment Europe (Bad Tölz) in geheimer Mission in Teheran auf.« Das entsprach nur bedingt der

Oberbürgermeister Georg-Bernd Oschatz überreicht der befreiten Geisel Garry Lee im Januar 1981 in Wiesbaden ein Geschenk.

Der kurz zuvor abgewählte, ehemalige US-Präsident Carter begrüßt mit großer Erleichterung seine freigelassenen Landsleute auf dem US-Militärstützpunkt in Wiesbaden.

Wahrheit, erschwerte aber die Situation der Agenten, da die Nachricht auch im Iran abgehört wurde. Nach dem Motto »Frechheit siegt« trennten sich die drei Agenten und steuerten, die Taschen voller Geldbündel, den Flughafen an, den Revolutionäre Garden bewachten. Meadows kaufte sich am Swiss-Air-Schalter seelenruhig ein Ticket für den Flug nach Ankara. Er beobachtete, wie eine Meute einen seiner Männer umringte. Als stattliche Geldbündel den Besitzer wechselten, durfte auch er ausreisen. Nach dem Start fiel allen ein Stein vom Herzen, sie erreichten das rettende Ausland kurz vor Schließung des Flughafens.

Um einen erneuten Befreiungsversuch zu vereiteln, wurden die Geiseln auf mehrere unbekannte Orte verteilt. Zu Schikanen oder einem Gerichtsverfahren kam es nicht, die Leichen bzw. Überreste der US-Soldaten übergab der Iran den USA. Die Mehrheit der US-Bürger billigte zwar den Rettungsversuch, aber Carter verlor die Wiederwahl. Scharfe Kritik, gemischt mit Schadenfreude,

traf die blamierte Weltmacht. Der Teheraner Rundfunk verhöhnte den »tollpatschigen Giganten«: »Das die Welt verschlingende Amerika hat voll Stolz auf sein satanisches Kriegs-Material versucht, mit dem Feuer zu spielen.« Weltweit brannten die Flaggen der »amerikanischen Teufel«, das Image der USA und der Streitkräfte nahm schweren Schaden.

Der Rückflug der überladenen Flugzeuge klappte mit Mühe und Not, aber was schief gehen konnte, ging schief. Delta hatte Glück, es gab weder Tote noch Verletzte. Der Flug führte über Ägypten in die USA. Dort trafen die Männer Präsident Carter, der tröstende Worte sprach. Nach dem Scheitern der Operation brach für Colonel Beckwith die Welt zusammen, er verkraftete die Niederlage nur schwer. Dienst- oder strafrechtliche Konsequenzen blieben aus, Beckwith führte Delta noch einige Zeit.

Bald verlangten die »handwerklichen« Fehler eine Erklärung. Die Aktion wäre mit fünf Hubschraubern möglich gewesen, behaup-

Hubschrauber hätten keinesfalls genügt. Ein weiteres Unternehmen wurde geplant, aber nicht realisiert. Nach 444 Tagen kamen die Geiseln am 20. Januar 1981 frei, Ex-Präsident Carter begrüßte sie in Wiesebaden. Zurück in den USA machten die Deltas einige Wochen Urlaub, gingen »auf Tauchstation« und verschwanden von der Bildfläche. Nach dem Iran-Fiasko arbeiteten die US-Streitkräfte hart daran, »Pleiten, Pech und Pannen« künftig zu verhindern. Ein erster Schritt führte zur Bildung eines Oberkommandos für alle Sondereinheiten. Die risikoreiche Aktion im Iran scheiterte an mangelnder Qualifikation der Helikopter-Besatzungen, technischen und Wetter-Problemen, Führungs-Schwäche, Koordinationsmängeln, unnötigen Zwischenhalten, dem Unfall beim Auftanken und am zu breit und kompliziert angelegten Unternehmen. Während Luftwaffe und Marine Personal ohne Special-Operations-Erfahrung einsetzten, schickte die US Army Delta, ihre besten Leute.

teten einige Fachleute. Aber Beckwith misstraute den Piloten und dem Fluggerät, er rechnete mit weiteren Ausfällen. Bei der Evakuierung aus dem Fußball-Stadion war der Ausfall weiterer Helikopter denkbar, drei

Der missglückte Befreiungsversuch im Iran kostete acht US-Soldaten das Leben, mehrere erlitten schwere Verletzungen. Es handelte sich um Marines (Hubschrauber) und Angehörige der Luftwaffe (Transporter). Alle Deltas blieben verschont. Der Gedenkstein auf der Gunter Air Force Base in Alabama soll an die Toten erinnern.

JAHRZEHNT DER BEWÄHRUNG

Allmählich erholte sich Delta vom Schock des ersten, missglückten Einsatzes. Es ging weiter, verbissen wie sie sind, leisteten die Deltas ihren Dienst, als wäre nichts geschehen. Sie verbesserten ihren Ausbildungsstand, bildeten Nachwuchs aus und stellten Personal für kleinere Aufträge. Das US-Außenministerium forderte Operators als »Bodyguards« und Sicherheitsberater an. Im Wechsel stand eine Schwadron in Alarmbereitschaft. Die alarmfreie Einheit nutzte die Zeit für die Ausbildung im Gebirge, in der Arktis, in der Wüste oder im Dschungel. Die Spezialkräfte übten bei Elite-Einheiten, zivilen Einrichtungen und in speziellen Trainings-Zentren. Präsident Reagan, der schlaue Fuchs, wollte sich nicht wie sein Vorgänger die Finger verbrennen. Politische Rücksichtnahmen, Kleinmut und das Konkurrenzdenken bremsten Delta daher häufig aus. Zeitweise klagten die tatendurstigen Männer über gähnende Langeweile, aber das gibt es im Soldatenleben hin und wie-

der. Als Oberst Jim Roddy Paschall Charlie Beckwith ablöste, lag eine schwere Zeit vor ihm.

Nach der Blamage im Iran wurde in Fort Bragg weiter trainiert, ansonsten tat sich wenig. Das Debakel erhöhte das verbreitete Misstrauen gegen die Spezialkräfte. Delta übernahm weltweit kleinere Aufträge, vom Bodyguard bis zum Training neuer Spezialkräfte. Die US-Regierung genehmigte kaum »heiße« Einsätze, meist traf der Befehl erst kurz vor dem Zugriff ein. Das erhöhte die Motivation der Männer nicht, aber sie ertrugen alles, ruhig und diszipliniert. Anti-Terroreinsätze im Ausland sind mit Problemen belastet. Manche Regierungen lehnen fremde Truppen ab, sie bangen um ihre Unabhängigkeit, befürchten Unruhen.

Colonel Jim Roddy Paschall

Mit Jim Paschall trat ein anderer Mensch an die Spitze der jungen Delta-Truppe. Der neue Kommandeur beherrschte nicht nur das militärische Handwerk, er machte sich auch als Historiker, Schriftsteller, Professor, Analytiker und Wehrexperte einen guten Namen. Anders als der Haudegen Beckwith, der Schreibarbeiten vermied und es eher deftig liebte, interessierte sich der West-Point-Absolvent sehr für Forschung und neue Einsatzdoktrinen. Er brachte Erfahrungen aus der Truppe mit, hatte in Vietnam gekämpft und vier Jahre ein Bataillon der 5th Special Forces Group geführt. Paschall war kein Theoretiker, er kannte das Soldatenleben, verfügte über technische und praktische Kenntnisse. Jim Roddy Paschall kam im Jahr 1935 in San Antonio, Texas zur Welt. Er arbeitete als »ranch hand« (Cowboy) und Camp-Verwalter, finanzierte so das College neben der Arbeit. 1955 erhielt er einen der begehrten Plätze an der Militärakademie West Point, eine rare Auszeichnung, um die sich viele Bewerber bemühen. Im Jahr 1959 beendete der Kadett seine Ausbildung und schlug die Laufbahn eines Infanterieoffiziers ein. Zuerst diente Paschall als Leutnant und Infanterie-Zugführer bei der 101st Airborne Division, Fort Campbell, Kentucky. Später führte er Sondereinheiten und Infanterie-Verbände in Süd-Korea, Laos und Süd-Vietnam. Von 1971 bis 1974 lehrte Paschall als Professor für Geschichte in West Point und wurde dann als Offizier für Psychologische Kriegsführung nach Kambodscha versetzt. Nach Rückkehr aus Südostasien führte er von 1975 bis 1979 das 3. Bataillon, 5. Special Forces Group, das Studium der chinesischen Sprache am Defense Language Institute folgte. Nach dem Ausscheiden von Beckwith führte Colonel Paschall Delta bis 1982. 1984 arbeitete der Oberst als Direktor am US Army Military Institute. Nach 30 Dienstjahren setzte sich Paschall 1989 zur Ruhe.

Delta-Einsätze in den Achtzigern _____

Eine Geiselbefreiung kam den 100 Kommandos Ende März 1981 da gerade recht. Fünf Terroristen entführten ein indonesisches Flugzeug nach Bangkok. Sie forderten die Freilassung von 85 Gefangenen, ein US-Tourist wurde angeschossen. Da das Leben eines US-Bürgers bedroht war, richtete die thailändische Regierung ein Hilfeersuchen an die USA. Delta schickte Operators nach Thailand, aber Präsident Ronald Reagan gab erst Minuten vor dem Zugriff die Genehmigung. Am Morgen des 31.

März 1981 stürmten sie die Maschine, töteten vier Terroristen und nahmen einen gefangen.

Nicht nur Flugzeugentführungen und Geiselnahmen hielten Delta in Atem, auch andere heikle Dinge forderten die junge Truppe heraus. Am 17. Dezember 1981 entführten italienische »Rote Brigaden« den US-Brigadegeneral James Lee Dozier, einen mit Logistik betrauten NATO-General, aus seiner Privatwohnung in Verona. Warnungen vor Anschlägen nahm er nicht ernst, jeden Morgen

Nach seiner Befreiung durch italienische Spezialkräfte gab General Dozier eine Pressekonferenz. Dabei schilderte er eindrücklich die harten Umstände seiner Geiselhaft, bei der er auch geschlagen, mit dem Tode bedroht und schwer misshandelt wurde.

joggte er ohne Schutz im nahen Wald. Da Dozier unbewacht war, wählten die Terroristen ihn aus.

Als zwei »Handwerker« an diesem 17. Dezember gegen 17.30 Uhr an der Tür klingelten, um die Leitungen zu überprüfen, durften sie eintreten. Kaum standen sie in der Diele, tauchten »Arbeiter« mit einer Kiste auf. Im Handumdrehen überwältigten sie den US-Offizier, steckten ihn in den Bretterverschlag und verschleppten ihn. Die sechs Wochen bis zur Befreiung verbrachte er angekettet in einem »Volksgefängnis« der Roten Brigaden in Padua, in der Wohnung der Studentin Emanuella Frascella.

Sofort reisten Experten nach Italien, um zu helfen. Das Pentagon wollte den General mit der »Operation Winter Harvest« selber befreien. Aber die Italiener schickten die hilfsbereiten Geister heim. Völlig verzichteten sie allerdings nicht auf eine US-Unterstützung. Sechs Delta-Abhör-Techniker blieben in Italien, sie fanden denn auch Hinweise auf den Aufenthaltsort. Weitere Delta-Kräfte nahmen zwar nicht aktiv an der Suche teil, hielten sich aber in der US-Bot-

schaft bereit. Am 23. Januar 1982 kam schließlich ein Hinweis aus Kreisen, die der Mafia nahe stehen. Den Zugriff auf das Versteck in Padua führten zehn Angehörige der italienischen »Nocs« durch. Im Schutze einer durch Baumaschinen erzeugten Lärmkulisse stürmten die Spezialkräfte die Wohnung und schlugen einen Bewacher nieder. Ein anderer wollte Dozier noch töten, doch er ging nach einem Kolben-Schlag lautlos zu Boden.

Als im August 1984 in Venezuela zwei Terroristen eine DC-9 kaperten und zur Insel Curaco flogen, ging es nicht um Politik und Ideologie, sondern um viel Geld. Für die Freilassung der 79 Passagiere verlangten die Hijacker ein Lösegeld von fünf Millionen Dollar. Die Regierung der unter niederländischer Oberhoheit stehenden Antillen bekam die Lage nicht in den Griff und bat die USA um Hilfe. Um Aufsehen zu vermeiden, sandte Delta nur eine kleine Gruppe auf die Antillen. Zusammen mit einer einheimischen Sondereinheit stürmte sie das Flugzeug, tötete zwei Terroristen und befreite die Passagiere.

Aber nicht alle Einsätze verliefen so glatt. Im Dezember 1984 kam es zu einer Verlegung, die ergebnislos verlief. Vier Terroristen enterten eine kuwaitische Maschine und flogen in den Iran. Sie forderten, ihre in Kuwait einsitzenden Kollegen frei zu lassen, zwei US-Bürger starben. Nun verlegte Delta auf die Insel Masirah und bereitete einen Zugriff vor. Wegen der angespannten Beziehungen erlaubte die iranische Regierung den Amerikanern dies nicht. Alternativ bot sie an, die US-Kräfte in den Iran zu bringen. Soweit kam es nicht, iranische Soldaten stürmten das Flugzeug und töteten mehrere Terroristen.

Allmählich endete in den USA jedoch die Geduld mit den Hijackern. Die Hilflosigkeit, mit der die Regierung solchen Entführungen gegenüberstand, führte zu einer Debatte über Wege zur Terrorismus-Bekämpfung. Viele verängstigte Menschen wollten dieser Bedrohung nicht länger ausgeliefert sein und verlangten, sie präventiv im Keim zu ersticken. US-Minister Shultz forderte eine »Strategie der Präventivschläge, der Vergeltung und der Überraschung«. Aber die Flugzeug-Entführungen hielten an und nahmen noch zu. Dutzende Geiselnahmen und Terrorakte versetzten viele Menschen weiter in Angst und Schrecken. Im Juni 1984 entführten islamistische Terroristen eine TWA-Maschine (Flight 847) nach Algier. Die Behörden genehmigten keinen Delta-Einsatz, obwohl am 14. Juni 1984 die Entführer einen Taucher der US Navy töteten. Algerien ermöglichte den Terroristen den Flug nach Beirut, da es Unruhen bei einer Rettungsaktion befürchtete. Viele Menschen reagierten empört auf den Piratenakt, und Präsident Reagan gab eine Grundsatz-Erklärung ab, die noch heute gilt: »Amerika wird niemals mit Terroristen verhandeln.«

Im Sommer 1985 entführten schiitische Extremisten ein Flugzeug nach Beirut, die USA planten eine Befreiungs-Aktion. Eine Luftwaffen-Hubschrauberstaffel in England sollte Delta in den Libanon fliegen. Aber es fehlten qualifizierte Piloten (Nachtflug) und technisches Gerät. In Europa stationierte Heeresflieger durften wegen interner Rivalitäten nicht einspringen.

Die Kaperung des Kreuzfahrtschiffes *ACHILLE LAURO* im Oktober 1985 im Mittelmeer verursachte einen handfesten Streit zwischen den NATO-Verbündeten Italien und USA. Vier Mann der Palestine Liberation Front enterten das italienische Kreuzfahrt-Schiff mit 400 Passagieren und ermordeten den 69-jährigen US-Bürger Leon Klinghoffer. Da viele Fahrgäste aus den USA kamen, wurden Delta und das SEAL Team 6 alarmiert und nach Sizilien verlegt. Vier Kampfschwimmer sollten in einem Mini-U-Boot das Schiff ansteuern und den Antrieb sabotieren, um es bewegungsunfähig zu machen. Überraschend einigten sich Ägypter und Terroristen. Sie durften in Ägypten von Bord, die Regierung stellte ein Flugzeug bereit und gab freies Geleit. Die »Tangos« (Terroristen) versuchten, sich nach Tunesien abzusetzen. Aber Tunis verweigerte die Landeerlaubnis, selbst Libyen gab sie nicht. Nun griff der US-Präsident ein, er löste eine Militäraktion aus. Als die Maschine nach Athen flog, fingen sie vier F-14-Jäger ab und zwangen sie zur Kursänderung zum Stützpunkt Sigonella auf Sizilien. Nach der Landung umringten Deltas und SEALs das Flugzeug, um die Geiselnehmer festzunehmen. Aber die Amerikaner machten einen Fehler, sie informierten die »Hausherren« nicht richtig. Präsident Reagan kündigte lediglich die Landung von US-Abfangjägern an. Diese Selbstherrlichkeit gefiel den stolzen Italienern nicht, erregt umzingelten die Carabinieri die Maschine und blockierten die Piste. Die von General Stiner angeführten Amerikaner bangten um ihre Beute. Drohend forderten sie die Auslieferung der Terroristen, um sie in die USA zu bringen. Aber der italienische Kommandeur lehnte dies brüsk ab und die Lage drohte, außer Kontrolle zu geraten. Schließlich eskalierte die Situation dramatisch, die US- und die italienischen Soldaten gingen mit geladenen Waffen aufeinander los und bedrohten sich. Angeblich forderte General Stiner die Übergabe der Gefangenen und argumentierte, »er habe 200 Flugzeuge, 500 Panzer und Atomwaffen zur Verfügung.« Glücklicherweise endete die Krise, bei der Verbündete um ein Haar das Feuer aufeinander eröffnet hätten, mit dem Eingreifen des US-Außenministers. Er befahl seinen Soldaten den Rückzug, und die Terroristen blieben den Italienern überlassen. Die italienische Regierung fürchtete nicht nur um ihre Souveränität, sie hatte Angst vor Anschlägen, versprach aber, die Terroristen zu verurteilen. Schließlich jedoch kamen alle frei, auch der berüchtigte Terrorist Abu Abbas.

Im November 1986 entführten Palästinenser eine ägyptische Boeing 737 nach Malta. Wieder kam es zu einer schweren Panne und Menschenopfern. Das Delta-Team erreichte die Mittelmeerinsel zu spät, technische Probleme trugen die Schuld. Gleich drei Flugzeuge gaben ihren Geist auf und schafften es nicht, zu starten. Zum Unglück nahmen die Ägypter die Sache selber in die Hand und schickten die Sondereinheit »Saaka«, um die Sache mit brachialer Gewalt zu erledigen. Im unkontrollierten Kugelhagel der Ägypter verloren 59 Passagiere ihr Leben. Als die Kommando-Soldaten versuchten, den Weg in das Innere des Flugzeuges freizusprengen, zerstörten sie die

Geiseln befreit

Eine Gruppe gut gelaunter US-Touristen fuhr durch die bezaubernde Tropenlandschaft eines mittelamerikanischen Landes, die Urlauber freuten sich auf ein erfrischendes Bad im nahen Meer. Plötzlich tauchten an einer scharfen Biegung der holprigen Straße schwerbewaffnete Männer auf. Sie fuchtelten mit Maschinenpistolen und blitzenden Macheten herum, schossen auf die Räder des Fahrzeuges und zwangen es, anzuhalten. Mit grimmigen Gesichtern stürmten sie den Omnibus, setzten dem Fahrer ein Messer an die Kehle und dirigierten ihn in eine nahe Stadt. Dort hielt der Bus vor einer heruntergekommenen Mietskaserne. Die »banditos« trieben ihre Opfer in das Haus und sperrten sie in zwei kahle Räume. Als einige beherzte Männer sich unbeobachtet fühlten, versuchten sie, durch ein Fenster zu fliehen, um Hilfe zu holen. Aber sie rechneten nicht mit der Wachsamkeit und der Nervosität ihrer Bewacher, die mehrere Schüsse auf die Flüchtlinge abfeuerten, einen Mann töteten und weitere verletzten. Wie sich später herausstellte, diente die Entführung nicht der Erpressung von Lösegeld, sondern hatte politische Motive. Die Entführer planten, Gesinnungsgenossen freizupressen, und forderten ihre Entlassung innerhalb von 48 Stunden. Da es sich bei den Geiseln um US-Bürger handelte, informierten die Behörden den US-Botschafter, der sofort das Weiße Haus in Washington kontaktierte. Die Regierung versprach, Delta-Kräfte zur Befreiung zu schicken, und setzte CIA-Agenten zur Aufklärung ein. In der Karibik kreuzte eine US-Trägergruppe, sie nahm Kurs auf die Küste. Zur selben Zeit verlegten mehrere Delta-Teams, verstärkt durch Rangers sowie Hubschrauber, auf den Flugzeugträger. Als es dunkel wurde, sprang ein Delta-Trupp mit Trapez-Fallschirmen ab und näherte sich vorsichtig dem Gebäude, Rangers bestiegen Hubschrauber und gingen in einiger Entfernung vom »Tatort« in Bereitstellung. Den schwierigsten Teil der Rettung übernahmen Delta-Operators. Helikopter brachten schwarz gekleide-

Trennwand zwischen Frachtraum und Kabine. Mehrere Kommandos drangen, wild und planlos um sich schießend, über drei Notausgänge und die Tragflächen in die Maschine ein. Als die Luftpiraten dies sahen, schleuderten sie Handgranaten in die offene Passagier-Kabine und ein Brand brach aus. 44 Menschen erlagen den Verbrennungen oder Rauchvergiftungen, sieben wurden erschossen und acht durch Explosionen getötet. Die Delta-Einheit erhielt keine Landeerlaubnis, da Ägypten die Sache selber »managen« wollte.

Im September 1986 kam es in Karatschi zu einem weiteren Blutbad. 21 Menschen, darunter zwei Amerikaner, starben in einer PAN-AM-Maschine, als vier nervöse palästinensische Terroristen um sich feuerten. Dieses Mal trafen die Männer aus Fort Bragg zu spät in ein. Höhnisch titelte die Presse: »Spezialisten der Delta Force kamen wieder einmal zu spät«, und ein US-Politiker meinte: »Wir hätten vielleicht ein paar kostbare Stunden gewinnen können, wenn wir näher am Ort des Geschehens gewesen wären.« Einschränkend sagte er: »Aber es könnte

te, maskierte und mit MPs bewaffnete Männer über das Gebäude, sie seilten sich ab und landeten sicher auf dem Dach. Einige glitten an Seilen die Wände hinunter und drangen durch die Fenster in das Gebäude ein. Der Rest raste über eine Treppe nach unten und durchsuchte die Räume nach den Gefangenen. Zur gleichen Zeit stürmten auch die Kräfte am Boden nach vorne, sprengten das Tor auf und drangen in das Innere ein. Dort entbrannte ein kurzes, aber heftiges Gefecht. Gegen die mit modernsten Schnellfeuerwaffen und Blend-Granaten ausgerüsteten Amerikaner hatte niemand eine Chance, nach wenigen Minuten lagen die Terroristen tot am Boden. Kurze Zeit später holten Helikopter die Geiseln und die Soldaten ab und flogen mit ihnen zum Träger.

US-Helikopter landet zwischen Hochhäusern in einer mittelamerikanischen Stadt und nimmt einen Kommando-Trupp auf.

Probleme geben bei der Stationierung von Anti-Terror-Einheiten in Westeuropa oder anderswo.« Nun begann eine Debatte über die Möglichkeit, Delta näher an die Krisenherde zu verlegen, doch die USA rechneten mit politischen Problemen in den potentiellen Gastländern. Delta blieb in Fort Bragg, Verbindungs-Teams arbeiteten in einigen befreundeten Staaten.

Spezialisten im Wettbewerb

Zu Beginn der 80er Jahre arbeiteten die Spezialeinheiten auf internationaler Ebene eng zusammen. Alle profitierten vom Austausch und den persönlichen Kontakten. Im April 1983 fand unter Obhut der GSG 9 in St. Augustin der »1. Internationale Wettbewerb für Spezialeinheiten« statt. Neben den deutschen Beamten nahmen ausländische Teams teil, Delta war mit drei Teams vertreten. Oberstleutnant Bernie MacDaniel freute sich über die Einladung und genoss die gute Kameradschaft. »Unsere Freunde von der GSG 9 haben uns eingeladen. Keine Frage, dass wir kommen. Solange wir noch ein paar lumpige Dollar haben, um die Reisekosten zu bezahlen, sind wir immer dabei.« Beim Tontauben-Schießen siegten die Amerikaner, aber der Anblick der über sechs Meter hohen Kletterwand brachte sie ins Schwitzen. Kurz vor der Dachkante rutschte ein Teilnehmer ab und schlug hart auf dem Boden auf. Diagnose: komplizierter Handbruch.

Im Stich gelassen?

Eines der schwärzesten Kapitel in der US-Geschichte ist das Schicksal von Kriegsgefangenen in Südostasien, die trotz des Gefangenenaustausches im Jahr 1973 nicht freikamen. Schon frühzeitig gab es Zweifel daran, dass wirklich alle US-Soldaten heimgekehrt waren. Es gab Hinweise, die diese Zweifel bestätigten. Nicht einer der 591 Rückkehrer war schwerer erkrankt oder wies körperliche Schäden auf, Amputierte, Erblindete oder Gefangene mit Verbrennungen fehlten, was sehr ungewöhnlich ist. Bereits 1971 verriet ein Überläufer, dass Vietnam über 700 US-Soldaten gefangen hielt, um ein »Pfand« für spätere Verhandlungen in der Hand zu haben. In Laos wurden 455 Amerikaner als vermisst gemeldet, aber nur neun der Entlassenen kamen aus laotischen Camps, dort sollte es noch Lager geben. Aufklärungsfotos von SR-71-Flugzeugen und Satelliten zeigten mehrere Camps. Bürger und Veteranen forderten die Regierung energisch auf, Schritte zur Rückführung oder Befreiung einzuleiten.

Als Ronald Reagan 1980 an die Macht kam, signalisierte er großes Interesse an der Befreiung der Landsleute. James »Bo« Gritz, pensionierter Green-Beret-Oberstleutnant, rechnete mit offizieller Unterstützung und plante die Rettungsaktion »Velvet Hammer«. Im März 1980 stand diese Nachricht auf der ersten Seite eines US-Blattes und die Aktion wurde abgeblasen. Die US-Regierung beendete sofort jegliche Unterstützung und beauftragte die CIA Ende 1980 mit dem Geheimunternehmen »Pocket Change«.

Im Januar 1981 begann JSOC in Fort Bragg mit der Vorbereitung eines Rettungs-Unternehmens und schickte ein gemischtes Team nach Laos. Nach der Rückkehr mel-

»You are not forgotten – Ihr seid unvergessen«. Dieses Plakat erinnert an die »Prisoners of war« (POW) und die Vermissten. Die Wirklichkeit sah anders aus. Viele Gefangene kehrten nie in die Freiheit zurück und starben nach Jahren langen Leidens unter jämmerlichen Umständen.

In Vietnam arbeiteten die US Special Forces eng mit einheimischen Kämpfern und Söldnern zusammen. Sie führten und begleiteten die Spähtrupps in den Dschungel und bewährten sich als mutige, loyale Partner. Nach dem Rückzug der Amerikaner und der Niederlage der Regierungstruppen drohte ihnen in »Umerziehungslagern« ein schlimmes Schicksal, oftmals der Tod. Special-Forces-Veteranen ermöglichten in den Achtzigern vielen auf ihre Kosten die Einwanderung in die USA, wo sie nicht verfolgt wurden und ein menschenwürdiges Leben führen.

dete dieses Team, dass sich keine Amerikaner in Laos befänden, eine Überprüfung stellte jedoch Widersprüche fest. Das Team hatte nicht zwei Tage, sondern nur zwei Stunden beobachtet, und das noch dazu aus zu großer Entfernung. Die Aufnahmen waren unbrauchbar, Einzelpersonen nicht erkennbar.

»Bo« Gritz bereitete 1981 eine private Rettungsaktion vor und bildete in Florida ein Team aus. Angeblich verkündete er seine Pläne mehrfach im Fernsehen und sabotierte so seine eigenen Aktionen, das ist dubios und unerklärlich. Am 27. November 1982 informierte Gritz den US-Senat über die Operation Lazarus, einen weiteren Rettungsversuch. Vermutlich unterstützte ihn anfänglich der Geheimdienst »Intelligence Support Activity« (ISA). Am 10. Januar 1983 erhielt Gritz in Laos Bestätigungen über die Anwesenheit von US-Gefangenen und sprach erneut öffentlich über seine Pläne. Nun stellte die US-Regierung die Unterstützung ein, das Team schlug sich mühsam nach Thailand zurück.

Auch Delta bereitete sich ab Frühsommer 1981 auf eine Rettungsaktion vor. Nach anfänglicher Euphorie jedoch ging plötzlich nichts mehr vorwärts. Dann behauptete die US-Regierung plötzlich, gleichlautend mit Vietnam, dass es keine Gefangenen gäbe. Es erscheint möglich, dass eine Befreiung aus politischen Gründen nicht mehr gewünscht wurde. Interessant ist, dass die Delta-Aktion zeitgleich mit dem privaten Rettungsunternehmen anlaufen sollte. Wegen der öffentlichen Bekanntgabe fehlte jeglicher Überraschungs-Effekt, Delta musste den Plan verschieben. Ein Jahr verging, und Delta wollte endlich losschlagen. In Bangkok verkündete Gritz, dass er die Aufenthaltsorte der Gefangenen kenne und sie in Kürze befreien würde. Postwendend erhielt Delta den Befehl, die Vorbereitungen zu beenden und die Ausbildung gefälligst auf sinnvollere Projekte (!) zu konzentrieren. Als »brave Soldaten« beugten sich die Delta-Männer, insgeheim murrten sie.

Die ganze Sache ist reichlich verworren und dubios. Wie immer ging es auch hier um Image und Geld. Sicher scheint: Vietnam behielt Gefangene als Druckmittel weiter in Haft, um später hohe Entschädigungen zu kassieren. Im Gespräch waren Summen von zehn Milliarden Dollar, angeblich für den Wiederaufbau. Aber der Sturz der Regierung Nixon (Watergate-Affäre) durchkreuzte den Plan, plötzlich fehlten die Gesprächspartner. Die neue US-Administration wollte mit der »Altlast« nichts zu tun haben und nicht eingestehen, dass US-Soldaten noch immer in Gefangenschaft schmachten. Nicht nur die hohe Entschädigungs-Summe war Grund, die Gefangenen fallen zu lassen, sondern die Angst vor einem Skandal. Als Drahtzieher der Vertuschung machten sich die Geheimdienste keinen guten Namen. Sie hintertrieben vermutlich die ernsthafte Absicht der Streitkräfte, ihre Kameraden zu retten. Mit einigen Offizieren wurde ein böses Spiel getrieben. Man schämte sich nicht, älteren Offizieren, die vor der Pensionierung standen, mit dem Entzug der Pension zu drohen, wenn sie nicht den Mund hielten. Sogar ein »Rambo-Film« nahm sich dieses wenig glorreichen Themas an.

Aber nicht alle hielten brav den Mund. Special-Forces-Soldaten kämpften für ihre Kameraden. Sie standen unter immensem Druck, Drohungen mit dem Kriegsgericht beeindruckten sie nicht. Zwei Green Berets drehten den Spieß um und gingen in die Offensive. Vor Gericht klagten sie gegen die USA und forderten sie auf, die Wahrheit bekannt zu geben. Nun wurde es »oben« eng, auch in den USA fasst die Justiz heiße Eisen an. Die bedrängten Politiker zogen die Notbremse und erklärten, einen letzten Ausweg nutzend, die Sache für »streng geheim«. Sie schoben die nationale Sicherheit vor, um den Fall langsam abzuwürgen. Die den Klägern unterstellte fehlende Loyalität wurde öffentlich kritisiert und ihre Karriere endete in einer Sackgasse. Die POWs leben heute mit an Sicherheit grenzender Wahrscheinlichkeit nicht mehr.

Waffenbrüder: Green Berets

»Wollen wir die Freiheit verteidigen, bedarf es einer völlig neuen Strategie, einer völlig neuen Truppe und somit einer grundlegend neu ausgerichteten Ausbildung.« Damit meinte der ermordete US-Präsident John F. Kennedy niemand anderen als »seine« Special Forces, die er nachhaltig förderte. Die Verbindungen zwischen Green Berets und Delta sind eng, immer wieder kreuzen sich ihre Wege, das Personal wechselt. Über die legendären Special Forces existiert eine Fülle falscher Vorstellungen. Häufig werden sie irrtümlich mit Delta, aber auch dem SEAL Team 6 oder den Rangers in einen Topf geworfen. Sie wenden zwar manchmal gleiche Kampftaktiken an, aber die Zielsetzungen sind anders. Wer die Green Berets als todesverachtende »Superhelden« oder »Killer« sieht, befindet sich auf dem Holzweg. In erster Linie zeichnen sie Intelligenz, starke Willenskraft, hohe Motivation und ein ausgeprägtes Einfühlungsvermögen im Umgang mit Menschen aus.

Green Berets betrachten ihre Aufgabe nicht nur militärisch (Menschen töten, Sachen zerstören), sondern denken weiter und beschreiten dabei indirekte Wege. »Vertrauen schaffen«, lautet ihr Motto. Eng ist die Zusammenarbeit mit der Bevölkerung im Operations-Gebiet, sie versuchen, ihre Zuneigung zu gewinnen. Wie heutige Beispiele zeigen, ist eine rein militärisch-technische Lösung von Konflikten nur bedingt möglich. Die kluge Ausweitung militärischen Handelns in den zivilen Bereich hinein kann der Schlüssel zu dauerhaften Erfolgen sein, allerdings muss sie zeitig einsetzen. Bewusst agieren die Green Berets nicht nur militärisch, sondern gehen auf die Menschen ein, bemühen sich, sie zu verstehen. Sie sprechen ihre Sprache, kennen und achten Sitten und Gebräuche. Die A-Teams verbes-

Green Berets in Dienstuniform bei einer Totenehrung in Deutschland. Sie sind Angehörige der 10th Special Forces Group (Böblingen). Der Sergeant im Vordergrund trägt das Abzeichen des Europa-Kommandos (Stuttgart). Wie an den Ärmel-Abzeichen sichtbar, ist er Fallschirmjäger (Airborne), Ranger und Special Operator.

Für Special Forces ist es nicht ungewöhnlich, bei bestimmten Einsätzen im Ausland Zivilkleidung zu tragen und sich unter die Bevölkerung zu mischen. Diese Operators tauschen gerade ihre Uniform gegen Kleidungsstücke aus, die im Mittleren Osten getragen werden.

Green Berets arbeiten nicht nur mit der Zivilbevölkerung zusammen und bilden ausländische Soldaten aus. Sie führen auch gefährliche Kampfeinsätze aus. Das Team der 5th Special Forces Group befindet sich in einer Stellung in Sichtweite der Taliban-Kämpfer. Es ermittelt Zieldaten mit dem »SOFLAM Tacitical Laser Designator«und gibt sie an die Luftstreitkräfte weiter, die gegen den Feind »intelligente« Bomben einsetzen.

sern die Lebensverhältnisse, helfen in der Landwirtschaft, bauen Schulen und Krankenhäuser. Einmalig in den US-Streitkräften ist eine Fremdsprache Pflicht. In schlimmen Lagen sind die Green Berets oft das entscheidende »Zünglein an der Waage«. Wie 2001 in Afghanistan geschehen, formten wenige Teams aus der maroden Nord-Allianz eine schlagkräftige Truppe und errangen einen schnellen Sieg, der später leichtfertig verschenkt wurde. Aber sie bleiben harte, gefährliche »Krieger«, sind keine harmlosen Aufbauhelfer in Uniform!

Seit Beginn des Anti-Terror-Krieges stehen die Green Berets hoch im Kurs und sollen alles richten, was andere vermasseln. Das war nicht immer so. Nach Vietnam fand die unbedeutende Randgruppe erst wieder Beachtung, als Terroristen begannen, weltweit US-Bürger zu jagen und zu ermorden. Nach dem 11. September 2001 stieg das Ansehen der Exoten aus Fort Bragg kometenhaft, sie führen den Kampf gegen den Terrorismus und sind nun Vorbilder, Hoffnungsträger und »Ausputzer«. Special Forces unterscheiden sich von den konventionellen Brüdern, aber sie sind wie diese Soldaten. Ihr Kernauftrag ist die Ausbildung und Unterstützung ausländischer Kämpfer. Die militärische Funktion ist mit zivilen Fähigkeiten gekoppelt, ein Sanitäter versorgt nicht nur verwundete Kameraden, sondern betreut auch kranke Einwohner. Die »speziellen« Soldaten sind also nicht nur hervorragend ausgebildete Elite-Kämpfer, sondern gleichzeitig Helfer und Berater der ihnen verbundenen Menschen.

Erst nach zweijähriger, extrem harter und fordernder Ausbildung, übernimmt der Nachwuchs eine Stelle in einem A-Team. Green Berets sind versiert in Waffentechnik, Kommunikation, Medizin, Pionier- und Sprengwesen sowie Einsatzführung und »Intelligence« (Spionage). Green Berets sind Fallschirmspringer, Freifaller, Taucher, Bergsteiger, Dschungelkämpfer, Ranger oder Scharfschützen. Die realen Belastungen und Einsätze haben nichts mit »heldenhaften Nahkämpfern« zu tun, die den Satan persönlich aus der Hölle holen. Im »wirklichen Leben« erfordern die Aufträge ein hohes Maß an Disziplin, Reife und Willenskraft, sei es im Frieden oder im Krieg. Monatelange Auslands-Aufenthalte, Verzicht auf Komfort und Freizeit, Trennung von der Familie, das Zusammenleben im Team unter Zurückstellung persönlicher Wünsche belasten die Green Berets ebenso wie schwere Gefechte mit einem knallharten Gegner. Hoch ist das Risiko, zu erkranken, verletzt oder gar getötet zu werden. Auch das oft hilflose Miterleben brutaler Gewalt, das Elend und die Folgen des Terrors für die betroffenen Menschen belasten ihre Psyche stärker, als bei Soldaten in »ruhigeren« Verwendungen. Viele Ehen zerbrechen an den Belastungen, und manche Veteranen vergessen die prägenden Erlebnisse nicht, können sich nur schwer wieder in die zivile Gesellschaft einfügen. Einige zerbrechen daran, andere verhärten. Viele wachsen damit, und nicht wenige Menschen in führenden, hohen sozialen Positionen haben persönlich vom Dienst profitiert. Die Mehrheit gewinnt an Reife und möchte darauf nicht verzichten. Gegenwärtig gibt es fünf »Special Forces Groups« sowie zwei Verbände der »National Guard«. Gegliedert sind sie in C-Teams, B-Teams und A-Teams. Kürzlich erhielt jede Gruppe eine Kommando-Kompanie, die »Combatant Commanders In-Extremis Force«. Militärs kritisieren bisweilen, dass Special Forces weder Gelände nehmen noch halten können.

Urgent Fury – Delta auf Grenada

Nach seiner Wahl gelobte der ehemalige Filmschauspieler Ronald Reagan, ähnlich wie es die Marshalls im Wilden Westens ein Jahrhundert früher taten, für Ordnung und Recht zu sorgen. Dann trat der »Ernstfall« ein, die »Polizei-Aktion« auf Grenada wirbelte viel Staub auf. Am 19. Oktober 1983 exekutierte das »Revolutionäre Militär-Kommando« unter Hudson Austin den Regierungs-Chef Maurice Bishop des Inselstaates nördlich von Venezuela im Hof von Fort Rupert. Unruhen brachen aus, die Putschisten schlugen sie blutig nieder. Maurice Bishop, bekennender Kommunist, hatte zuvor über 700 kubanische Milizionäre auf die Insel geholt, die einen Flugplatz mit 3000 m langer Landebahn bauten. Das beunruhigte die Amerikaner, sie befürchteten einen Stützpunkt für sowjetische Flugzeuge. So ist nicht auszuschließen, dass die USA diese Gefahr hochspielten, um die Invasion zu begründen. Offiziell sollten US-Staatsbürger auf der Insel geschützt werden, 600 Medizinstudenten besuchten dort ein Seminar. Wegen der unsicheren Lage befürchtete die US-Regierung eine Geiselnahme und griff präventiv ein. Wenige Stunden vor der Invasion flogen bei einem Attentat in Beirut Hunderte Marines in die Luft und starben. In Washington richtete Präsident Reagan eine Botschaft an die Menschen und begründete die härtere Richtung: »Wir haben der Welt zu verstehen gegeben, dass wir unsere Interessen schützen werden, gleich was es kostet.«

Die Planungen sahen einen Überraschungsangriff am frühen Morgen des 25. Oktobers 1983 vor, Stunde Null um 02.00 Uhr. Fallschirmabsprünge bzw. Luftlandungen der Rangers im Süden und der Marines im Norden sowie Sonder-Einsätze sollten die Operation einleiten. Das Kommando führte Vize-Admiral Metcalf, ein Marine-Flieger, er befehligte neun Elite-Bataillone und Einheiten der »Organisation of Eastern Caribbean States«. Delta nahm erstmals an einem größeren Militäreinsatz teil. Im einzelnen geschah Folgendes:

- Die B-Schwadron griff das Richmond-Gefängnis an.
- Die A-Schwadron stürmte Fort Rupert.
- Die Task Force 160 leistete Luftunterstützung.
- SEAL Team 4 klärte den Strand auf.
- SEAL Team 6 erkundete den Port Salinas Flugplatz.
- Die Masse des 1. und 2. Ranger-Bataillons sprang über der Landebahn ab, stürmte und hielt den Flugplatz.
- Ein gemischter SEAL-Zug rettete Sir Paul Scoon.
- Ein weiterer SEAL-Zug besetzte den Radio-Sender.

Von Anfang an traten Probleme auf. Nach groben Fehleinschätzungen verschob sich die Stunde Null auf 5.30 Uhr, kurz vor Sonnenaufgang. Damit fehlte der Schutz der Dunkelheit, die hell aufgehende Sonne machte aus der Aktion ein Himmelfahrtskommando. Die Delta-Boys und SEALs verbuchten zwei Fehlschläge, zwei Vorhaben klappten nur teilweise. Zum Glück war die Kampfkraft der einheimischen Soldaten nicht hoch, »Profis« hätten ein Blutbad angerichtet. Delta erhielt den Auftrag, Fort Rupert und das Richmond-Hill-Gefängnis zu stürmen, dort wurden Gefangene vermutet. Wie üblich erfolgte die Alarmierung kurzfris-

Trotz haushoher Überlegenheit machte die Eroberung der Insel Grenada den US-Streit-kräften gehörig zu schaffen. Auch für die Sondereinheiten war der »Cold Hit«-Einsatz ohne gründliche Vorbereitung mit Pannen und Koordinierungs-Problemen verbunden. Helikopter, die eine Delta-Schwadron transportierten, gerieten in heftiges Flak- und MG-Feuer und erlitten unnötige Verluste. Im Bild ist ein zerstörter ZSU-Vierling sowjetischer Bauart zu sehen, den ein US-Soldat nach Beendigung der Kämpfe untersucht.

tig. Die B-Schwadron sollte dort die Gefangenen befreien, dann zum Flughafen vorrücken und die Rangers unterstützen. Als Ausgangsbasis diente ein Flugfeld auf der Insel Barbados, an Bord von C-5A-Transportern kam Delta um Mitternacht auf der Insel an, »Blackhawks« brachten sie zur Südspitze Grenadas. Es gab kein Kartenmaterial, alte Karten und Touristen-Prospekte halfen notdürftig bei der Groborientierung. Niemand kannte die Stärke der Wachen, ihre Bewaffnung und die Position der schweren Waffen.

Ohne Zwischenfälle war die B-Schwadron auf Barbados gelandet und hatte auf die Blackhawks gewartet. Der einstündige Flug nach Grenada hatte sich verzögert, langsam »ging die Nacht aus«. Als die vom Dschungel überwucherten Hügel vor den Augen der Soldaten auftauchten, stieg die Morgensonne auf. Es blieb keine Zeit, den Sonnenaufgang und die paradiesische Landschaft zu genießen, die Hölle brach los. Aufgeregt spähten die Männer nach unten, heftiges MG-Feuer begrüßte die ungebetenen Gäste. Flugabwehr-Batterien ZSU-23 (Zwillinge 23 mm) eröffneten das Feuer. Eine 23-mm-Garbe schlug in die Pilotenkanzel eines Hubschraubers ein, mehrere Geschosse trafen den Navigator und verletzten ihn schwer an der linken Schulter. Das Abwehrfeuer steigerte sich, und der Bordschütze erwiderte es mit dem Bord-MG. Splitter schwirrten durch die Luft, aber der Hubschrauber flog unbeirrt weiter. Das Cockpit und Teile des Rumpfes sind gepanzert, aber die Seiten-Verkleidungen und Sitze boten keinen Schutz. Im Laderaum sah es aus wie im Schlachthaus, überall spritzte Blut. Schreie und Wimmern Verletzter mit zerschmetterten Armen und Beinen erfüllten den Raum, mehrfach drohte der Helikopter abzustürzen. Der Pilot hatte eiserne Nerven und hielt den schwer angeschlagenen Vogel in der Luft, die Unverletzten versorgten die Verwundeten. Der Pilot, Captain Lucas, versuchte, die Flugformation zu verlassen, um eine Notlandung zu wagen. Die brennende, in dichten Rauch eingehüllte Maschine verlor rasant an Höhe, und Lucas hielt verzweifelt nach offenem Gelände Ausschau, auf dem er halbwegs sicher hätte notlanden und die Männer absetzen können.

Das Gefängnis lag auf einer Anhöhe, die Abhänge fielen fast senkrecht ab. 300 Meter östlich befand sich Fort Frederick mit den Flugabwehr-Batterien. Die Hubschrauber mussten zur Annäherung ein schmales Tal zwischen zwei Höhenrücken sehr tief durchfliegen und boten kaum zu verfehlende Ziele. Einige befanden sich auf gleicher Höhe mit oder unterhalb von Fort Frederick. Die Piloten zogen die Maschinen steil hoch, flogen Wendungen und Schleifen, um dann sturzflugartig Höhe zu verlieren. Die Deltas an Bord feuerten wie wild, um ihre Haut so teuer wie möglich zu verkaufen. Der Hubschrauber Nr. 3 erreichte das Fort, die kampffähigen Männer machten sich zum Abseilen fertig. Bevor sie das Tau abließen blickten sie nach unten und machten eine unerwartete Entdeckung. Eine wild wuchernde Vegetation bedeckte den verlassenen Hof, die Fenster und Türen waren zerbrochen, und überall lag Müll. Von Gefangenen keine Spur!

Da das Gefängnis leer war, wurde die Aktion abgeblasen. Die Helikopter versuchten, außer Reichweite der Geschütze zu kommen, und flohen Richtung Meer. Dabei erlitt Captain Lucas schwere Armverletzungen, dem Bordschützen, der das Gelände weiter mit MG-Feuer belegte, wurde ein Bein zerschmettert. Mit viel Glück entkam der Helikopter aus dem Tal und flog zum Meer. Im von Schüssen durchlöcherten Hubschrauber Nr. 3 sah es verheerend aus, von 15 Mann waren 8 verletzt. Er landete auf dem Deck eines Zerstörers, die Verwundeten wurden ärztlich versorgt. Gegen 6.30 Uhr kam der Befehl zum neuerlichen Angriff. Hubschrauber holten die Männer ab, spontan schlossen sich die gehfähigen Verwundeten an, um weiterzukämpfen. Sie landeten am Flugfeld, griffen an und überwachten das Gelände.

Captain Lucas flog trotz Verwundung weiter. Dann töteten ihn fünf Geschosse, die oberhalb der Panzerung durch die Scheiben eindrangen. Der am Kopf schwer verletzte Copilot Price übernahm den Helikopter. Nun schlug die brennende Maschine einen südlichen Kurs ein. Ein Pilot bemerkte die Probleme, er scherte aus und gab Geleitschutz. Beim Überfliegen der Nachschubbasis Frequente wurde der Helikopter erneut getroffen, die Steuerung versagte und die Maschine hielt nicht mehr Kurs. Fast wäre sie in die See gestürzt, sie überschlug sich mehrfach, zerbrach nach heftigen Aufprall in zwei Teile, der Rotor fiel über die Klippen ins Meer. In Sekunden entzündete sich der Sprit, der Rumpf brannte lichterloh. Alle Passagiere erlitten teilweise schwerste Verwundungen. Und es kam noch schlimmer: Gegen 6.40 Uhr griff eine kubanische Kampfeinheit an. Die Verwundeten bezogen Stellung, eröffneten das Feuer, Handgranaten zeigten Wirkung, der Gegner zog sich zurück. Ein Pilot starb, andere Quellen nennen drei Gefallene. Besser erging es der A-Schwadron. Sie landete erst nach der Erstürmung des Flugplatzes relativ sicher und machte die »Little Bird«- Helikopter startklar. Ihr Auftrag lautete, das angeblich schwer verteidigte Fort Rupert anzugreifen und zu nehmen. Die Aussagen über den weiteren Verlauf dieser Aktion unterscheiden sich zum Teil erheblich. Manchen Schilderungen zufolge brach die Schwadron den Angriff bereits nach zehn Minuten vorzeitig ab und flog zurück. Angeblich hätten die Piloten die Fortsetzung des Fluges verweigert, als ihnen heftiges Abwehrfeuer entgegenschlug. Nach anderen Berichten landeten die Hubschrauber ungehindert im Fort und setzten die Deltas ab. Sie drangen in die Gebäude ein, führten ihren Auftrag aus und wurden zum Träger *Guam* ausgeflogen.

Während die B-Schwadron in Schützenkette zum Flughafen vorrückte, flogen gegen 6.30 Uhr mehrere C-130 von Osten heran. Die ersten Flugzeuge gerieten unter heftigen Beschuss, eine Maschine drehte ab. Die anderen hielten Kurs und gingen tiefer, der Himmel füllte sich mit den Fallschirmen der Rangers, die aus 150 m Höhe absprangen. 48 Stunden später hielten 14.000 US-Soldaten die Insel weitgehend unter Kontrolle, die Milizen mit kubanischen Helfern waren »vernichtend« geschlagen und die »Geiseln« befreit. Die Verluste blieben gering. Stolz feierten die Amerikaner ihren ersten »Sieg« nach dem Vietnam-Krieg.

Die Hauptlast der Kampfhandlungen trugen US Rangers, die mit dem Fallschirm über dem Flugplatz absprangen und ihn eroberten. In einer Gefechtspause besprechen sie das weitere Vorgehen.

Im Kreuzfeuer der Kritik

Aber die US-Streitkräfte wurden scharf kritisiert. Der nicht von Erfolg gekrönte Angriff auf das Richmond-Gefängnis hatte unnötige Verluste gefordert. Die Schuld trugen nicht die Deltas, sie mussten die Fehlplanungen ausbaden. Die vielen Verwundeten der B-Schwadron schwächten die schon unterbesetzte Delta-Truppe, sie hatte Probleme, ihre Einsatzstärke wieder zu erreichen. Fast alle Helikopter waren schwer beschädigt und länger nicht flugfähig. Zwischen sechs und acht Spezialkräfte starben, rund 30 erlitten Verletzungen.

Vizeadmiral Wesley McDonald hatte nur Marines einsetzen wollen, das hätte auch genügt. Aber das Pentagon bestand auf Beteiligung der Spezialkräfte. Nachts sollten sie Schlüsselgelände erobern und die Landung der Kampftruppen einleiten. Die Marines wollten im Morgengrauen bei guter Sicht landen, die Army im Schutz der Dunkelheit schon um zwei Uhr angreifen. Schließlich einigte man sich darauf, eine Stunde vor Sonnenaufgang loszuschlagen, aber es kam zu weiteren Verzögerungen. Wie oft nach Pannen, befasste sich 1983 eine Kommission mit der wenig überzeugenden Rolle der Sondereinsatzkräfte. Ihr Ruf erreichte einen Tiefpunkt, man traute den »Phantasten in Uniform« nun noch weniger über den Weg.

Nach dem Debakel im Iran hatte es viele Reformvorschläge gegeben, aber trotz Erhöhung des Budgets und des Personals von 11.600 auf 14.900 Mann änderte sich wenig. 1985 wurden die Sonderverbände der US Army überprüft. Danach waren 60 Prozent nicht oder nur bedingt einsatzbereit. Mit den kleinen, »schmutzigen« Kriegen in der Dritten Welt wollte das US-Militär nichts zu tun haben, es gab keine Lorbeeren zu erwerben. Trotz aller Kritik hielten die Spezialkräfte aber die Fahne hoch, langsam trat die Wende ein. Bemerkenswert ist, dass nicht Militärs, sondern Politiker den Bedarf an SOF-Kräften erkannten und sie förderten. Die größten Feinde saßen im Pentagon und trugen Generalsterne.

1986 forderte der US-Kongress die Wiederbelebung der Spezialkräfte. Interne Machtkämpfe zogen sich bis in das Jahr 1987 hin, auch Delta geriet in den Intrigen-Strudel. Schließlich setzten sich progressive Kräfte durch, und am 23. Februar 1987 verfügte der US-Präsident den Aufbau von USSOCOM auf der MacDill Air Force Base in Tampa, Florida. Das neue Oberkommando hatte Probleme, sich durchzusetzen, obwohl ein Gesetz (»Special Forces bill«) dies forderte. Die Einbindung von JSOC, der Heimat von Delta, gelang erst nach einigem Zögern. Delta geriet mehrfach in die Schusslinie, aber die zähen Deltas blieben oben und versanken nicht im Sumpf.

Schwarze Kassen

Nach einem Artikel in der »Washington Post« im November 1985 gelangten intime Einzelheiten aus dem »Innenleben« geheimer militärischer Einheiten an die Öffentlichkeit. Das Vertrauen wurde »schwer erschüttert«, als Details über einen »ungeheuren Betrugsskandal«, in den auch rund 80 Delta-Männer verwickelt waren, nach außen drangen. Das Misstrauen stieg, als eine Untersuchung feststellte, dass viele der als Bodyguards tätigen Männer zwischen 1981 und 1983 Reisekostenrechnungen in einer Höhe von 200.000 Dollar fälschten. Es gab zu hohe oder falsch abgerechnete Hotelspesen, ein paar Soldaten genehmigten sich teure Erste-Klasse-Flüge. Da viele Einsätze innerhalb weniger Stunden erfolgen, gab es Reisekosten-Vorschüsse. Lagen die tatsächlichen Kosten darunter, war eine Rückzahlung vorgeschrieben, aber das »vergaßen« die »Sünder«. Sie durften wählen zwischen einem Disziplinar-Verfahren und dem Militärgericht. Fast alle entschieden sich für die disziplinäre Bestrafung und erhielten relativ milde »Article 15«, Dienst-

strafen für geringe Verfehlungen. Wer wollte, durfte den Dienst bei Delta fortsetzen, die meisten blieben. Da das Pentagon auf die Experten angewiesen war und sie nicht »zum Teufel jagen« konnte, war allen geholfen. Sieben Angeklagte vor dem Militärgericht wurden vom Dienst suspendiert. Eine Überprüfung im SEAL Team 6 bildete den Auslöser der peinlichen Untersuchung, dort lagen weitaus schlimmere Verstöße vor. Die Hexenjagd erscheint, gemessen an den geringen Übertretungen, leicht überzogen. Als schlimmstes Vergehen entpuppte sich ein erschwindeltes Flugticket im Wert von weni-

Master Sergeant Thomas J. Carter

Viele Delta-Angehörige arbeiten nach ihrer Militärzeit in der Sicherheitsbranche. Der 16-jährige Dienst des Delta-Operators Thomas Carter, qualifiziert als Ranger und Green Beret, endete abrupt im Juni 1988. Ein Gericht hatte ihn zur fristlosen, aber nicht unehrenhaften Entlassung aus der US Army verurteilt. Carter war beschuldigt worden, einen Befehl des Schwadron-Chefs verweigert zu haben. Der Major hatte dem Master-Sergeanten befohlen, die Beziehung zu einer Angestellten des Außenministeriums, die er in El Salvador kennengelernt hatte, zu beenden. Deltas durften keine Frauen heiraten, mit denen sie im Einsatz dienstlich zu tun hatten. Nach Carters Auffassung galt dies nur für Ausländerinnen, aber nicht für US-Bürger. Im Verfahren kam zur Sprache, dass er wegen des Reisekosten-Schwindels bestraft wurde. Damals machte sich Carter unbeliebt, da er keine Namen Beteiligter preisgab, die er durch seine Aussage belastet hätte. Ein Delta-Operator haut niemals einen anderen in »die Pfanne!« Für Carter war klar, dass er für seine Kameraden notfalls auch sein Leben riskieren würde, und umgekehrt war es genau so. Er wollte einen Zivil-Anwalt mit dem Schutz seiner Interessen betrauen. Sowohl der Rechts-Offizier als auch der Verteidiger lehnten den Antrag ab und verwiesen auf den Geheimschutz. Einen Tag nach der Entlassung erfuhr Carter, dass er belogen worden war und ein Verstoß gegen Vorschriften vorlag. Nach dem Abschied arbeitete er in der US-Sicherheits-Industrie, war Indianer-Agent bei den Navajos und kämpfte drei Jahre in Peru gegen die Drogenmafia. Dann machte er sich selbständig und gründete in Portland, Oregon, die Firma Strategic Security Group. Tom Carter war gerne bei Delta und bedauert seine Entlassung noch heute. Dort gibt es nach seinen Worten das beste Training, bestes Gerät, die beste Unterstützung, die besten Einsätze und die besten Kollegen.

ger als 800 Dollar. Handelte es sich hier um einen Machtkampf, den höchste Stellen auf dem Rücken der Soldaten austrugen? Es liegt die Vermutung nahe, dass Gründe gesucht wurden, um Delta zu schaden. Die Vergehen würden heute, da es bei durchaus vergleichbaren Vorgängen um ganz andere Summen geht, nur ein Lächeln kosten.

Brisante Einsätze in den USA

Die USA sind stolz auf ihre Demokratie, die Bürger lieben Freiheit und Unabhängigkeit. Als sich die ersten Siedler von den kolonialen Fesseln lösten, beschritten sie einen neuen Weg. Die Befugnisse der Regierung wurden begrenzt, Eigenständigkeit und Selbstverwaltung der Bundesstaaten haben einen hohen Stellenwert. Die junge US-Demokratie unterhielt nur ein winziges Heer. Dafür bauten die Neu-Amerikaner auf Selbstschutz und Milizen, Kampfwert 0 bis 100! Ein US-Gesetz verbietet den Einsatz der Armee im Inneren, darauf wird genau geachtet. Deshalb misstrauen die Menschen geheimen Sondereinheiten wie Delta, manche US-Bürger betrachten die »unsichtbaren« Spezialkräfte als Bedrohung, andere als militärische Mafia oder »dunkle, schwarze Mächte«. Gelegentlich leistete Delta US-Behörden Amtshilfe. 1983 besuchte der Papst Lateinamerika, Delta wachte über die Sicherheit des Heiligen Vaters. Zum Weltereignis wurden die olympischen Sommerspiele 1984 in Los Angeles. »LA« war schon immer eine turbulente Stadt mit großen Sicherheits-Problemen. Die Behörden blickten mit Sorge auf das Großereignis und optimierten die Sicherheit. Auf Wunsch der Regierung trat Delta an die Seite der bunten Anti-Terror-Streitmacht und half dabei, Sportler und Zuschauer zu schützen. Zur Tarnung des Beobachtungs-Postens diente ein unauffälliges Bier-Auto. Delta musste nicht eingreifen. Ausgesprochen friedlich

Die Freiheitsstatue, Symbol der USA.

verliefen die 100-Jahr-Feiern der Freiheits-statue, an den Sicherheits-Vorkehrungen nahm Delta teil, alles blieb ruhig.

Im Jahr 1987 griff Delta bei einem nationa-len »Notfall« ein, der die Polizei überforderte. Präsident Reagan genehmigte den ersten harten Delta-Einsatz zur Befriedung eines zi-vilen Notstandes. Im Oakdale-Gefängnis im Staat Louisiana meuterten die Häftlinge. Gleichzeitig brach in einem Bundes-Gefäng-nis in Atlanta eine Revolte aus. Das HRT-Team befand sich auf dem Weg nach Louisiana und konnte den zweiten Auftrag nicht übernehmen. Nach sechs Stunden trafen die Delta-Männer ein. Als die Häftlin-ge dies erfuhren, kehrten sie freiwillig in ihre Zellen zurück. Das zeugt von hohem Res-pekt!

1996 fanden die olympische Sommerspiele in Atlanta statt, die Sicherheitsmaßnahmen übertrafen die früherer Spiele. Dort versam-melte sich die bis dato größte Zahl von Poli-zeikräften, die jemals eine Olympiade sicher-ten. Neben dem Secret Service, CIA, FBI, dem Hostage Rescue Team und SWAT-Kräften bestand für Delta Alarmbereitschaft. Groß war die Furcht vor Anschlägen mit chemischen und biologischen Waffen. Das FBI veranstaltete die Übung »Olympic Char-lie« und ging in ihrem Szenario von einem Gasangriff auf die U-Bahn in Atlanta aus. Die Spiele verliefen jedoch ruhig und friedlich.

FBI Hostage Rescue Team (HRT)

Die für die innere Sicherheit zuständige Bundesbehörde FBI verfügt mit dem Hostage Rescue Team (HRT) über ein ziviles Geisel-Befreiungs-Team. Bundesbeamte und Delta arbeiten in der Terrorbekämpfung eng zusammen. Ende der 70er Jahre reagierte die US-Regierung auf die Bedrohung durch den Terrorismus und die wachsende Schwerst-Krimi-nalität. Das organisierte Verbrechen rüstete auf, setzte modernste Kriegswaffen ein, denen die SWAT-Teams nicht gewachsen waren. 1978 nahmen FBI-Leute an einer Delta-Übung teil, bei der die Festnahme von Terroristen trainiert wurde, die im Besitz einer Atomwaffe waren. Sie stellten fest, dass Delta fähig war, gegen Terroristen vorzugehen, das FBI aber nicht. Künftig arbeitete man zusammen, beide lernten und profitierten davon.

Da Delta nur im Ausland tätig ist, ordnete das Justizministerium 1982 den Aufbau einer eigenen Geiselbefreiungs- und Antiterror-Einheit für schwierige Situationen an. Der Gene-ral-Staatsanwalt genehmigte ein »Super SWAT-Team« mit 50 Agenten, das eng mit Delta zusammenwirkte. Ab Oktober 1983 herrschte Einsatz-Bereitschaft.

1985 lebten in Arkansas 200 Millionäre in der befestigten Siedlung Zarepath-Horeb. Sie bereiteten sich auf den »Endkampf« vor, wollten Farbige und Juden »beseitigen«. Nach-dem die Hetzparolen immer aggressiver wurden und ein Polizist starb, wurde eine Aktion des HRT und mehrerer SWAT-Teams befohlen. 200 Beamte kreisten die Gebäude ein, Scharfschützen nahmen jede Bewegung wahr. Nach 48-stündiger Belagerung gaben die Kriminellen auf. Neben Waffen und Munition fand man hochgiftige Chemikalien, genug, um das Trinkwasser einer Großstadt zu vergiften.

Aber auch peinliche Pannen traten auf. Bei der Belagerung von Ruby Ridge wurde ein 14-jähriger Junge von hinten erschossen, etwas später starb eine Frau an den Folgen eines Kopfschusses. Das Anwesen von Randy Weaver, einem Neonazi der »Aryan Nations«, wurde umstellt, weil Weaver nicht zu einem Gerichtstermin erschien. Später stellte sich heraus, dass die Behörden das Datum verwechselt hatten – kleine Ursache, große Wirkung! Ein Gericht klärte die Hintergründe auf und sprach Weaver frei.

Daraufhin folgte eine Umorganisation, um künftig solche Pannen zu vermeiden. Anfang 1994 entstand die »Critical Incident Response Group«, aufgeteilt in HRT-Einsatzgruppe, Analysegruppe (Beschaffung und Auswertung von Informationen), Verhandlungs-Teams, Organisations-Team und Logistik-Kräfte. Um Krisen friedlich lösen und die Eskalation von

Die der US-Bundespolizei FBI unterstehende Spezialeinheit HRT arbeitet eng mit Delta zusammen. Sie ist für Einsätze in den USA zuständig, ähnlich ausgebildet und bewaffnet wie ihr militärischer Partner. Ausbildungseinrichtungen werden gemeinsam genutzt und Erfahrungen ausgetauscht. Das Bild zeigt eine HRT-Einheit kurz vor einem Zugriff.

Gewalt vermeiden zu können, stehen landesweit 350 zentral gelenkte Verhandlungsführer bereit, die versuchen, Konflikte zu entschärfen. Es gilt das Motto: »Erst reden, dann schießen!« Dennoch ist heute die umgekehrte Reihenfolge häufiger.

Die Stärke des HRT beträgt rund 100 Mann (Frauen sind nicht im Einsatz), die Gliederung ermöglicht ein Vorgehen nach dem Grundsatz »Servare vitas« – Leben retten. Heute kann jeder FBI-Agent am Auswahl-Lehrgang teilnehmen. Eine beliebte Übung besteht darin, Kandidaten ohne Hilfsmittel in abgelegenen Regionen auszusetzen und sie mit kniffligen Aufgaben zu betrauen. Wer die 14-tägige Prüfung schafft, besucht den »New Operators Training Course«, der 14 Wochen dauert. Er vermittelt Wissen über Eindring-Techniken, Häuserkampf, Infiltration und Rettung.

Sheriffs vom Los-Angeles-SWAT-Team bilden Special Operators im Umgang mit Geiseln aus.

Schon vor der Bedrohung durch Terroristen zwang die zunehmende Kriminalität die Sicherheits-Behörden in den US-Großstädten zur Aufstellung spezialisierter SWAT-Teams. Ihr Einsatz erfolgt in besonders schwierigen Lagen, zur Geiselbefreiung, Verfolgung und Verhaftung von Schwerstkriminellen. Die Teams lernen auch das Stürmen und Eindringen in Gebäude sowie das Abseilen aus Hubschraubern (Bild).

Pulverfass Nahost

Viele Staaten im Nahen Osten zählen heute zu den gefährlichsten Krisenherden, gelten als Keimzellen des Terrorismus. Die Akte der Gewalt gegen Ausländer häuften sich in den Achtzigerjahren zeitweise so sehr, dass die USA mit dem Gedanken spielten, auf Sizilien eine Delta-Einheit zu stationieren, um Krisenherde schneller erreichen zu können. Besonders schlimm sah es im Libanon aus. Der an das östliche Mittelmeer grenzende Staat galt lange als Musterland, Besucher sprachen von der »Schweiz« des Nahen Ostens. Dann endete die Idylle, die Libanesen erlebten einen langjährigen Bürgerkrieg, Schiiten, Drusen und Christen befehdeten sich. Die eskalierende Gewalt bedrohte auch die US-Botschaft. Deshalb erhöhte das US-Außenministerium die Sicherheitsvorkehrungen und baute das Botschaftsgebäude zu einer Festung aus. Da qualifiziertes Personal fehlte, forderte das State Department Delta-Schutzmannschaften an. Teams aus Fort Bragg arbeiteten mit Einheimischen und dem Sicherheitsdienst des Außenministeriums zusammen, beschützten die US-Botschaft, übernahmen den Geleitschutz für Konvois und bewachten wichtige Objekte. Der Dienst war trotz aller Gefahren oft langweilig und eintönig, aber jederzeit drohten Überraschungen. Natürlich gaben sich die Delta-Boys nicht als Soldaten zu erkennen und trugen keine Uniformen. Offiziell arbeiteten sie als zivile Sicherheitsbeamte des Außenministeriums. Außer wenigen Eingeweihten kannte niemand die Identität der mit falschen Ausweispapieren ausgestatteten Amerikaner.

Wie gefährlich das Leben für die Bodyguards ablief, beweist der Bombenanschlag

Dieses Bild entstand im Juli 1988 im Libanon. US-Spezialkräfte bildeten dort Regierungs-Soldaten aus. Ein US-Berater (mit Feldmütze) weist die Libanesen am schweren US-MG Kaliber .50 ein.

auf die US-Botschaft in Beirut am 18. April 1983. Sergeant first class Terry Gilden, A-Schwadron, Schichtführer der Sicherheitstruppe, hielt sich vor dem Botschaftsgebäude auf. Plötzlich raste ein mit Sprengstoff beladener Lkw heran und fuhr in Höchstgeschwindigkeit auf die Wachleute zu, dann direkt in das Gebäude. Alles lief in Sekundenbruchteilen ab, niemand konnte fliehen. Sergeant Gilden und die Wachposten wurden von einer gewaltigen Explosion zerfetzt. Sie zerstörte die Fassade des Botschaftsgebäudes, eine gewaltige Druckwelle breitete sich aus, Brände flackerten auf. Ein leicht verletzter Delta-Operator rettete den Botschafter und brachte ihn mit einem Auto in Sicherheit. 64 Menschen starben, es gab Hunderte Verletzte.

Seit Sommer 1982 sorgten 2000 Marines für Ruhe und Ordnung im Libanon. Am 23. Oktober 1983 erlebten die US-Marines ihr »Waterloo«. 40 französische Fallschirmjäger und 241 US-Marine-Infanteristen starben in ihrer Unterkunft an einer gewaltigen Explosion, ausgelöst von einem mit Sprengstoff beladenen Fahrzeug. Wesentlich geschickter verhielten sich Ende Oktober 1983 die Green Berets der 10th Special Forces Group, die als Ausbilder der libanesischen Armee im Land weilten und in einem Hotel in der Stadtmitte logierten. Colonel Richard Potter, ehemaliger stellvertretender Kommandeur von Delta unter Charlie Beckwith, führte die 10th Special Forces Group und leitete den Berater-Einsatz im Libanon. Als vorsichtiger »unkonventioneller Krieger« hielt er gute Verbindungen zu den Einheimischen und ausländischen Kämpfern. Aus schiitischen Quellen kam ihm zu Ohren, dass ein Bombenanschlag auf die Hotelunterkunft seiner Männer geplant sei. Er evakuierte die Truppe sofort in ein gut geschütztes libanesisches Militärlager. Seine schnelle Reaktion und Umsicht rettete Menschenleben.

Im Sommer 1987 nahm eine schiitische Terror-Gruppe im Libanon 23 Ausländer gefangen, darunter neun US-Bürger. Die Rettung dieser Menschen bereitete den US-Politikern schlaflose Nächte, Delta wurde alarmiert. US-Agenten gelang es aber nicht, die Verstecke ihrer Landsleute zu finden, da sie laufend verlegt wurden. Schließlich verfolgten die Amerikaner diese Option nicht weiter. Glaubhafte Hinweise besagen, dass mehrfach Delta-Teams in den Libanon eindrangen und vor allem in Beirut erfolglos nach den Geiseln suchten.

Der Wüstenstaat Libyen diente den Terroristen der »1. Generation« aus aller Welt lange als Zuflucht. Staatchef Oberst Gaddafi verantwortete Terrorakte, die auch in Deutschland unschuldigen Menschen den Tod brachten. In den 80er Jahren trieb es der exzentrische Wüstensohn recht bunt, er beherbergte nicht nur Terroristen aus aller Herren Länder, sondern bedrohte und besetzte auch angrenzende Länder. Mehrfach »besuchten« US-Spezialeinheiten in geheimer Mission das nordafrikanische Land und führten verdeckte Operationen durch. Gemeinsam mit französischen Spezialkräften nahmen 1984 Deltas an der »Operation Manta« teil. Heimlich installierten sie nahe der Terroristen-Camps Überwachungstechnik und observierten die terroristischen Aktivitäten in Libyen. Libysche Truppen überfielen den benachbarten Tschad und überzogen das Land mit Krieg. Die USA unterstützten das attackierte Land und leisteten Militärhilfe. Hierzu verlegten sie mehrere Delta-Teams in die Krisenregion und bildeten Soldaten an der Fliegerfaust »Stinger« aus, die damit libysche Kampfflugzeuge bekämpfen sollten.

Auch an den asiatischen Krisenherden tauchten häufig Delta-Operators auf, sie halfen hauptsächlich beim Aufbau einheimischer Anti-Terror-Einheiten. Ein besonderer Einsatz führte Delta 1987 nach Griechenland. Dort leitete Oberst James »Nick« Rowe die US-Militärmission. Nach Geheimdienstinformationen planten vietnamesische Agenten die Ermordung des Vietnam-Veteranen, angeblich als Rache für seine Flucht. Um dies zu verhindern, schützten ihn Deltas und garantierten seine Sicherheit. Allerdings wurde sein Tod nur um einige Jahre hinausgeschoben. Am 21. April 1989 erschossen philippinische Rebellen den »Ground Forces Director« auf der Fahrt zum Dienst.

An allen gefährlichen Ecken unserer Erde tauchten Delta-Männer auf, erledigten ihre Aufträge und verschwanden unbemerkt wieder. 1989 putschten philippinische Soldaten. Da US-Bürger bedroht waren, planten die USA einzugreifen, aber noch vor der Verlegung endete die Revolte.

Ein vermummter Special Operator in Schutzkleidung kurz vor dem Zugriff.

»South of the border« – Kleinkriege in Lateinamerika

In der Regierungszeit von Präsident Reagan plagten »schmutzige« Kriege die Menschen in Mittelamerika. Lange waren mächtige US-Konzerne unter dem Schutz der Kanonen die eigentlichen Herren. Zu Beginn der 80er Jahre führten rücksichtslos herrschende Familienclans Kriege gegen das eigene Volk, verfolgten gnadenlos Andersdenkende. Zweifelsohne drohte auch die Gefahr einer kommunistischen Unterwanderung, aber oft wehrten sich die Menschen nur gegen Unterdrückung. Wer aufmuckte, wurde als Kommunist verteufelt, damit »rechtfertig-te« man die Massenmorde an der Bevölkerung. Über Militärmissionen nahm Washington Einfluss und versuchte, die Lage zu stabilisieren. Das Pentagon hatte aus negativen Erfahrungen gelernt und schlug eine neue Strategie ein. Die Militärs verzichteten auf nackte Gewalt und kämpften um »Herzen und Seelen« der Menschen in ihren Einsatzgebieten. Mobile Green-Berets-Teams bildeten die Regierungstruppen aus und brachten ihnen eine zivilisierte Kriegsführung bei. Deltas schützten VIPs, US-Botschaften und wichtige Einrichtungen, sie bildeten Anti-Terror-Einheiten aus und überwachten Schlüssel-Gelände.

Mit am schlimmsten wütete der Terror in El Salvador, 200 steinreiche Familien unterdrückten die Menschen und verhinderten Reformen. Nachts wüteten rechtsextreme Todesschwadronen der »Maro Blanco« (weiße Hand), sie töteten viele Menschen, ihr brutales Vorgehen machte selbst vor Geistlichen und Entwicklungshelfern nicht halt. Reagan wollte zwar die Marxisten beseitigen, aber auch die Rechten zwingen, die Menschenrechte einzuhalten. Als Vermittler wirkten spanisch sprechende Green Berets, die mit humanen Methoden arbeiteten. Die Unterstützung der Rebellen durch die Bevölkerung nahm deutlich ab, es kam zu Verhandlungen. An den Gesprächen nahmen US-Spezialkräfte teil, die als Schiedsrichter große Wertschätzung genossen. Langsam wendete sich das Blatt, zu Beginn der 90er Jahre endete der Bürgerkrieg.

Ein »besonderes Vorkommnis« in der Hauptstadt erregte Aufmerksamkeit. Zwölf als Ausbilder im Land weilende Green Berets gerieten für 28 Stunden im Sheraton Hotel in die Klemme. 20 Terroristen stürmten das Hotel und besetzten die Etagen unterhalb und oberhalb der Amerikaner. Sie flüchteten vor Regierungs-Soldaten und mischten sich unter die Gäste in der Lobby. Von den Amerikanern wussten sie nichts. Als sie sich im »VIP-Tower« festsetzten, rückten Spezialkräfte an und evakuierten den General-Sekretär der Organisation amerikanischer Staaten, Joa Baeno Soares. Die US-Soldaten verschanzten sich hinter Möbelstücken und warteten ab. Kein Schuss fiel, niemand versuchte, die andere Seite zu überwältigen. Die Rebellen ließen sich bewirten und feierten eine Privatfete. Als Präsident Bush sen. über den Vorfall informiert wurde, berief er den Nationalen Sicherheitsrat ein und schickte eine Delta-Einheit nach San Salvador. Inzwischen hatte sich Gregorio Rosa Chavez, Bischof von San Salvador, als Vermittler eingeschaltet, die Rebellen verschwanden, die Amerikaner

Master Sergeant Stan Goff

Viele Delta-Operators sind Idealisten und Patrioten. Während und nach ihrer Dienstzeit kennzeichnet sie eine ausgeprägte Loyalität zur Nation und zur US Army. Das ist aber kein Kadavergehorsam oder mangelndes Urteilvermögen. Im Gegenteil: Sie verfolgen kritisch die Entwicklung und bilden sich nach ihren ganz speziellen Erfahrungen eine kompetente Meinung. Nur wenige legen ihre Loyalität nach der Militärzeit ab und kritisieren offen Regierung und Streitkräfte. Zu diesen Personen zählt der Delta-Veteran Stan Goff, Mastersergeant a. D., der in Südamerika eigene Erfahrungen machte. Nach der Pensionierung wandelte er sich vom Elite-Soldaten zum Ankläger der USA.

Im Jahr 1970 trat er als Fallschirmjäger in die US Army ein und kam als MG-Schütze zur 173. Fallschirmjäger-Brigade nach Vietnam. Der Gefreite Goff nahm an acht schweren Gefechten teil und kehrte nach einer Malaria-Erkrankung in die USA zurück. Da dem Sergeanten der Garnisonsdienst nicht gefiel, schied er aus dem Dienst aus und besuchte das rannten in Richtung von Militärfahrzeugen. Sie benutzten Journalisten, die die »Geiselnahme« filmten, als »Schutzschilder«. Das Delta-Team zog wieder ab, da sich die GIs selber »befreiten«, der Präsident verkündete die »Rettung« der Green Berets durch »seine Kommandos«.

Honduras lehnte sich eng an die USA an und versuchte, nicht in die Konflikte der Nachbarn Nicaragua und El Salvador hineinzugeraten. Es gab Probleme, die Grenzen zu sichern, Contra-Rebellen nutzten das Land für Angriffe auf Nicaragua, die Sandinisten attackierten Siedlungen und töteten viele Menschen. Auf Wunsch der Regierung entstand eine Anti-Terror-Einheit, trainiert von Delta-Ausbildern. Unter Führung eines Delta-Sergeanten befreite sie eine prominente Geisel. Von Deltas begleitete Kampfverbände verfolgten Rebellen und rieben sie auf.

Auch Guatemala war häufig Schauplatz heftiger Kämpfe. Mehrere Delta-Teams wurden Anfang der 80er Jahre nach Guatemala-

Special Operators üben im Dschungel.

Stadt verlegt, um die US-Botschaft zu schützen. Guerillatrupps drohten, die Botschaft zu sprengen. Als Deltas anrückten, verließ die Kämpfer der Mut, und sie brachen die Aktion ab. Delta siegte ohne Waffeneinsatz!

College. 1977 kehrte Goff in den Aktiv-Dienst zurück und wurde Zug-Feldwebel im 2. Ranger Bataillon. Ehrgeiz und Abenteuerlust packten ihn, er ging zu Delta. Die nächsten vier Jahre verbrachte Stan als Scharfschütze und »assaulter«. Nach dem Dienst bei Delta wurde er Ranger-Ausbilder in West Point und organisierte die Kampf-Ausbildung der Kadetten. Erneut schied Stan aus dem Militärdienst aus und arbeitete als Ausbilder für die SWAT-Teams des Ministeriums für Energie. Nach 18 Monaten zog er wieder die Uniform an, und das 1. Ranger Bataillon nahm ihn mit offenen Armen auf. Nach einem Jahr endete das Gastspiel auf dem Hunter Army Airfield in Georgia und Staff Sergeant Goff ging zu den Special Forces. Da er gut spanisch sprach, kam er zur 7th Special Forces Group. 1994 diente er als Mastersergeant in der für die Karibik zuständigen 3rd Special Forces Group, 1996 wurde er pensioniert und betätigt sich nun als kritischer Autor.

Operation »Just Cause« in Panama

Nicht nur die Bekämpfung von Terroristen bereitete den USA viel Kummer, auch der Drogenhandel erforderte ein Eingreifen. Panama spielte dabei eine unrühmliche Schlüsselrolle. Manuel Antonio Noriega, ein zeitweiliger Günstling der USA und ehemaliger CIA-Agent, herrschte mit eiserner Faust und unterdrückte nicht nur das Volk, sondern mischte auch im Drogengeschäft, im Waffen- und im Menschenhandel mit. Ab 1987 verschlechterten sich die Beziehungen zu den USA, Übergriffe auf die US-Truppen nahmen zu. George Bush der Ältere verlegte im Frühjahr 1989 zusätzliche GIs und Deltas auf die Howard Air Base, um Übergriffen und Geiselnahmen vorzubauen. »Gut informierte Kreise« gaben eine heiße Information preis: Pablo Escobar Gaviria, ein berüchtigter Drogenboss des kolumbianischen Medellin-Kartells, wollte sich auf der Insel Bocas del Toro an der Westküste Panamas mit Noriega treffen. Delta sollte eingreifen und beide festnehmen. Als sich das Team dem Treffpunkt näherte, war außer dem Quietschen von Schweinen kein Ton zu hören. Keiner der Gesuchten war anwesend, die Aktion verlief im Sande. Soviel zur Glaubwürdigkeit »gut unterrichteter Kreise!« Ende November 1989 verlegten weitere Teams nach Howard. Die USA fürchteten Anschläge auf das »Southern Command« (Kommando Süd). Die Drogenmafia plante, den Kommandeur, General Thurman, mit einer Autobombe zu töten, Delta schützte ihn. Im Dezember 1989 wurde ein Offizier ermordet, es kam zu Unruhen, der Drogenbaron erklärte den USA den Krieg. Präsident Bush genehmigte am 19. Dezember 1989 die Operation »Just Cause« (gerechte Sache)«, um Noriega festzunehmen. 4150 Spezialkräfte und 77 Air-Commando-Flugzeuge übernahmen folgende Aufgaben:

- Ranger des 2. und 3. Bataillons (red) sprangen über der Basis Rio Hato ab und stürmten sie.
- Das 1. Ranger-Bataillon (red) sprang über dem Flugplatz Torrijos ab und eroberte ihn.
- Die A-Kompanie, 3. Bataillon, 7th Special Forces Group, (black) nahm und hielt die Brücke über den Pacora-Fluss, östlich von Panama City.
- SEAL Team 4 (white) besetzte Punta Paitilla und verhinderte die Flucht von Noriega.
- SEALs (blue) sabotierten die Yacht des Diktators und eroberten zwei Kanonenboote.
- Ein Special-Operations-Team brachte zwei Techniker zur TV-Station, die den Sender lahm legten.
- Eine Spezial-Boot-Einheit übernahm die Kontrolle am dem Atlantik zugewandten Eingang des Panama-Kanals.
- Delta-Teams (grün) suchten nach Noriega und verhinderten seine Flucht. Sie befreiten den US-Bürger Kurt Muse aus dem El-Modelo-Gefängnis.

Die Jagd auf Noriega war nicht einfach, der schlaue Fuchs wechselte laufend seinen Aufenthalt und verlegte die Fahrrouten. Operators in Zivil, die MP5 unter der Kleidung versteckt, suchten die Stadt nach ihm ab, aber Noriega war ihnen immer einen Schritt voraus. Ein achtköpfiges Delta-Team stürmte die Wohnung einer »Freundin«, in der sich Manuel Noriega angeblich versteckte. Als die Männer eine Treppe hochrannten, rochen sie noch seine Zigarre. Sie stöberten ihn nicht auf, Noriega blieb nie lange an einem Ort. Die Flucht endete vor

Nach seiner Festnahme durch US-Spezialkräfte bringen US-Polizeibeamte Manuel Noriega an Bord einer Transportmaschine und fliegen ihn in die USA. Dort wurde er zu einer langjährigen Gefängnisstrafe verurteilt. Im Sommer 2007 verlangten mehrere Staaten seine Auslieferung, um ihn erneut anzuklagen.

der Botschaft des Vatikans, dort bat er um Asyl. Bis zum 3. Januar 1990 folgte ein Katz- und Mausspiel. Die GIs riegelten das Gelände ab, durften aber nicht in die Botschaft. Nun nervten Special Operators ihr Opfer so lange mit lauter Musik, bis er das Handtuch warf. Noriega musste pausenlos einen Song ertragen, den er von ganzen Herzen hasste.

Operation Acid Gambit – Befreiung aus der Todeszelle

Die Rettungsaktion des im berüchtigten Modelo-Gefängnis inhaftierten Rotariers Kurt Muse war für Delta wie geschaffen. Kurt Muse lebte in Panama und arbeitete in der Firma seines Vaters. Große Sorgen bereiteten ihm die Ausschreitungen von Manuel Noriega und seinen Schergen. Mit Freunden, den »Rotarians from Hell«, leistete er Widerstand und kaufte Material für einen Radio-Sender. Er strahlte Sendungen gegen das Terror-System aus, und zwar auf den Frequenzen des staatlichen Rundfunks. Mutig geworden, wollten die »Radio-Piraten« die Qualität der Sendungen erhöhen, Kurt Muse reiste mehrfach nach Florida und

kaufte modernes Gerät. Es ist möglich, dass er Kontakt zur CIA aufnahm und unterstützt, vielleicht rekrutiert wurde.

Die »Piraten« planten, eine Präsidenten-Rede zur Lage der Nation zu stören. Als die Menschenmenge auf das Erscheinen des Herrn und Meisters wartete, baute Muse den Sender auf, um die Propagandarede abzusetzen. Als der Präsident ansetzte und ihn heftiger Pflicht-Applaus begrüßte, meldeten sich lautstark die »Freien demokratischen Menschen von Panama«. Der blamierte Drogenbaron reagierte wütend und setzte alles in Bewegung, um die Übeltäter zu fassen. Den Häschern gelang es, Muse zu identifizieren und einen Steckbrief zu verbreiten, vermutlich war Verrat im Spiel. Als er aus Miami zurückkehrte, erkannte ihn ein Offizier und nahm ihn in Haft.

Die Vernehmungen dauerten drei Tage, er durfte nicht schlafen und musste zusehen, wie Mitgefangene grausam gefoltert wurden. Ein Polizist setzte ihm bei einer Vernehmung die Pistole an den Kopf und drohte, ihn zu erschießen, tat es aber nicht. Nachdem der Kontakt mit dem Konsulat verweigert wurde, reagierte die US-Regierung heftig und verweigerte Panama Visa in die USA. Das hatte Wirkung, Muse durfte mit

US-Beamten sprechen. Seine Bleibe fand er im Gefängnis »Carcel Modelo« in einer winzigen Zelle, deren Mobiliar eine Gummimatte auf dem kalten Betonboden war. Er durfte das Verlies nur kurz verlassen, verlor über 25 kg Gewicht und wurde Zeuge von Folterungen der Mitgefangenen, deren Schmerzensschreie ihn Tag und Nacht verfolgten.

Präsident Bush war über sein Schicksal bestens informiert, er ordnete die Befreiung durch Delta an. Das Unternehmen sollte kurz vor dem US-Großangriff beginnen. Alles musste blitzartig ablaufen, da ein Aufseher den Befehl erhalten hatte, Muse bei einem Befreiungsversuch zu töten. In MH-6-Helikoptern sollte Delta auf dem Gefängnisdach landen, den Weg in das Gebäude freisprengen und zum zweiten Stock zur Zelle von Kurt Muse vordringen. Zur Sicherung gingen Scharfschützen in Stellung, zwei AH-6-Kampfhubschrauber und zwei AC-130 warteten einsatzbereit auf Befehle. Neben dem Gefängnis lag die Comandancia, das Hauptquartier der Streitkräfte. Die US-Kampftruppen sollten in der Nacht vom 19. auf den 20. Dezember 1989 losschlagen, die Spezialkräfte etwas zuvor. Am 19. Dezember 1989 bezogen weitere Scharfschützen Stellung nahe des Gefängnisses und beobachteten, Delta-Männer in Zivil bevölkerten die Straßen.

Gegen 0.45 Uhr wurde es ernst, Kampfhubschrauber belegten die Umgebung mit Dauerfeuer. Die schlaftrunkenen Soldaten torkelten in ihre Kampfstände. Ein Luftangriff auf das Hauptquartier sollte vom Gefängnis ablenken. Als 105-mm-Granaten im Munitionslager einschlugen, lösten sie Brände und Explosionen aus. Seit Stunden hatten die Scharfschützen die Wachposten im Visier, nun eröffneten sie mit ihren Cal.-50-Scharfschützen-Gewehren das Feuer und töteten

sie. Ein wichtiges Ziel war der Strom-Generator neben dem Haupteingang. Er wurde unter Beschuss genommen, sofort fiel das Licht aus, und alles lag im Dunkel. Kurt Muse erwachte durch die Einschläge der schweren Waffen und beobachtete das Feuergefecht. Dann hörte er Poltern von Stiefeln. Muse rechnete fest mit seiner Exekution und schloss mit dem Leben ab.

Aber die Männer rannten weiter. Kurz zuvor landeten vier Little-Bird-Hubschrauber mit je vier Kommandos in den Außensitzen auf dem Gefängnisdach. Da alles blitzschnell ablaufen musste, wurde der Eingang freigesprengt. Zwei Kommandos rannten in den zweiten Stock, zwei sicherten, der Rest blieb auf dem Dach. Unterwegs töteten die schwarz uniformierten Gestalten mehrere Aufseher. Muse hörte erleichtert eine Stimme, die ihn anwies, in Deckung zu gehen. Dies war nötig, um die Zellentür mit einer Sprengladung öffnen zu können. Dann packte ein US-Soldat Muse, zog ihm eine kugelsichere Schutzweste über und verpasste ihm einen Helm. Eilig rannten sie die Treppe hoch und erreichten das Dach. Muse wurde in einen Hubschrauber verfrachtet und von zwei Deltas beschützt.

Kurz nach dem Abflug tauchten Stromleitungen auf, der Pilot wollte den Helikopter hochziehen, um auszuweichen, aber er schaffte es nicht und drohte, 20 m in die Tiefe zu stürzen. Dem erfahrenen Piloten gelang es gerade noch, die Maschine abzufangen und unter Beschuss auf einer Straße zu landen. Er bugsierte den »Vogel« in eine »Parklücke« zwischen zwei Plattenbauten und brachte ihn zum Stehen. Dann startete er erneut und gewann zunächst an Höhe. Aber wieder geriet er in heftiges Gewehrfeuer, schrammte eine Mauer und stürzte aus geringer Höhe auf die Straße. Er kippte nach rechts, alle Insassen schleuderten ins Freie. Nun setzte ein heftiges Feuergefecht zwischen Amerikanern und Panamesen ein. Die endgültige Rettung kam bald. Mit einer Taschenlampe alarmierten die Deltas eine »Black Hawk«, die schickte eine Infanterieeinheit, die mit Transportern M-113 alle in Sicherheit brachte. Dies war die erste gelungene Gefangenen-Rettung durch das US-Militär seit dem Zweiten Weltkrieg.

Vom Gefängnis auf die Schießbahn ⸺

Nach anfänglichen Geburtswehen entwickelte sich Delta in den achtziger Jahren langsam, aber stetig weiter. Die Männer hielten zusammen wie Pech und Schwefel, blieben ihren Grundsätzen treu und »hielten die Fahne hoch«. Während sich am Auswahlverfahren und der Ausbildung wenig änderte (das ist bis heute weitgehend so geblieben), setzte man die Erfahrungen konzeptionell um und verfeinerte die Taktik. Die Beziehungen zu befreundeten Sondereinheiten entwickelten sich gut, alle profitierten vom Austausch. Nach fast zehn Jahren Aufenthalt auf der »ranch«, dem früheren Gefängnis von Fort Bragg (einige Operators kauten Tabak, trugen Cowboystiefel und -hüte), wurden in der zweiten Jahreshälfte 1987 sündhaft teure neue Unterkünfte und Außenanlagen für die Ausbildung, die »Special Operations facility« bezogen, die Millionen verschlungen hatten. Die von zwei mit Stacheldraht gesicherten hohen Zäunen eingefriedete, von Sichtschutz und Bäumen nicht ganz gegen neugierige Blicke geschützte Anlage liegt auf dem Gelände der »Range 19« (Schießbahn) in einer abgelegenen Ecke von Fort Bragg. Hinter den Zäunen verläuft eine Straße, auf der Streifen-Fahrzeuge Tag und Nacht ihre Runden drehen. Trotz aller Sensoren und der Abschirmung, ein »einsamer« Standort wäre sicherer. Neugierige werden »verscheucht«, die Überprüfung am Tor ist extrem scharf, nur

dienstlich ist der Zutritt erlaubt, auch für alle US-Soldaten in Fort Bragg.

Den Namen »Wally World« erhielt das Gelände nach einem populären Chevy Chase Film. Im Inneren ist das Operations & Intelligence Center (Stab) beheimatet, die Unterkünfte liegen in nett gestalteten Gebäuden. Das »Stammpersonal« dürfte etwa 200 Köpfe umfassen, die meisten Operators wohnen in privaten Appartements oder halten sich im Ausland auf. Für das Training stehen zahlreiche, modernste Anlagen bereit, Schießbahnen für alle Waffen und das dreistöckige shooting house, ein »Schießhaus«. Großzügige Sportanlagen laden zum Training ein, eine drei Stockwerke hohe Wand zum Klettern und ein Pool mit »olympischen« Ausmaßen zum Schwimmen und Tauchen. Häufig genutzt werden Turnhalle, eine Kraftsportanlage, weitere Sportstätten und Hindernisbahnen. Unterrichts- und Besprechungs-Räume sowie die Lagezentren sind mit modernster Technik ausgestattet, ebenso die Wohn- und Erholungsbereiche. Die Range 19 beheimatet Bahnen für Scharfschützen, für Zugriffe und Nahkampf, für Pistolen, automatische Waffen und Schrotflinten. Eine Schießbahn mit beweglichen Zielen eignet sich für das Schießen aus Fahrzeugen. Helikopter-Landeplätze, logistische Einrichtungen und ein Sprengplatz ermöglichen eine optimale Ausbildung.

DELTA NACH DEM KALTEN KRIEG

Ende der 80er Jahre wurde die C-Schwadron aufgestellt, aber das Personal blieb knapp. Aus der auf die Befreiung von Geiseln spezialisierten Truppe war eine offensive, universelle Anti-Terror-Einheit geworden. Sie übernahm die Rolle einer operativ-strategischen Kommandotruppe mit verbesserten Einsatztaktiken. Als das Jahrzehnt endete, blickte Delta auf drei große und viele kleinere Einsätze zurück. Ein Haupt-Schwerpunkt lag im Nahen Osten und dem angrenzenden Mittelmeerraum. In Afrika bildeten Deltas einheimische Anti-Terror-Teams aus, die Kriege im Sudan, in Somalia und Äthiopien ließen den nördlichen Teil des schwarzen Kontinents nicht zur Ruhe kommen, auch im Süden tauchten Kommandos auf. Viele Länder in Mittelamerika wurden für Delta zur zweiten Heimat, in Kolumbien, Peru, Bolivien und Chile brachte der Drogenkrieg neue Aufgaben. In Teilen Südostasiens löste ein Konflikt den anderen ab, unruhig blieben die Golfregion und die angrenzenden Länder. Zentralasien bereitete damals wenig Probleme, in den Staaten der noch mächtigen Sowjetunion sorgten die Kommunisten mit eiserner Faust für Stabilität und Ordnung. Als nach vier Jahrzehnten der »Kalte Krieg« endete, blieben die USA als alleinige Supermacht übrig. Zunächst glaubten Optimisten an den »Ewigen Frieden«, die meisten Staaten bauten ihr Militär ab, auch die USA und Russland. Aber weiterhin tobten weltweit viele kleine Kriege, blutige Konflikte forderten unzählige Opfer. Die lange nicht wahrgenommene Terror-Bedrohung stieg. Trotz Unterstützung aus der Politik ging die Verstärkung der Sondereinheiten nur schleppend voran. Es gab noch immer Widerstände gegen »quiet professionals« und die geheime Delta-Truppe.

Desert Shield / Desert Storm _____

Die Hoffnung auf Frieden, Freiheit und De-mokratie gab den Menschen neuen Mut. Leider ging der schöne Traum bald zu Ende. Am 2. August 1990 drangen die irakische Hammurabi-Panzer-Division und die Tawa-kalna-Panzergrenadier-Division in Kuwait ein und begruben die Hoffnung auf ewigen Frie-den. Luftlandeverbände landeten in Kuwait City, Marine-Infanterie unterbrach die einzige Straßenverbindung nach Saudi-Arabien. Die kuwaitische Heeresbrigade leistete nur hin-haltenden Widerstand und ergab sich nach wenigen Stunden aussichtslosen Kampfes. Panzerverbände marschierten an der Gren-ze zum Königreich Saudi-Arabien auf.

Unter US-Führung bildeten 28 Staaten, da-runter mehrere arabische Länder, eine multi-nationale Truppe mit dem Ziel, die Aggressi-on zu stoppen und später das Emirat Ku-wait zurückzuerobern. In den folgenden Mo-naten bauten die Alliierten eine mächtige Streitmacht zur Befreiung Kuwaits auf, Mitte Dezember 1990 warteten über eine halbe Million Alliierte auf den Befehl zum Angriff. Panzer und Infanterie, unterstützt von Artil-lerie und Luftwaffe, standen bereit. Die barrierefreien, öden Landstriche eigneten sich gut für den Kampf gegen einen zahlen-mäßig starken, technisch aber unterlegenen Gegner.

Für die Spezialkräfte bestand ab 2. August 1990 höchste Alarm-Bereitschaft. Als Ge-neral Stiner, USSOCOM-Kommandeur, von der Invasion Kenntnis erhielt, alarmierte er Teile von Delta und den Rangers. Den Ober-befehl über die Operation »Desert Shield« übernahm General »Storming Norman« Schwarzkopf, ein bewährter Fallschirmjäger mit einer Vorliebe für Panzertruppen. Im Vietnamkrieg hatte er schlechte Erfahrun-gen mit den Green Berets gemacht. Er hielt wenig von den »Phantasten«, die seiner An-sicht nach nur Schwierigkeiten machten, und führte »seinen« Krieg nach altbewähr-ten Grundsätzen, was ihm gelang. Spezial-einsätze waren nicht geplant, hierfür fehlten die Voraussetzungen. Schwarzkopf lehnte Delta-Sabotageakte und Hinterfront-Aktivi-täten brüsk ab und verbot den Special For-ces Geheimeinsätze. In Vietnam hatte er mit seinen Infanteristen »verrückte« Green Be-rets gerettet, die sich zu weit aus dem Fens-ter gelehnt hatten, dies wollte er nicht wie-derholen. Er befürchtete, mit verwegenen »Husarenstückchen« den Gegner zu reizen

Der Pilot eines abgestürzten US-Flugzeuges wird von der Besatzung eines Hubschrau-bers der US-Spezialkräfte gerettet. Das Retten und Bergen von Personal und Material in besonders schwierigen Lagen ist den Spezialkräften vorbehalten.

und einen vorzeitigen Landkrieg zu provozieren. Später änderte der General seine Auffassung, er setzte SOF-Kräfte ein und lobte sie.

Das JSOC plante mehrere Aktionen, primär die »Beseitigung« von Saddam Hussein. Ihn beschützten 30.000 Leibwächter, Agenten, Polizisten, Soldaten und ein Dutzend »Doppelgänger«, JSOC verfolgte diese Option nicht weiter. Folgende Einheiten, meist »weiße« (offene Einsätze), wurden dem US Special Operations Command Central (Mitte) unterstellt und nahmen am Golfkrieg teil:

- Zwei Delta-squadrons
- 5th Special Forces Group
- 3rd Special Forces Group
- 10th Special Forces Group
- Task Force 3-160 Special Operations Aviation Regiment
- 4th Squadron, 17th Air Cavalry
- SEAL Team One/Five (4 Züge)
- Swimmer Delivery Vehicle Team 1 (1 Zug)
- Special Boat Unit 12
- Sechs Spezial-Staffeln Air Commandos (Flugzeuge, Hubschrauber)
- Ranger in Kompaniestärke

Das Personal der US-Botschaften Bagdad und Kuwait befand sich in der Zwickmühle. Die Diplomaten blieben zwar unbehelligt, aber eine Geiselnahme drohte. Delta plante, in die Botschaft in Kuwait-City einzudringen und das Personal zu befreien. General Schwarzkopf verweigerte die Erlaubnis. Die Anwesenheit Tausender Ausländer im Irak und in Kuwait komplizierte die Lage. Da jederzeit mit einer Geiselnahme zu rechnen war, läuteten schon früh die Alarmglocken. Saddam Hussein nutzte die Situation für die Kriegspropaganda und missbrauchte die Ausländer als Faustpfand. Im August verhängte er ein Ausreiseverbot über alle im Irak und in Kuwait weilenden Fremden. Der Diktator drohte nicht nur mit ihrer Festnahme im Falle eines Angriffes, sondern erschreckte die Menschen mit einem teuflischen Plan. Um Luftangriffe auf wichtige Ziele zu verhindern, kündigte er an, die Zivilisten auf den Dächern wichtiger Objekte »auszusetzen«, sie als menschliche »Schutzschilde« zu benutzen. Diese Menschen wären die ersten Opfer von Luftangriffen geworden.

Die US-Regierung geriet unter Druck und betraute Delta mit der Vorbereitung eines Rettungs-Unternehmens. Die Wahrscheinlichkeit eines Fehlschlages der »Operation Pacific Wind« lag hoch, vermutlich wären keine oder nur wenige Geiseln gerettet worden. Pech und Glück wechseln im Leben oft, die im Irak Internierten hatten großes Glück. In einem Anfall von Großzügigkeit – oder aus Berechnung – erlaubte der Diktator im Dezember 1990 die Ausreise. Auch die Diplomaten durften gehen, eine Rettung erübrigte sich.

Ein anderer Plan sah vor, Delta und SEAL-Teams verdeckt in Bagdad einzusetzen, um Unruhe zu verbreiten, Zielkoordinaten zu ermitteln und wichtige Ziele zu zerstören. Auch das wurde verboten. Nicht ganz zu Unrecht befürchtete JSOC nach der Intervention im Mittleren Osten weltweite Terroranschläge, besonders in islamistischen Ländern. Um auf Krisen reagieren zu können, entstanden mehrere mobile Task Forces. Sie setzten sich aus Operators von Delta und SEAL Team 6, Hubschraubern, Air Commandos und Rangers zusammen. Aber die Unruhen und Anschläge blieben aus und die Einsätze erübrigten sich.

Als die Luftoffensive Mitte Januar 1991 begann, gingen mehrere US-Flugzeuge verloren, der Irak nahm einige Piloten gefangen

Der US-Oberkommandierende General Schwarzkopf wurde in seinem Hauptquartier in Saudi-Arabien von Leibwächtern, zu denen auch Deltas gehörten, rund um die Uhr beschützt.

und nannte sie »Kriegsverbrecher«. Die Bilder der übel zugerichteten Menschen flimmerten über die TV-Schirme, erschrockene US-Bürger verlangten ihre Rettung. Delta bereitete eine Aktion vor, erhielt aber hierfür keine Erlaubnis. Erst bei Kriegsende kamen die Piloten wieder frei.

General Schwarzkopf fühlte sich von Terroristen bedroht, der alte Frontkämpfer legte Wert auf seine Sicherheit. Er forderte ein Delta-Team an, um seinen Schutz zu erhöhen. Obwohl das US-Hauptquartier hermetisch von der Außenwelt abgeschottet war, tat der General keinen Schritt ohne Beschützer. Sogar seinen Schlaf bewachte ein Delta-Operator! Es ist davon auszugehen, dass nicht die Angst allein den General zu diesen Sicherheitsmaßnahmen trieb. Er hielt alle Fäden in der Hand, und sein Ausfall wäre eine Katastrophe gewesen. Nach der Freilassung der Geiseln gab es für Delta zunächst keine Verwendung mehr in diesem Krieg.

Plötzlich jedoch änderte sich alles, nun wurde es richtig ernst! Am 17. Januar 1991 begann der Luftkrieg, mit dem die irakischen Stellungen aufgeweicht werden sollten. Kurz danach setzte der Irak SCUD-Raketen ein. Die Alliierten wähnten weniger als 100 dieser Fernlenkwaffen im Besitz des Feindes, aber es waren 1200! Die Raketen hatten eine Reichweite von etwa 600 km und wurden auf mobilen Abschusslafetten befördert. Ihre Zielgenauigkeit war gering, Pannen häufig, und sie konnten von US-Patriot-Raketen bekämpft werden. Die störungsanfälligen Raketen gingen meist weitab vom Ziel nieder und richteten kaum nennenswerten Schaden an. Aber die »psychologische Wirkung« war enorm, besonders, als in Israel die ersten »SCUDS« niedergingen. Die Rakete konnte biologisch-chemische Gefechtsköpfe befördern, das machte sie zu einem unkalkulierbaren Risiko.

Einen Tag nach der Eröffnung der Luftoffensive feuerte der Irak 50 Raketen auf Saudi-Arabien und Israel ab. Am 18. Januar 1991 schlugen sieben SCUDs in Tel Aviv und Haifa ein, sie richteten schwere Schäden an. 50 Menschen erlitten Verletzungen, weit über 1500 Wohnungen wurden zerstört. Die Terror-Angriffe aus der Luft sollten Israel zum Kriegseintritt provozieren. Um Israel zu beruhigen, verlegten die USA Patriot-Batterien nach Israel. Der Raketenschirm gewährte nur einen bedingten Schutz und sollte in erster Linie die Bevölkerung beruhigen. Die Nuklearmacht Israel drohte nach den ersten Angriffen mit Vergeltungsschlägen. Die Amerikaner setzten F-15 Staffeln zur Bekämpfung der Raketen-Stellungen ein, sie hatten große Schwierigkeiten, die mobilen

Dieses Gebäude in Israel wurde Opfer eines nächtlichen Angriffes durch irakische SCUD-Raketen.

Das US-Luftabwehr-Waffensystem »Patriot« stellte einen bedingten, aber keinen absoluten Schutz gegen Luft- und Raketenangriffe dar.

Abschuss-Rampen MAZ-543 zu finden. Ohne Boden-Aufklärung und Zielmarkierung waren Luftangriffe sinnlos.

Israel wurde ungeduldig und forderte den Einsatz eigener Spezialkräfte. Da die Amerikaner das nicht wollten, schlugen sie vor, Spezialkräfte der US Army einzusetzen. Die israelischen Offiziere, die seit Jahren mit Delta zusammenarbeiteten, stimmten unter einer Bedingung zu. Sie verlangten, dass die US-Streitkräfte hierfür ihre beste Truppe einsetzte, genauer gesagt: Delta. Noch immer verhinderte General Schwarzkopf Einsätze der »Schlangenfresser«. Aber General Powell, der Stabschef, befahl ihren sofortigen Einsatz. Generalmajor Downing, JSOC-Boss, baute eine Task Force aus zwei Delta-Schwadronen, SEALs, Hubschraubern und einer Rangerkompanie auf.

Am 31. Januar 1991 kam die Truppe in Saudi-Arabien an und ließ sich vom SAS in die Lage einweisen. Delta ist eine Truppe für die Befreiung von Geiseln und Handstreiche, keine klassische Kampftruppe. Aber Israel beharrte auf der Forderung. Generalmajor Wayne Downing baute eine knapp 900-köpfige »Joint Special Operations Task Force« auf, etwa 400 Mann zählten zum »harten Kern«. Die SAS-Kräfte wurden über eine »Fusion Cell« in die Operationen integriert. Delta-Teams sollten tief in den Irak eindringen und »Jagd« auf die Raketen machen. Hubschrauber brachten die mobilen Trupps in den Irak. Tagsüber bezogen sie Verstecke, nachts gingen sie auf Jagd. Einige Trupps flogen auf, heftige Feuergefechte entwickelten sich, Hubschrauber retteten mehrfach Teams in letzter Minute. Die Operators gaben die Zieldaten per Funk an die Air Force weiter und markierten die Objekte mit Laser und Leuchtmunition.

Die SAS-Kräfte operierten südlich vom Highway 10, der »Scud Alley«. Am »Scud Boulevard«, nordwestlich des Highways 10,

stand Delta im Einsatz. Am 7. Februar 1991 infiltrierten mehrere Teams etwa 200 km tief in den westlichen Irak. Sie zerstörten vier Objekte, filmten die Aktion mit Video und spielten den Film General Schwarzkopf vor. Der war begeistert. Allerdings entdeckte man später, dass es sich vermutlich um Attrappen gehandelt hatte.

Da Helikopter knapp waren, wählten einige Freifaller-Trupps eine »HAHO«-Infiltration. Tauchten andere wichtige Ziele auf, wurden sie angegriffen. Scharfschützen bekämpften mit Spezial-Gewehren wichtige Ziele auf Distanz. Trotz hoher Risiken erlitt die Task Force außer Verwundeten keine Verluste im Gefecht, aber der SAS verlor mehrere »troopers«. Bei einem tragischen Unfall am 21. Februar 1991, kurz vor Kriegsende, starben alle Insassen eines Hubschraubers, darunter drei Delta-Sergeanten. Während eines Einsatzes im westlichen Irak verletzte sich Sergeant Major Patrick Hurley schwer. Sei-

ne Begleiter, Master Sergeant Otto Clark und Master Sergeant Eloy Rodriguez, leiteten eine Notfall-Evakuierung ein. Es gelang dem Helikopter trotz Dunkelheit, das Team zu finden und aufzunehmen. Der Rückflug über den Irak verlief problemlos, aber nach der Überquerung der Grenze zog dichter Nebel auf. Im Dunst waren die Lichter des Flugplatzes kaum zu erkennen, der Pilot unternahm mehrere vergebliche Landeversuche. Beim dritten Anflug schlug er wenige Kilometer von der Piste entfernt in den Boden, dabei starben alle Insassen.

Die »Scud hunters« meldeten beeindruckende Erfolge, aber Untersuchungen ergaben, dass nur wenige Zerstörungen direkt von Delta ausgingen. Aber die Iraker wurden von den Jagd-Kommandos ständig bedroht und befanden sich auf der Flucht. Es gelang ihnen nach dem Delta-Einsatz nicht mehr, Raketen auf Israel abzufeuern, das Ziel war erreicht, die Koalition hielt!

General David L. Grange III

David L. Grange diente lange bei Delta, er brachte es vom Schwadron-Chef zum stellvertretenden Kommandeur. Als Sohn eines Generals erblickte er in Lake Ronkonkoma das Licht der Welt und schlug nach dem Besuch des North Georgia College im Dezember 1969 die Offizierslaufbahn ein. Im November 1970 kam der Oberleutnant als Zugführer zur 101st Airborne Division. Als er im Frühsommer 1971 als Ersatz für einen gefallenen Zugführer bei der L-Kompanie, 75. Rangers, den »Augen und Ohren« der Division, eintraf, erreichte ein Funkspruch den Kompanie-Gefechtsstand. Nordöstlich vom Ashau-Tal sollten Höhlen am Tri-Fluss erkundet werden. Spontan meldete sich der junge Offizier und übernahm einen neunköpfigen Spähtrupp. Am Nachmittag des 12. Juni 1971 landeten die GIs auf dem Hügel 714. Gut getarnt verbrachte das Team die Nacht in einem Versteck und brach am Morgen zum Fluss auf. Die Vorhut entdeckte eine Straße, Grange entschied, auf ihr vorzugehen.

Aber der kürzeste Weg ist nicht immer der Beste, er führt leicht in das Verderben. Als der Spitzenmann vorsichtig um eine Kurve schlich, blickte er in die Mündungen einer MG-Stellung. »Ambush-Hinterhalt« schrie er und eröffnete das Feuer. Die Patrouille war in einen L-förmigen Hinterhalt geraten. Zwei Soldaten starben in der »kill-zone« (Todeszone), vier erlitten Verwundungen, darunter auch David Grange. Nach dem Feuerüberfall schnappte er sich das Funkgerät, robbte ins Gebüsch und forderte über Funk Kampfhubschrauber an, sie wurden ihm in 20 Minuten zugesagt. Zur Überbrückung donnerten nach wenigen Minuten 105-mm-Salven heran, und der Vietcong hielt die Köpfe unten. Dann erschienen die Hubschrauber am Himmel und hielten den Gegner mit MG-Feuer nieder, der Spähtrupp löste sich vom Feind und flog zur Basis.

Grange erhielt für die schnelle, kaltblütige Reaktion, die das Team rettete, den ersten »Silver Star«, zwei weitere Sterne sollten später folgen. Er erlebte in Vietnam die »Feuertaufe« und lernte viel für seine militärische Laufbahn. Nach dem Dienst bei den Aufklärern kam er

Höllenfeuer am Mount Carmelin _____

Viel Staub wirbelte die schauerliche Tragödie um die von David Koresh geführte Davidianer-Sekte auf: Am 19. April 1993 verbrannten nahe von Waco in Texas 84 Davidianer. Zuvor starben bei einem Sturmangriff vier Beamte vom »Bureau of Alcohol, Tobacco and Firearms – ATF« (Behörde für die Bekämpfung von Alkohol- und Nikotin-Delikten sowie von Schusswaffenmissbrauch),

dreizehn hatten Verletzungen erlitten. Der Vorfall erregte große Aufmerksamkeit, mehrfach tauchten Gerüchte über eine Beteiligung von Delta auf, die das Pentagon hartnäckig leugnete. Erst 1999 bestätigte die US-Regierung die Anwesenheit von drei »Beobachtern«.

Kritiker bezeichnen eine falsche Taktik als den Hauptgrund für das Desaster. Werden als Berater zur 81. Luftlande-Ranger-Gruppe und kehrte erst 1972 nach Fort Bragg zur 5th Special Forces als Führer von A-Teams (Freifall und Tauchen) zurück. Anschließend wurde Grange Pilot und übernahm im 158. Heeresflieger-Bataillon einen Zug. Im Juli 1978 zog es ihn zu den Rangers, er diente im 1st Battalion, 75th Ranger-Regiment als Adjutant, Chef der C-Kompanie und Verbindungs-Offizier. 1981 absolvierte er die harte SAS-Ausbildung und suchte bei Delta eine neue Herausforderung. In Fort Bragg kommandierte er die B-Schwadron, dann wurde er Operations-Offizier.

Nach dem Dienst als Fallschirmjäger kehrte Oberst Grange als stellvertretender Kommandeur zu Delta zurück und führte im Irak eine Task Force. Von 1991 bis 1993 stand er als Kommandeur an der Spitze des 75th Ranger-Regiments. Als Brigadegeneral diente Grange als stellvertretender Kommandeur der 3. mech. Infanterie-Division in Bamberg. Nach einer Verwendung als »Director for Army Operations, Readiness, and Mobilization« und Kommandeur der Task Force Eagle, 1st Infantry Division, erfolgte 1997 die Ernennung zum Generalmajor und Chef der 1st Infantry Division, Würzburg. 1999 hängte Grange den geliebten Uniformrock an den Nagel und wechselte als Vizepräsident zur Robert M. McCormick Foundation.

General David L. Grange diente lange Jahre bei den Rangers, Green Berets und Delta, bevor er kommandierender General der 1. Infanterie-Division wurde.

zivile Ziele nicht nach polizeilichen Regeln, sondern militärisch angegriffen, gibt es Ärger. Polizeikräfte vermeiden »geballte Feuerkraft« und Verluste. Militärs sind weniger zaghaft, wichtig ist die Vernichtung des Gegners, Tote und Verletzte sind einkalkuliert. Traditionell stehen die US-Bürger den Organen der Staatsmacht kritisch gegenüber. Als die Südstaaten nach dem Bürgerkrieg unter der Besatzung litten, erging 1878 das Posse-Comitatus-Gesetz. Es verbietet

den Einsatz des Militärs im Inneren für polizeiliche Aufgaben. Ab 1991 unterstützte die Army die Polizei in der Terror-Bekämpfung, andere Einsätze ordnet der Präsident an.

Im Sommer 1992 nahm die Tragödie auf dem Gelände von Mount Carmelin ihren Anfang. In mehreren Holzgebäuden lebten etwa 115 Davidianer in einer Kommune. Nachdem der County-Sheriff Jack Harwell erfahren hatte, dass sie auf ihrem Besitz, den sie zum eigenen Staat erklärt hatten,

Dieses Ausbildungs-Foto zeigt einen vermummten Schützen, der auf einem Dach Stellung bezogen hat.

Handgranaten fertigten, wuchs ihm die Sache über den Kopf. Das ATV zog den Fall an sich und suchte nach einer friedlichen Regelung. Aber die Gespräche schlugen fehl, die Davidianer drohten Fremden in ihrem »Gottesreich« mit Waffengewalt. Drei Monate dauerte die Belagerung, Anfang Dezember 1992 forderte die ATV Unterstützung bei der US Army an.

Der einfachste Weg, kostenlos Hilfe zu erhalten, führt über die Drogenschiene, in solchen Fällen hilft die Armee kostenfrei. Gegen mehrere Bewohner lagen Anklagen wegen Drogen-Delikten vor. Aber die Rauschgiftdelikte endeten bereits 1988, nachdem Koresh die Sekte übernommen hatte. Anwälte der US-Army bezweifelten die Echtheit der »Drogenstory« und vermuteten eine Finte, um kostenfrei »Amtshilfe« zu erlangen und so über eine Million Dollar zu sparen. Das Hilfeersuchen landete bei der National-Garde von Texas und der Joint Task Force 6 in Fort Bliss. Auf der Wunschliste standen

medizinische Hilfe für Verwundete sowie die Ausbildung von 50 ATV-Agenten im Nah- und Ortskampf. Acht Green Berets schulten die ATV-Männer in Fort Hood im Nahkampf, dann beschränkte das Oberkommando die Hilfe auf das Sanitätswesen und verbot die Teilnahme am Sturmangriff. Kurz nach der Spezialausbildung in Fort Hood, am 28. Februar 1993, griffen die Agenten im Alleingang an. Gezieltes Gewehrfeuer schlug ihnen entgegen, Kameras filmten life, als ein von Kugeln durchsiebter Agent tot zusammenbrach. Um weitere Opfer zu vermeiden, wurde der Angriff abgebrochen. Vier Tote und 13 Verwundete kostete die sinnlose Aktion.

Nun griff das FBI ein, wollte aber kein weiteres Personal opfern. Während der verschärften, 51-tägigen Belagerung suchten höchste Regierungs- und Justizkreise nach einer Lösung. An den Gesprächen nahmen Delta-Offiziere als Berater/Beobachter teil, sie lehnten zunächst jede Beteiligung ab und hielten sich zurück. Hinter den Kulissen fanden auf höchster Ebene Gespräche über eine Amtshilfe der US Army statt. Als am 19. April 1993 der Angriff begann, hatte die Polizeiaktion längst militärische Dimensionen angenommen. Hubschrauber und Aufklärer überflogen das Gelände, die FBI-Agenten setzten 40-mm-Waffen und Tränengas ein, ein Panzer diente als Sturm- bzw. Ramm-Fahrzeug. Innerhalb weniger Minuten brach die Hölle los. Der Schützenpanzer fuhr direkt auf die Holzgebäude zu, schwere MGs knatterten. Aus allen Rohren prasselte ein verheerendes Dauerfeuer auf die Menschen nieder. Dann brannten die Holzhäuser, das Feuer breitete sich mit rasender Geschwindigkeit aus. In kürzester Zeit starben in den Flammen 76 Männer, Frauen und Kinder. Einige versuchten zu entkommen, gerieten in MG-Feuer und kamen um. Die Mehrzahl floh in einen unterirdischen Schutzraum, nur wenige überlebten die Feuersbrunst.

Nach der Bergung der Opfer stellte eine Kommission einen geplanten Massenselbstmord fest. Es gab Beweise dafür, dass Sektenmitglieder selber mit Benzin an mehreren Stellen Feuer gelegt hatten. Untersuchungen und Schuldzuweisungen folgten, die Behörden spielten die Rolle des Militärs herunter. Aber es gab Beweise für eine solche Beteiligung des Militärs, dabei geriet Delta in die Schusslinie. Als im Herbst 1999 sichere Erkenntnisse vorlagen, gab das Pentagon die Anwesenheit von drei SOF-»Beobachtern« zu. Die Teilnahme an Kampfhandlungen wurde verneint, die Unterstützung bejaht.

Wie jedoch ein CIA-Agent äußerte, waren zeitweise bis zu zehn Delta-Operators vor Ort, und das nicht nur als Beobachter. Schwer wiegt auch die Erklärung von Steven Barry, einem pensionierten Green-Be-

ret-Sergeanten, der auch Delta-Operators ausbildete und Kontakt zu ihnen hielt. Ein Freund habe ihm berichtet, dass die B-Schwadron ein Tactical Operations Center mit einer »Hilfstruppe« in Waco gehabt hätte. Diese habe sich aus dem Führer (Sergeant Major), zwei oder drei Nachrichten-Experten, einem Sanitäter und mehreren Einsatzkräften zusammengesetzt. Andere Versionen sprechen von bis zu 20 Operators, von denen am 19. April 1993 mindestens zehn Mann vor Ort gewesen seien. Und deren Aufgaben hätten sich keineswegs auf Beobachtung und Ausbildung beschränkt, zumindest einige hätten mit Waffen aktiv am »take down« teilgenommen. Da FBI-Scharfschützen nicht zum Einsatz kamen, aber die mit den Untersuchungen betrauten Texas Rangers Patronenhülsen der Kaliber .223 und .308 fanden, ist nicht auszuschließen, dass Deltas Ziele bekämpften. Mehrere Zeugen bestätigten eine Beteiligung am äußerst heftigen Feuergefecht. Für weitere Verwirrung sorgten Unterlagen der Staatsanwaltschaft, welche die Anwesenheit von zehn »klassifizierten« Militärs erwähnen. Reporter berichten über Andeutungen von US-Soldaten, die eine Delta-Teilnahme am Sturmangriff bestätigen.

Das Massaker wirbelte gewaltigen Staub auf und warf auf alle Beteiligten kein gutes Licht. Die Argumente für die Notwendigkeit eines Armee-Einsatzes erschienen recht wacklig. Alle Einsatzkräfte trugen dunkle Schutz-Bekleidung, auch die Bewaffnung der FBI-Leute und der Deltas erschwerte jede Unterscheidung. Der County-Sheriff Jack Harwell wollte vor der Belagerung mit dem Anführer der Sekte sprechen, ihn unter einem Vorwand aus seinem Bau locken und festnehmen. Dies wäre ein Weg gewesen, die Sache unblutig aus der Welt zu schaffen.

Operation Irene – Katastrophe in Mogadischu

Im Herbst 1993 erlebte Delta in Afrika eine schlimme Pleite. Die »Schlacht um Mogadischu« am 3. Oktober 1993 ging in die Chronik der Einheit als die zweite elementare Katastrophe nach Desert One (Eagle Claw) ein. Mitschuld trug die politische und militärische Führung, einmal mehr wurde die Lage falsch eingeschätzt. Unfähige Stabsoffiziere hatten gemeint, »die Milizen erledigen wir im Handumdrehen«.

Im Dezember 1992 lief die Operation »Restore Hope« an, sie sollte die Hilfe für das Hunger leidende ostafrikanische Land koordinieren und militärisch sichern. Unter Führung der USA sollte eine multinationale Truppe die von Mohammed Farah Aidid geführte »Somali National Alliance«-Miliz mit Tausenden Kämpfern und schweren Waffen in Schach halten. Anfang Juni 1993 geriet eine leichte pakistanische Panzer-Brigade in einen Hinterhalt, der 24 Tote und 50 Verwundete kostete. Daraufhin ermächtigte die UN-Resolution 837 die UN-Truppen, militärisch vorzugehen und den Frieden landesweit zu sichern. Es gelang aber nicht, Aidid gefangen zu nehmen, die UN baten die USA um »spezielle Hilfen«. Einmal mehr sollte Delta »die Kastanien aus dem Feuer holen«. Nachdem am 8. August 1993 vier US-Soldaten umkamen, verlegte die von Generalmajor William Garrison befehligte »Task Force Ranger« mit 450 Mann am 28. August 1993 nach Somalia. Sie setzte sich wie folgt zusammen:

- C-Schwadron, Delta
- B-Kompanie, 3rd Battalion, 75th Ranger-Regiment
- Teile 1st Btl, 160th SOAR (A)
- MH-60 Blackhawks, AH-6J Little Birds, UH-60 Hubschrauber
- Nachrichtenexperten (Army Intelligence, ISA, CIA)
- SEAL-Teileinheit
- Air-Commando-Teileinheit

Die TF Ranger erhielt den Auftrag, Aidid zu verfolgen, zu stellen und festzunehmen. Aber der Kampfgruppe fehlte die für Einsätze in einem Ballungsraum notwendige Feuerkraft. Die Milizen mit gut ausgebildeten Soldaten verfügten über moderne, schwere Waffen, denen leichte Infanterie im Gefecht nicht gewachsen ist. JSOC beantragte daher Verstärkungen durch Schützenpanzer und Panzer. Aber Präsident Clinton wünschte keine sichtbare US-Präsenz in Afrika, Kampf-Panzer sind Symbole geballter Kampfkraft. Auch Minister Les Aspin weigerte sich, schwere Kampftruppen nach Somalia zu verlegen. Die Delta-Teams sollten vielmehr überraschend in Häuser eindringen und führende Milizionäre festnehmen, die Rangers sichern und unterstützen. Bald startete die Task Force Ranger erste Aktionen und nahm bei sechs Zugriffen mehrere Personen fest, auch Unbeteiligte, aber die Nummer Eins blieb verschwunden. Am frühen Nachmittag des 3. Oktobers 1993 meldete ein Agent die Anwesenheit hochrangiger Milizionäre in einem Gebäude in der Nähe des Olympia-Hotels am Bakara-Markt, ein sehr gefährliches Stadtviertel. Trotz eindringlicher Warnungen wurden gegen 15.30 Uhr acht Blackhawks, zwei MH-6, ein Rettungs-Hubschrauber und ein Führungs-Helikopter alarmiert, um 30 Deltas und 60 Rangers zum Einsatzort zu fliegen und die Milizionäre festzunehmen. Etwa zur gleichen Zeit setzte sich eine Fahrzeug-Kolonne mit gleichem Ziel in Bewegung. Um 15.45 Uhr landete Delta vor dem Ziel-Objekt. Die Rangers des Sicherungs-Elements seilten sich aus den MH-60-Helikoptern ab und blockierten weiträumig alle Zugänge. Dann sprengten Delta-Operators das Tor, stürmten das Gebäude und nahmen 24 Männer fest. Sie warteten auf den Konvoi, der sie nebst Gefangenen abholen sollte.

Die Teilnehmer glaubten an einen Routine-Einsatz und wollten bald wieder im Camp sein. Aber alles kam anders. Die Rangers seilten sich auf das Stichwort »Irene, Irene« ab und verschwanden in einer von den Hubschraubern aufgewirbelten Staubwolke. Schlecht erging es der anrückenden Kolonne. Sie verlor unterwegs durch Beschuss zwei Fahrzeuge. Als die Verladung der Gefangenen begann, geriet eine Black Hawk unter RPG-Feuer und ging etwa 250 m östlich nieder. Um der Besatzung zu helfen, seilten sich 15 Mann über der Absturzstelle ab, eine MH-6 landete und rettete zwei Verwundete. Dann traf eine RPG-Rakete den Rettungs-Helikopter, der Pilot setzte noch alle Passagiere ab und flog zurück.

Hunderte Bewaffnete, darunter Frauen und Kinder, stürmten wild um sich feuernd zum Hubschrauber-Wrack. Der Konvoi versuchte daraufhin, zur Absturzstelle vorzudringen, kam aber nicht vorwärts. Gegen 17 Uhr stürzte etwa 2 km südlich ein weiterer MH-60 ab. Unterdessen setzte sich um 17.45 Uhr eine leichte Infanterie-Kompanie in 22 Fahrzeugen in Bewegung. Schon nach wenigen Minuten lag sie unter heftigem Feuer, mehrere Fahrzeuge wurden beschädigt und die Kolonne stockte. Das Fehlen von Kampfpanzern machte sich dramatisch bemerkbar! Im Kugelhagel sprangen die GIs

Master-Sergeant Gary Gordon,
1st SFOD-D (A).

von den Fahrzeugen und feuerten in die Menschenmenge. Als der Druck weiter zunahm, gab General Garrison gegen 18.20 Uhr den Befehl zum Rückzug. Die Truppe benötigte eine Stunde, um sich vom Feind zu lösen und zur Basis zurückzukehren.

Äußerst dramatisch entwickelte sich die Lage an der zweiten Absturzstelle, nur der Pilot, Chief Warrant Officer (Fachoffizier) Mike Durant, überlebte. Ein MH-60 mit einem zweiköpfigen Delta-Scharfschützen-Team griff aus der Luft in den Kampf ein, richtete aber gegen die bewaffnete Menschenmasse wenig aus. Trotzdem versuchten Master Sergeant Gary Gordon und Sergeant first class Randy Shughart, dem verwundeten Piloten am Boden zu helfen. Zuerst erhielten sie hierfür keine Erlaubnis, es bedurfte mehrerer Anfragen, bis die Genehmigung kam. Das Team sprang 100 m von der Absturzstelle entfernt aus dem Helikopter, der den Scharfschützen Feuerschutz gab. Dann traf eine RPG-Rakete das Cockpit und zwang ihn, die Aktion abzubrechen.

Den beiden Sergeanten am Boden fehlte nun die Luftunterstützung. Sie taten alles, um den Piloten vor der heranstürmenden Menschenmenge zu schützen, hatten aber gegen die Übermacht keine Chance. Zäh und verbissen führten sie bis zur letzten Patrone das Feuergefecht, als die Munition ausging, starben sie im Kugelhagel. Michael Durant geriet in Gefangenschaft, wurde geschlagen und gedemütigt der internationalen Presse vorgeführt. Seine Nase war gebrochen, das Rückgrat verletzt, und er hatte einen Bauchschuss. Die nächsten elf Tage verbrachte er in einem Versteck, Helikopter suchten nach ihm. Aus den Lautsprechern ertönte die Botschaft »Mike Durant, wir haben dich nicht vergessen, bald bist du frei, halte durch.« Nach massiven US-Drohungen, die Stadt »in die Steinzeit zurückzubomben«, durfte Durant gehen, er lobte das Verhalten von Gary Gordon und Randy Shughart. »Mein Leben verdanke ich ihrer Tapferkeit. Als sie kamen, um mir zu helfen, wussten sie, dass der Kampf schon verloren war und sie chancenlos waren. Niemand konnte ihnen helfen und sie unterstützen. Wenn sie nicht gekommen wären, hätte ich nicht überlebt.« Für ihre Tapferkeit wurde ih-

Auszüge aus den Verleihungs-Urkunden

Der in Lincoln, Maine, geborene Master Sergeant Gary Gordon zeichnete sich als Führer eines Scharfschützen-Teams der Task Force Ranger aus und tat mehr als seine Pflicht. Sein Team bekämpfte zuerst aus dem Hubschrauber, der stark von Raketen und Feuer aus automatischen Waffen bedroht wurde, mit gezieltem Feuer Bodenziele. Als Gordon bemerkte, dass die zweite Absturzstelle nicht gesichert werden konnte und sich eine große Anzahl zur Gewalt entschlossener Milizionäre im Anmarsch befand, meldeten er und Shugart sich freiwillig, um die Verwundeten zu beschützen. Beide wurden etwa hundert Meter südlich der Absturzstelle abgesetzt. Nur mit Gewehren und Pistolen bewaffnet, schlugen sie sich durch die wild schießende Menschenmenge und erreichten das Wrack des Hubschraubers. Gordon zog den verwundeten Piloten heraus und wehrte die heranstürmenden Angreifer ab. Mit dem Gewehr und der Pistole tötete er eine unbestimmte Zahl der Angreifer, bis die Munition ausging. Er kehrte zum Wrack zurück und suchte nach Waffen und Munition. Obwohl er fast keine Patronen mehr hatte, gab er die letzten dem Piloten. Dann versuchte er, über Funk Hilfe zu holen. Nachdem sein Kamerad schwer verwundet wurde und die Munition ausging, fand er ein Sturmgewehr, hatte aber nur fünf Patronen. »Viel Glück« wünschte er dem Piloten und übergab ihm die Waffe. Etwas später stürzte sich Gordon, nur mit der Pistole bewaffnet, ins Gefecht, wurde schwer verwundet und starb. Sein vorbildliches Verhalten rettete den Piloten.

Auch Sergeant first class Randall D. Shughart, geboren in Newville, Pensylvania, zweiter Mann des Scharfschützen-Teams, erhielt für seinen Mut und Tapferkeit die höchste Auszeichnung. In groben Zügen erlitt er dasselbe Schicksal wie sein Team-Leader.

nen die Medal of Honor (Ehren-Medaille) verliehen, die ihre Ehefrauen entgegennahmen. Delta verlor außer den beiden Scharfschützen die Sergeanten Earl Fillmore, Daniel Busch und Timothy Martin, einige Tage später starb SFC Matthew Pierson bei einem Mörserüberfall.

Als über Mogadischu die Abenddämmerung anbrach, sah es für die 30 Delta Operators und 70 Rangers schlecht aus. Sie warteten auf Hilfe, Munition, Wasser und Sanitäts-Material gingen zur Neige. Eine Angriffswelle folgte der anderen, und die Lage der Verwundeten wurde bedenklich. General Garrison wollte die Verluste begrenzen

Carmen Gordon, Witwe von Gary Gordon, nimmt aus der Hand von US-Präsident Clinton die dem Verstorbenen verliehene »Medal of honor« entgegen.

Sergeant first class Randy Shughart, 1st SFOD-D (A).

und seine Soldaten retten, dafür brauchte er Panzer. Die Pakistani und Malaysier halfen mit gepanzerten Fahrzeugen aus. Nach durch Führungs- und Sprachprobleme bedingten ärgerlichen Verzögerungen setzte sich um 23.30 Uhr ein Kampfverband mit vier pakistanischen Kampfpanzern, 24 malaysischen Schützenpanzern, zwei leichten Infanterie-Kompanien und etwa 50 Angehörigen der Task Force Ranger in Bewegung. Mühsam quälte sich der Konvoi durch die Stadt, er lag unter dem Beschuss automatischer Waffen, Raketen und Granatwerfer, Steine prasselten auf die Fahrzeuge nieder. Erst nach zweieinhalb Stunden traf die Kolonne ein und teilte sich in zwei Gruppen auf, eine fuhr zur Hubschrauber-Absturzstelle. Nach 500 m verließen die US-Infanteristen die Fahrzeuge und gingen in Angriffsformation vor. Gegen 2 Uhr fanden sie ihre Kameraden und stellten Verbindung mit der Task Force Ranger her.

Das Ziel der zweiten Gruppe war die zweite Absturzstelle, an der die beiden Deltas umgekommen waren. Von den Leichen der US-Soldaten fehlte jede Spur. Beide Konvois sollten sich dort treffen und gemeinsam abziehen. Aber die zweite Kolonne kehrte allein ins pakistanische Camp am Olympia-Stadion zurück. Die Verwundeten wurden in die Schützenpanzer verfrachtet, in der Morgendämmerung erreichte die von Kampfhubschraubern unterstützte Truppe gegen 6.30 Uhr sichtlich mitgenommen den pakistanischen Stützpunkt. Die Verlustliste meldete 19 tote Amerikaner, 17 gehörten der Task Force Ranger an, 84 Verwundete, 60 von der Task Force. Zwei malaysische Soldaten starben, sieben wurden verwun-

det, ebenso zwei Pakistani. Die geschätzten gegnerischen Verluste liegen zwischen 300 und 1000. Zwei Hubschrauber wurden zerstört, vier schwer beschädigt, ebenso mehrere Fahrzeuge.

Die Bilder der geschändeten Leichen brachten das Fass zum Überlaufen, die US-Regierung leitete den Rückzug ein. Untersuchungen förderten schwere Fehler ans Tageslicht. Die Task Force Ranger sollte ursprünglich ihre Befehle direkt vom Pentagon erhalten, aber ein General setzte zwei unabhängige Befehlsketten durch. Die Folgen dieses Kompetenzgerangels waren katastrophal. General Garrison befahl Einsätze

Sergeant first class Earl Robert Fillmore

Neben den beiden Scharfschützen starben vier weitere Delta-Operators. Einer ist der am 16. Juni 1965 geborene Earl Robert Fillmore, der als jüngster Bewerber zu Delta kam.

Sergeant first class Earl Fillmore, 1st SFOD-D (A).

Nach der Schule meldete sich der junge Mann 1983 zur US Army. Er kam zur A-Kompanie, 1. Bataillon, 7. Special Forces Group. Dort meisterte Fillmore das Training als Sanitäter, die schwierigste Laufbahn, und wurde als A-Team-»medic« eingesetzt. 1987 meldete er sich für den Delta-Aufnahmetest. Als einer von nur 11 Teilnehmern aus über 200 Bewerbern bestand er die harte Prüfung und besuchte den »Operators Training Course«. Außer als Sanitäter wurde Fillmore in Geiselbefreiungs- und Anti-Terror-Techniken ausgebildet. Es folgten Einsätze in Panama und im Irak sowie Verwendungen, die noch heute der Geheimhaltung unterliegen. Fillmore erhielt den Bronze-Star und das Verwundetenabzeichen verliehen. Als Sergeant first class nahm der Freifaller am Rangerlehrgang teil und bestand ihn als Bester. Mit der Task Force Ranger kam Fillmore 1993 nach Somalia und versuchte, seinen Kameraden zu helfen. Er starb an den schweren Verletzungen.

bei Tageslicht (Spezialeinheiten kämpfen nachts), obwohl er die Überlegenheit und die moderne Bewaffnung der Milizen kannte. Unglücklich war es, die Jagd auf Aidid anzukündigen, ein verdecktes Vorgehen wäre besser gewesen. Die kurz zuvor abgezogenen AC-130 hätten die Task Force aus der Luft massiv entlasten können und es ihr so ermöglicht, sich ohne große Verluste vom Feind zu lösen. Es standen nur MH-60- und AH-6-Hubschrauber bereit, AH-64A Apache fehlten. Die Task Force ließ ihre M-203 und MK-19, schwere Infanteriewaffen, zurück, da sie nicht mit einem harten Kampf rechnete. Warum keine M-203 ausgegeben wurden, ist ein Rätsel, die M-203 (40 mm) ist für den Straßenkampf bestens geeignet. Die pakistanischen und malaysischen Panzertruppen, verstreut über die Stadt, brauchten fünf Stunden, um Gefechtsbereitschaft herzustellen, sie waren nur eine Viertelstunde vom Gefechtsfeld entfernt. Nach der Alarmierung machten sie einen Umweg und meldeten sich erst nach einer Stunde. Alle Soldaten der Task Force hatten modernen, leichten Körperschutz, tragen durften sie ihn nicht! Offiziere vertraten die Meinung, dass das Gewicht beim Abseilen hinderlich sei. Die vorderen Stahlplatten und Rückenteile sind austauschbar, es galt der Befehl, nur das Vorderteil zu tragen, hinten blieben die GIs ungeschützt. Viele starben jedoch durch Schüsse in den Rücken, die vorderen Schutzplatten vergrößerten das Dilemma, da sie den Austritt der Geschosse aus dem Körper verhinderten.

Kolumbien, Haiti, Balkan, Peru

In Teilen Lateinamerikas tobte seit Jahren ein Drogen-Krieg. Delta-Operators bildeten einheimische Anti-Terror-Einheiten aus, kämpften aber nur ausnahmsweise gegen die Drogenmafia und Aufständische. 1989 bat Kolumbien die USA um Militärhilfe zur Eindämmung der Drogenmafia. Seither stehen SOF-Kräfte im Land und bilden Soldaten aus. Im August 1989 startete die streng geheime Aktion »Centra Spike« und damit die Jagd auf den Drogen-Milliardär Pablo Escobar, der ständig den Aufenthaltsort wechselte und schließlich ein »Luxusgefängnis« bezog. Später floh er, und die Suche begann erneut. Ein achtköpfiges Delta-Team unter Führung von Colonel Boykin machte mit einheimischen Elitetruppen Jagd auf den Drogen-Milliardär. Im November 1993 hielt sich Escobar in Los Olivos versteckt, einem Stadtteil von Medellin. Dort kam es am 2. Dezember 1993 zum letzten Gefecht zwischen ihm und den Verfolgern. Er versuchte, über ein Hausdach zu fliehen, dabei wurde er erschossen. Nach Aussage von Jerry Boykin töteten ihn nicht Deltas, sondern kolumbianische Soldaten.

Auch auf Haiti, im westlichen Drittel der Karibik-Insel Hispaniola gelegen, stand Delta im Einsatz. Als die chronisch instabile politische Lage außer Kontrolle geriet, planten die USA 1994 den Einsatz einer multinationalen Truppe auf der Insel. In letzter Minute lenkten die Machthaber ein, die meisten Soldaten kehrten in die Kasernen zurück. Es kam zu Verhandlungen, an denen Jimmy Carter und Colin Powell teilnahmen. Da die Sicherheits-Lage katastrophal war, schützten Deltas die Politiker. Präsident Aristide umgab sich mit Delta-Angehörigen und Veteranen als Bodyguards.

Nach dem Tod von Marschall Tito brachen im früheren Jugoslawien heftige Bürgerkriege aus, begleitet von »ethnischen Säuberungen«. Mitten in Europa wütete in den »Schluchten des Balkans« ein grausamer Krieg, der eine halbe Million Menschen das Leben kostete. Nach der Bombardierung bosnisch-serbischer Ziele im August 1995 kam es zum Waffenstillstand, den die Dayton-Gespräche und weitere Abkommen absicherten. An den friedensbewahrenden Operationen beteiligte sich die Joint Special Operations Task Force 2 auf der San Vito Flugbasis Brindisi. Delta-Kräfte klärten auf und sicherten die SFOR. Im Mai 1995 töteten bosnische Serben zwei französische Soldaten und nahmen 230 UNO-Friedenskämpfer als Geiseln, SAS-Commandos, Franzosen, Italiener und Deltas bereiteten eine Befreiungsaktion vor. Aber es kam nicht so weit, in letzter Minute gaben die Serben die Gefangenen frei.

Im Sommer 1996 sollte Delta Radovan Karadzic in einer nächtlichen Blitzaktion in Pale festnehmen. Aus Sorge vor Verlusten und einem Wiederaufflammen der Feindseligkeiten wurde die Aktion abgeblasen. Nach dem Waffenstillstand unternahmen die NATO-Truppen wenig, um Kriegsverbrecher festzunehmen. Unter strengster Geheimhaltung bildeten die USA eine Task Force aus Delta-Operators und weiteren Spezialkräften. Sie stand unter keinem guten Stern, Sicherheitslecks und Differenzen behinderten ihre Arbeit. 1997 startete die NATO unter der Bezeichnung »Amber Star« die Suche nach Kriegsverbrechern. Die USA wollten sich Radovan Karadzic vorknüpfen, Delta bereitete den Zugriff vor. Ein Team erkundete erfolglos in der Stadt Pale, Karadzic setzte sich rechtzeitig ab. Ende 1998 verlegten Delta-Kräfte in den Kosovo und klärten die

Positionen serbischer Panzer-Verbände auf. Am 24. März 1999 startete der Luftkrieg. Den Alliierten gelang es dabei nicht, die Luftabwehr auszuschalten. Die Serben schossen zwei US-Flugzeuge ab, eines davon ein geheimes Modell. In beiden Fällen wurden die Piloten von Teams, denen Deltas angehörten, geborgen. Nach 78 Tagen endete der erste Krieg in Europa seit 1945.

Delta unterstützt ausländische Spezialeinheiten, bleibt aber im Hintergrund. So war es bei der Geiselnahme in Peru, die weltweit Schlagzeilen machte. Der Nervenkrieg um die besetzte japanische Botschaft in der Hauptstadt Lima begann am 17. Dezember 1996 und endete nach 127 Tagen am 22. April 1997. Der Ablauf der Aktion zeigt, dass Geduld, Zähigkeit und geschicktes Verhandeln helfen, Geiseln zu retten. Der japanische Botschafter hatte in Lima 500 Prominente in seine Residenz eingeladen, die von 20 Angehörigen der »Tupac Amaru«, einer marxistischen Guerillagruppe, im Hauptgebäude gekidnappt und eingesperrt wurden. Die Kämpfer forderten vergeblich die Freilassung von 400 Gesinnungsgenossen. Kurz nach dem Überfall begann die 140-köpfige Einsatz-Gruppe der Spezialeinheit Dinconte (Direccion National Contra el Terrorismol) die Befreiung vorzubereiten und grub einen Tunnel unter die Botschaft. Ausländische Anti-Terror-Einheiten machten Dienstreisen nach Peru. GSG-9-Angehörige, britische SAS-Troopers, FBI-Agenten und Deltas waren anwesend und unterstützten die Operation »Chavin de Huntar«. In der Botschaft warteten sie auf Einsätze, betätigten sich als taktische und technische Berater. Zuerst wurde ein Sturmangriff erwogen, angeführt von erfahrenen Deltas. Den Vorschlag verwarf man jedoch wieder wegen der Gefährdung der Geiseln. Sicher ist, dass die peruanischen Kräfte den Sturm schließlich ohne ausländische Kräfte vornahmen. Am 22. April 1997 drangen sie durch Tunnels in die Botschaft ein und brachten unterhalb der Aufenthaltsräume Sprengladungen zur Explosion. Es starben 14 Terroristen, aber auch zwei Polizisten und eine Geisel.

Realistische Übungen

Mitte der Neunzigerjahre häuften sich die Beschwerden verunsicherter US-Bürger über geheime nächtliche Einsätze in verschiedenen Landesteilen. Wie »The Resister – The offical publication of the Special Forces Underground« meldete, fanden bereits seit 1993 geheime Operationen in den Städten Chicago, Detroit, Los Angeles, New Orleans und Pittsburgh statt. Schwarze Hubschrauber donnerten mitten in der Nacht über Wohngebiete, etwas später waren Dauerfeuer und dumpfe Explosionen zu hören.

Delta ist für seine realistische Ausbildung bekannt, deshalb wurde für diese kriegsnahen Übungen eine fremde Umgebung gewählt. Die D-Schwadron (Ausbildung) schickte Erkundungstrupps in die Städte, die Verbindung mit der Ortspolizei aufnahmen. Aus Geheimhaltungsgründen erfolgte keine Information der Bürgermeister und zivilen Stadtverwaltungen. Die Teams suchten nach geeigneten Trainings-Anlagen, meist abgelegenes Firmengelände. Dann baten sie die Besitzer, ihnen Bauten und Flächen für Übungszwecke zur Verfügung zu stellen. Manchmal halfen ein Appell an den Patriotismus und der Hinweis auf Erfordernisse der nationalen Sicherheit, ansonsten flossen auch schon einmal Gelder. Eine Aluminium-Fabrik in New Orleans beispielsweise soll für die Genehmigung 95.000 Dollar erhalten

Die Nacht ist der Freund aller Spezialkräfte und schützt sie. Moderne Nachtsicht-Geräte erleichtern Operationen in feindlicher Umgebung bei Dunkelheit. Die drei Beobachter ermitteln Zieldaten und geben sie an die Luftstreitkräfte weiter.

Schon nach wenigen Minuten fallen die Bomben für den Gegner völlig überraschend auf das Ziel und richten verheerende Schäden an.

Unerwartete »Hausbesuche« in den Nacht-
stunden führen häufig zu Erfolgen wie Festnahmen feindlicher Kämpfer, manchmal
aber auch zu peinlichen Zwischenfällen.

Durchsuchungen bergen hohe Risiken in sich,
da immer mit Sprengfallen und Widerstand zu
rechnen ist. Leuchten an den Waffen erhöhen
die Sicht-Möglichkeiten. Nicht selten werden
versehentlich friedliche Bürger aus dem Schlaf
gerissen und verhaftet. Solche Vorfälle belasten
die gegenseitigen Beziehungen außerordentlich.

haben. Dafür durften die Deltas dann auf dem Fabrik-Gelände einen Angriff mit scharfer Munition führen und eine meterdicke Mauer mit einer 30-Pfund-Ladung in die Luft jagen. Mit dem Honorar ersetzte die Firma auch die zerbrochenen Fensterscheiben der Nachbarn.

Die Teams drangen einige Tage vor der Übung einzeln oder in kleinen Gruppen auf verschiedenen Wegen heimlich in die Stadt ein und übernahmen Waffen und Ausrüstung, die ein Voraus-Kommando mit gemieteten Fahrzeugen transportiert und versteckt hatte. Dann wurden die Teilnehmer von Hubschraubern außerhalb der Stadt aufgenommen und über den Einsatzort gebracht. Zuerst belegten die Hubschrauber die Ziele mit Feuer, die Deltas glitten an Tauen nach unten und griffen an. Statt Übungs-

munition wurden scharfe Ladungen verwendet. Die Zusammenarbeit mit den SWAT-Kräften war eng, »besondere Vorkommnisse« blieben unter der Decke, gute Beziehungen und Geld erledigten den Rest.

Unter den Operators ging das Gerücht um, dass Delta künftig auch scharfe Einsätze im Inland übernehmen würde. Angeblich fanden Befragungen und Überprüfungen statt, um die Einstellung des Personals zu ergründen. Die Soldaten mussten Berichte über ihre Ansichten zu aktuellen politischen Fragen schreiben. Etwas später wunderten sich die »weißen« Green Berets über die Zunahme von Versetzungsgesuchen älterer Delta-Sergeanten. Vermutlich waren sie nicht mit der »Schnüffelei« einverstanden, wechselten zu den Special Forces und zählten die Tage bis zur Pensionierung.

Delta sucht »nukes«

Der »Aufgabenkatalog« der Deltas hat sich seit der Gründung laufend weiter entwickelt und verändert, längst werden nicht nur Geiseln befreit, sondern die Truppe glänzt durch eine große Vielseitigkeit. Neben dem Terror-Kampf nimmt die »Counterproliferation« (Bekämpfung der Weitergabe von Massenvernichtungswaffen) einen wichtigen Platz ein. Es ist nicht auszudenken, was geschieht, wenn Nuklearwaffen in die Hände von Terroristen gelangen. Außer den zivilen Spezialkräften (NEST) sind »special mission«-Kräfte an der Verhinderung der Weiterverbreitung dieser Waffen beteiligt. Neben dem Sammeln von Informationen, ihrer Auswertung sowie Erkundung und Überwachung sind auch Kampfeinsätze geplant. Als allerletztes Mittel sollen Spezialkräfte Anlagen unschädlich machen, in denen diese Waffen entwickelt, produziert, gelagert oder feuerbereit gemacht werden. Fazit: Wenn alles versagt, sollen die Delta-Boys den Weltuntergang verhindern!

Mindestens bis zum Jahr 1995 beteiligte sich Delta an der »Rettung verlorener Nuklearwaffen«, eine ziemlich dubiose Angelegenheit ohne sinnvolle offizielle Erklärungen. Terroristen schrecken vor dem Einsatz von Massen-Vernichtungswaffen nicht zurück und drohen damit. Zum Glück lassen sich diese Drohungen aus technischen Gründen nur sehr schwer realisieren. Die USA planen, präventiv Fernlenkwaffen zur Vernichtung erkannter ABC-Waffen in terroristischen Händen einzusetzen. Bleiben die Lager- und Produktionsstätten unversehrt, sollen es Kommando-Trupps richten. Das USSOCOM stellt hierfür Spezialkräfte bereit und setzt sie ein, wenn es nicht gelingt die Ziele durch Luftangriffe oder »cruise missiles« zu zerstören.

Schon 1995 erhielt USSOCOM Haushaltsmittel für neue Waffen und moderne Ausrüstung, um eine Truppe aufzustellen mit der Fähigkeit, überraschende Schläge gegen »harte Ziele« zu führen. Der Auftrag lautet: »Finden, Neutralisieren und Beseitigen von ABC-Waffen in gehärteten oder unterirdischen Anlagen, die von Bomben oder Raketen nicht zerstört werden können.« Die USA glauben, dass einige »Schurkenstaaten« unterirdische Produktionsstätten für nukleare und chemische Waffen bauen oder schon betreiben. Das können tief in Berge und Felsen getriebene Stollen oder andere Bauten sein, die gegen Raketen- oder Luftangriffe bestens geschützt sind. Entsprechende Erfahrungen wurden im Golfkrieg gegen den Irak gewonnen, die US-Luftangriffe richteten verheerende Schäden an. Deshalb verlegten der Irak und weitere Staaten wichtige militärische Anlagen tief unter die Erde. So meldete der US-Geheimdienst, dass in Nord-Korea, 50 km nordwestlich des Atomzentrums Yongbyon, eine riesige unterirdische Anlage im Bau sei, die gegen taktische Atomwaffen-Angriffe sicher ist. Das Pentagon forderte »human sources« (menschliche Quellen = Soldaten), »um die nuklearen und chemischen Waffen zu beseitigen, bevor diese gegen uns eingesetzt werden«.

Special Operators beherrschen die Kunst, heimlich in fremdes Territorium einzudringen, sie sind Meister in der strategischen Aufklärung und im Nahkampf, und sie kommunizieren abhörsicher, deswegen fiel die Wahl auf sie. Mit der Realisierung wurde JSOC mit Delta und dem SEAL Team 6 betraut. Mehrere Operators absolvierten eine Spezial-Ausbildung zur Bedienung tragbarer Messgeräte, die Atomwaffen orten. Deltas übten in einem Tunnel-Komplex des Nuklear-Test-Geländes in Nevada, das vom Energy Department betrieben wird. Eine Übung verlief so: Die mit Schutzkleidung, Atemschutz-Geräten und Nachtsichtbrillen ausgerüsteten Kommandos sprengten die gepanzerten Türen und drangen in einen Tunnel ein. Als schwierig erwies es sich, sich im Wirrwarr der unendlich langen Gänge zu orientieren und den richtigen Weg zu finden. Im Ernstfall ist zudem mit Widerstand zu rechnen, den die Elite-Krieger brechen müssen. Gelingt es, bis zu den scharf bewachten Lager- bzw. Produktionsstätten der Nuklear-Waffen vorzudringen, müssen die Wachmannschaften ausgeschaltet werden, eine äußerst heikle, praktisch kaum erfüllbare Aufgabe! Es ist schwierig, in unterirdischen Labyrinthen die Funkverbindung aufrecht zu erhalten, für diesen Zweck stehen hochmoderne Spezial-Funkgeräte bereit. Äußerst effektive Beleuchtungskörper dienen der Orientierung in den meist stockdunklen Gängen. Dass es bereits zu solchen Kommando-Einsätzen kam, ist allerdings nicht sehr wahrscheinlich.

Delta in Seattle

Im Vorfeld einer WTO-Tagung 1999 in Seattle kam es zu massiven Bedrohungen, Attentate mit chemischen Waffen wurden angekündigt. Das FBI nahm einen über Port Angeles eingereisten Terroristen fest, der einen Zeitzünder und eine hochexplosive Flüssigkeit bei sich hatte, geeignet zum Bombenbau. Da beim FBI Experten für biologische und chemische Kampfstoffe fehlten, suchten sie die Hilfe der US Army. Delta verfügt auch über Experten im Umgang mit biologischen und chemischen Kampfstoffen. JSOC gewährte Amtshilfe und schickte ein Delta-Team in den Bundesstaat Washington. Die mit den Demonstranten angereisten Chaoten schlugen brutal zu, bedrohten die Bevölkerung und richteten schwere Schäden an. Nur mühsam erlangte die Polizei wieder die Kontrolle. Über 600 Personen wurden festgenommen, das Zentrum glich einem Schlachtfeld, Schäden in Millionenhöhe entstanden. Die Deltas sollten Anschläge mit chemischen Kampfmitteln verhindern und mischten sich in Zivilkleidung unter den gewalttätigen Mob. Einige trugen ihren Dschungel-Kampfanzug, wie auch viele Protestler. Mit Spezialkameras filmten sie die schlimmsten Dinge, die Video-Aufnahmen gelangten in Echtzeit zum Auswertungs-Zentrum, und die Polizei leitete Gegenmaßnahmen ein. Furchtlos markierten Operators Problemzonen, meldeten sie den Polizeikräften und halfen, des Chaos' Herr zu werden.

KAMPF GEGEN DEN GLOBALEN TERROR

In den 90er Jahren wuchs die lange unterschätzte Gefahr des weltweiten Terrors. Waren es bislang hauptsächlich extreme Linke, Ultrarechte, nationalistische »Volksbefreier« und Vertreter des organisierten Verbrechens, die zu Terroristen wurden, missbrauchten nun militante Moslems ihre religiösen Wurzeln als Begründung für ihre Forderung nach der Vernichtung der »Ungläubigen«. Die Sicherheitsorgane (Geheimdienste, Polizei, Zoll usw.) begannen, die große Herausforderung zu erkennen, hinkten aber hinter der aktuellen Entwicklung her, ebenso das Militär. Auch die Großmacht USA tappte lange im Dunkeln und versäumte es, effektive Maßnahmen zu ergreifen. Der erste Angriff auf das World Trade Center, der nur mit viel Glück glimpflich verlief, unterstrich den Ernst der Lage. Weitere gegen die USA gerichtete Anschläge folgten, allen voran die Attentate auf zwei Botschaften in Ostafrika. Aber außer halbherzigen Cruise-Missile-Angriffen fehlten energische Gegenschläge. Es dauerte noch eine Weile, bis Delta offensiv den Kampf gegen den unsichtbaren Gegner aufnehmen durfte. Seitdem ist die Bedeutung von »Combating Terrorism« (Terrorismus-Bekämpfung) ständig gestiegen.

Nach den Anschlägen auf die beiden Botschaften in Afrika fiel das Auge der US-Regierung stärker auf die Spezialkräfte, weil es sonst keine geeigneten Formationen gab. Zögerlich wurden Anti-Terroreinsätze geplant, aber nicht realisiert. Ein hochrangiger Insider, General Schoomaker, ehemaliger Delta-Kommandeur, sagte dazu: »Die Special Forces erhielten niemals den Auftrag, Terroristen zu verfolgen oder an der Verhinderung von Anschlägen teilzunehmen. Das war sehr, sehr frustrierend. Es ist so, als würde ein brandneuer Ferrari in der Garage stehen, aber niemand traut sich, ein Rennen zu fahren, da er Angst hat, eine Beule in den Kotflügel zu kriegen.« Die US-Regierung traf 2002 eine ungewonte Entscheidung, holte

Generalleutnant William G. Boykin

Ein mit Delta langjährig verbundener Offizier ist William G. »Jerry« Boykin, der es bis zum stellvertretenden Staatssekretär für Terrorismusbekämpfung brachte. Wegen seines religiösen Engagements und Äußerungen gegen den Islam wurde er angegriffen, hielt sich danach mit seinen Äußerungen zurück und blieb bis 2007 im Amt.

Nach dem Besuch der Universität wurde Boykin 1971 Leutnant der Infanterie. Im Jahr 1978 meldete er sich zur Delta-Truppe. Boykin litt unter einem schweren Knie-Schaden, sein Ausbilder gab ihm wenig Chancen, mit dieser Behinderung den Test zu bestehen. Aber er schaffte es trotz starker Schmerzen. Noch ein anderes Problem begleitete ihn ständig: Der Psychologe verweigerte ihm die Qualifikation für Delta mit der Begründung: »Zu religiös.« Schließlich kam er mit 29 Jahren doch noch zur Truppe. Einer seiner Vorgesetzten schrieb in der Beurteilung: »Jerry Boykin ist ein christlich geprägter Gentleman erster Klasse.«

Der gläubige Offizier äußerte zu seiner Entscheidung: »Gott hat mich zu Delta geführt und sagte zu mir, dort sollst du sein.« An der verpatzten Rettungsaktion im Iran nahm Boykin als Operationsoffizier teil. Auch auf Grenada war der Major 1983 Operations-Offizier und erlitt Schussverletzungen am Arm, sie spalteten den Knochen. Die Ärzte meinten, dass er den Arm nie wieder benutzen könne, aber die Wunde verheilte gut. Auch das interpretierte Boykin als einen Fingerzeig Gottes. Im Jahr 1989 nahm er in Panama an der Jagd auf Manuel Noriega und den Drogen-Baron Pablo Escobar teil. Er führte als Oberst Delta bis 1995.

In Somalia weilte Boykin im Herbst 1993 bei der Task Force Ranger, eine Granate verletzte ihn schwer. Als stellvertretender Kommandeur baute er die Special Activities Division der CIA auf und wurde Brigadegeneral. Von 1998 bis 2000 kommandierte der Generalmajor das US Army Special Operations Command und vom März 2000 bis Mai 2003 das John F. Kennedy Special Warfare Center. Im Juni 2003 wurde er in Washington »Deputy Undersecretary of Defense for Intelligence«.

Schoomaker aus dem »wohlverdienten Ruhestand« und übertrug ihm das Oberkommando über die US Army. Das hohe Amt ging erstmals an einen ehemaligen Delta-Kommandeur. Warum wurden die bestens ausgebildeten Soldaten nicht (rechtzeitig) eingesetzt? Trug Präsident Clinton daran Schuld, der militärische Lösungen nur als letzten Ausweg ansah? Als er das Ausmaß der Bedrohung erkannte, wurden energische Maßnahmen ergriffen. Nach den Botschafts-Anschlägen unterschrieb der Präsident 1998 einen Erlass, der Aktionen gegen die Al Kaida genehmigte. Damit meinte er nicht nur Luftangriffe auf Trainings-Camps, sondern »mehr aggressive Optionen«. Clinton befürwortete Delta-Einsätze gegen Camps und Terroristen-Zellen in Nord-Afrika sowie am Golf. Aber wieder kamen negative Stimmen aus dem Pentagon. Sie befürchteten zu hohe Risiken und eine Zunahme der Anschläge. Dabei hätte ein entschlossener Angriff möglicherweise ein Zeichen gesetzt.

Viele hätten es sich dann vielleicht eingehender überlegt, ob sie wirklich ein Ausbildungs-Camp besuchen sollten.

Afghanistan – Operation Enduring Freedom

Als das dritte Jahrtausend unserer Zeitrechnung begann, befürchteten Sicherheits-Experten Schlimmes. Aber der Zeitenwechsel verlief ohne die verkündeten Katastrophen ruhig und friedlich. In den USA wurde das 1st SFOD-D vorsorglich in Alarmbereitschaft versetzt, aber nicht eingesetzt. Schon bald aber wendete sich das Blatt, ein Anschlag schreckte die Welt auf und veränderte sie nachhaltig. Nach dem 11. September 2001 erklärten die USA dem weltweiten Terror den Krieg, Afghanistan, eine Terror-Hoch-

burg, geriet in das Visier der Amerikaner. Deltas, Green Berets und CIA-Agenten drangen heimlich in das Land am Hindukusch ein und vereinigten sich mit der Nord-Allianz. Innerhalb von sechs Wochen schlugen sie die Taliban vernichtend und befreiten das Land von einer grausamen Diktatur. Delta war von Anfang an dabei und begann mit der Jagd auf bin Laden und führende Köpfe des Terror-Netzwerkes. Das Oberhaupt befindet sich noch immer auf freien Fuß, einige führende Köpfe wurden von der

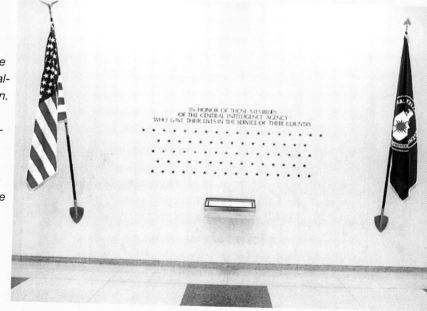

In Afghanistan starben mehrere CIA-Agenten, die zusammen mit US-Spezialkräften im Einsatz standen. Der erste US-Verlust im Herbst 2001 war kein US-Soldat, sondern der CIA-Offizier Mike Spann. An die im Ausland gefallenen Mitarbeiter erinnern Sterne auf einer Gedenk-Tafel im CIA-Haupt-Quartier. Ihre Zahl wird im Verlauf des globalen Krieges gegen den Terror wohl noch weiter zunehmen.

Task Force 11 und anderen Kommandos »aus dem Verkehr gezogen«. Bereits vor Beginn des Irak-Krieges verringerten sich die Delta-Einsätze in Afghanistan auf ein Minimum, konventionelle Verbände versuchen heute erfolglos, Frieden zu schaffen.

Bevor die ersten Green Berets eintrafen, operierte ein Team der »Special Operations Group« (CIA) mit mehreren Deltas in Afghanistan. Am 21. September 2001 brachte ein CIA-Flugzeug das Spezialteam nach Usbekistan, am 26. September erfolgte die Kontaktaufnahme mit der Nord-Allianz. Am 15. September 2001 führte der Chef des Anti-Terror-Centers der CIA in Langley, Cofer Black, mit dem Mitarbeiter »Gary« ein denkwürdiges Gespräch. Der 59-jährige Agent arbeitete seit 32 Jahren als CIA-Offizier und stand kurz vor der Pensionierung. Längere Zeit verbrachte er in der CIA-Außenstelle Islamabad und pflegte Kontakte zur Nord-Allianz. Er sprach Dari und Paschtu, die wichtigsten Sprachen in Afghanistan. Black forderte ihn auf, mit dem Ruhestand etwas zu warten und einen letzten Auftrag zu übernehmen.

Gary stimmte zu und trug ab 19. September 2001 die Verantwortung für das »Nord-Afghanistan-Liaison-Team (Verbindungs-Team) Jawbreaker« (Kieferbrecher). Teil Eins der Aktion sah vor, der Nord-Allianz Unterstützung anzubieten und eine Operationsbasis zu errichten. Teil Zwei war die Ergreifung von bin Laden – tot oder lebendig! Gary stellte ein zehnköpfiges »pick up«-Team erfahrener Veteranen zusammen, darunter CIA-»Eigengewächse« und Delta-Operators. Es ist erwähnenswert, dass sich Minister Rumsfeld weigerte, weitere Deltas beizusteuern. Am 26. September 2001 überflog ein MI-17-Hubschrauber den 4500 Meter hohen Anjuman-Pass und drang in das Pandschir-Tal ein. John (Deckname), der Funker, blickte auf das Gelände unter sich und entdeckte eine Gruppe schwer bewaffneter Männer, den riesigen schwarzen Turbanen nach Taliban. Aufgeregt meldete er seine Entdeckung dem Piloten, dieser setzte gelassen den Flug fort. Der Helikopter überraschte die mit AK-47 bewaffnete Taliban-Patrouille. Die Männer rissen ihre Maschinenpistolen von der Schulter und eröffneten das Feuer auf den Helikopter, der unbeschädigt in den Wolken verschwand. Die wichtigste »Geheimwaffe« steckte in zwei Alukoffern. Die schwarze »Portokasse« enthielt drei Millionen Dollar in 100-Dollar-Scheinen.

Am 26. September 2001 landeten die zehn Männer etwa 100 km nördlich von Kabul. Im Gespräch mit den neuen Freunden legte Gary mehrere Geldbündel mit 500.000 Dollar auf den klapprigen Feldtisch. Mit einem herzlichen »Die Nord-Allianz heißt sie willkommen!« reagierte der Vertreter der Allianz auf die »milde Gabe«, das Klima verbesserte sich merklich. Man einigte sich auf ein gemeinsames Vorgehen gegen die Taliban, Gary versprach weitere Hilfe und die Verlegung von Green Berets. Das Team blieb in Afghanistan. Am 19. Oktober 2001 landeten auf der Shomali-Hochebene zwei Helikopter, an Bord das Team A-555; zwei CIA-Operators übernahmen die Einweisung. Im November standen vier Gruppen (Alpha, Bravo, Charlie, Delta) in Afghanistan und arbeiteten mit den Warlords zusammen. Einige Operators unterstützten die Task Force 11, der Rest hielt Verbindung zu den Widerstandskräften.

Operation Rhino – Delta und Rangers greifen an

Wenig berauschend leitete eine dubiose Militäraktion den voll Spannung erwarteten Bodenkrieg ein. Am 19. Oktober 2001 standen erstmals US-Bodentruppen im Raum Kandahar im Gefecht gegen Taliban und Al Kaida. Trotz Siegesmeldungen überzeugte der Kampfeinsatz nicht. 200 Rangers sprangen nachts mit dem Fallschirm ab und »eroberten« im Handstreich einen leeren Flugplatz. Dieses erste Gefecht lobte General Richard Myers vor der Presse: »US-Truppen ist es gelungen, ohne auf ernsthaften Widerstand zu stoßen, zur Aufklärung in Afghanistan einzudringen und dort zu operieren.« Wenige Stunden danach informierte ein Video-Film in Grünstich die Öffentlichkeit.

Der nächtliche Fallschirm-Einsatz war jedoch kein »TV-Stunt« oder eine »CNN-Show zum Aufwärmen«. Der Ranger-Einsatz sollte vielmehr von einem Delta-Handstreich ablenken, den die Presseoffiziere verschwiegen, und der verlief in groben Zügen so: Teile des 3. Bataillons, 75. Ranger-Regiment, und des Stabes unter Colonel Joe Votel sprangen aus vier MC-130-Transportern über dem »Objective Rhino« südwestlich von Kandahar ab. An diesem ersten »Kampfabsprung« seit der Operation »Just Cause« 1989 in Panama nahmen 199 Ranger der Kompanien A und C des 3. Bataillons Teil. Sie sprangen aus 250 Meter Höhe, nahmen Gefechtsformation ein, stießen aber auf keinen Widerstand. Einige Stunden danach flogen die Rangers in C-130 nach Oman zurück.

Wesentlich aufregender und verlustreicher verlief Teil Zwei der Operation. Nach kritischen Bemerkungen einiger frustrierter Del-

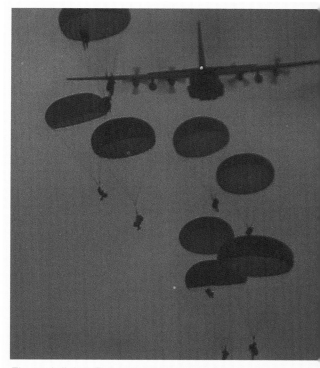

Ein nächtlicher Fallschirmabsprung mehrerer Ranger-Kompanien leitete im Oktober 2001 die alliierten Boden-Operationen in Afghanistan ein.

tas, die am Kommando-Einsatz gegen einen Gebäudekomplex in Baba Sahib, einem kleinen Dorf in der Nähe von Kandahar, teilnahmen, mündete die Operation in einen »total goat fuck«. Das heißt im Army-Jargon, »alles, was schief gehen konnte, ging schief«.

In Baba Sahib sollte der geistige Führer der Taliban, Mullah Omar, geschützt von einer kleinen Garnison, nächtigen. Ziel des Handstreiches war es, ihn »auszuschalten«. CENTCOM wollte keinesfalls den ersten Bodeneinsatz in Afghanistan vermasseln und unnötige Risiken vermeiden. Ein mit schwachen Kräften geführter, überfallartiger Handstreich schied deshalb aus. Dafür sollte eine hundertköpfige, verstärkte Squadron das Dorf in einer »Blitzaktion« nach mehrstündigen Bombardierungen stürmen. Für Fachleute gilt es als Todsünde, zu starke, auffällige und »laute« Kräfte einzusetzen, da so der Überraschungseffekt verloren geht. Delta plante deshalb einen Angriff mit wenigen Leuten, eine ihrer Stärken: Am Anfang infiltriert das »snoop/poop«-Team mit vier bis sechs Mann und klärt vorsichtig auf. Dann wird der günstigste Moment für den Zugriff abgewartet und blitzartig zugeschlagen. Meist endet der Spuk schon nach wenigen Minuten, der Rückzug verläuft unauffällig und schnell.

Aber die vorsichtigen Offiziere erarbeiteten einen sehr aufwändigen, »lauten« Plan. Was nun ablief, war alles, nur kein überraschender Handstreich. 16 Helikopter belegten jeden Handbreit Boden mit Feuer. Dieses plumpe Vorgehen weckte noch die größte Schlafmütze und signalisierte einen Angriff. So herrschte im Dorf höchste Alarmstufe, der Überraschungseffekt verpuffte. Die vorgewarnten Taliban bereiteten den ungebetenen Gästen einen »heißen Empfang«. In vier »Chinooks« flogen die »raiders« vom Träger *Kitty Hawk* über den nördlichen Indischen Ozean und passierten den pakistanischen Luftraum. Mitten in der Nacht landeten sie am Rand des kleinen Ortes. Die Motoren liefen weiter, um sofort wieder starten zu können, sie machten einen höllischen Lärm, der Tote aufweckte. Die Soldaten legten ungehindert die kurze Strecke zu Mullah Omars

Nest zurück, drangen in das Gebäude ein, fanden aber weder den Taliban-Führer noch wichtige Dokumente.

Als die »D-Boys« die erfolglose Suche abbrachen und Richtung Landeplatz abzogen, wartete ein bleihaltiger Abschiedsgruß auf sie. Aus getarnten, in den verwinkelten Gebäuden und engen Straßen versteckten Stellungen prasselte heftiges Feuer auf die GIs nieder, es zwang die verdatterten Kämpfer in Deckung und zum eiligen Rückzug. Viele in den gut vorbereiteten Hinterhalt geratenen Soldaten erlitten Verwundungen. Um weitere Verluste zu vermeiden, nutzten sie eine bewährte Absetz-Taktik. Sie überschütteten den Gegner mit Feuer aus allen Rohren und zwangen ihn seinerseits in Deckung. Damit verschafften sie sich Luft und lösten sich eilig vom Feind. Auf gut deutsch: Sie hauten ab. Gedeckt von Scharfschützen, flüchteten sie zum »Escape and evasion Point« (Notplan-Aufnahmepunkt bei Evakuierungen), wo die Hubschrauber warteten.

Niemand blieb zurück, die Verwundeten wurden mitgeschleppt. Wie durch ein Wunder gab es keine Toten! Erst als Kampfhubschrauber angriffen entspannte sich die Lage etwas, der Rückzug endete mehr schlecht als recht. Im Durcheinander blieb auch das »undercover-Team« nicht zurück, es hätte verdeckt Informationen gewinnen sollen, doch die Männer flohen ebenfalls zum Aufnahmepunkt. Ein Helikopter geriet unter Feuer und verlor Teile des Fahrgestells. Diese »Siegestrophäe« führten die Taliban am nächsten Tag den Journalisten vor und erklärten die Nachtaktion der Amerikaner zum Desaster. Das Pentagon sagte dagegen, der Helikopter sei ohne Feindeinwirkung mit einem »Gegenstand am Boden« in Kontakt und so zu Schaden gekommen.

Eine Handvoll Deltas, Green Berets und CIA-Operators drangen per Hubschrauber in Afghanistan ein und nahm Kontakt zur Nord-Allianz auf. Gemeinsam mit den Freiheitskämpfern machten sie erfolgreich Jagd auf die Taliban und vertrieben sie zunächst. Mit ihrer Kleidung passten sie sich an ihre Umgebung und an die Witterung an.

Delta erlitt mit zwölf Verwundeten, darunter drei schwer, ärgerliche und nicht vertretbare Verluste. Wegen der geringen Personalstärke bereitet der Ausfall selbst weniger Operators große Probleme und schwächt die Sondertruppe. Obwohl Deltas loyal sind, reagierten beherzte Offiziere recht unwirsch und brachen gegenüber einem Reporter ihr Schweigen. Sie fühlten sich von unfähigen Vorgesetzten, die sie in eine gefährliche Lage gebracht hatten, missbraucht und »verheizt«. Mit ihrer herben Kritik setzten sie ein deutliches Signal, wiesen auf ihre Grenzen hin und vermittelten die Botschaft: »Halt, so läuft es nicht, wir sind kein Kanonenfutter, schließlich riskieren wir bei unseren Einsätzen unser Leben und fordern faire Konditionen!«

Besonders ärgerte es sie, dass Details vom Pentagon an die Medien gelangten und über die TV-Schirme flimmerten. Die Preisgabe einsatzrelevanter Daten ist ein Unding. Dies darf aus Rücksichtsnahme auf die Sicherheit der Einsatzkräfte und ihrer Familien nicht passieren. Selbst einige loyale Delta-Stabsoffiziere reagierten angesichts dieser Zumutung sauer und verschafften intern ihrem Ärger gehörig Luft. Das Pentagon verneinte, konnte aber nichts entkräften. Presseoffiziere erklärten die leichten Verwundungen als durch »Stürze und Steine bedingte Körperschäden«, ansonsten hagelte es Redeverbote! Das US-Oberkommando stellte daraufhin Sondereinsätze generell in Frage und schlug ersatzweise Kampftruppen vor. Aber es machte die Rechnung ohne den Wirt, das heißt ohne Donald Rumsfeld, der die Vorteile unkonventioneller Taktiken erkannt und bereits A-Teams in Marsch gesetzt hatte.

Schwerer Transport-Hubschrauber Chinook MH-47 nach der Landung in den Bergen Afghanistans. Extreme Höhen, unzureichende Landeplätze und der allgegenwärtige Sand machten viele Flüge zu einem unkalkulierbaren Risiko.

Tora Bora – Delta jagt Osama bin Laden

Die Verfolgung des führenden Terroristen in Afghanistan glich der Suche nach der berühmten Nadel im Heuhaufen. Nach dem Zusammenbruch der Taliban flüchtete bin Laden in den Osten von Afghanistan. Hinweise verdichteten sich, dass er mit zweien seiner Söhne und Hunderten Mitkämpfern in eine uneinnehmbare Höhlenfestung nahe des Dorfes Tora Bora in der Provinz Nangahar geflohen sei, um von dort aus zum »Endkampf« anzutreten. Der kleine Ort »schwarzer Staub« liegt eingebettet zwischen zwei Tälern unterhalb des Viertausenders Ghree Khil und ist von den Weißen Bergen umgeben, etwa 35 Kilometer südlich der Stadt Jalalabad, der Stadt der tausend Gärten. In der Festung wollten die Flüchtlinge entweder noch viele Jahre kämpfen oder für ihre Ideale sterben. Zumindest die »Araber«, die um ihr Leben bangten und den Zorn des unterdrückten Volkes fürchteten, hatten nichts zu verlieren und planten die Flucht, an den Märtyrertod dachten sie weniger.

Ab Ende November 2001 bombardierte die US-Luftwaffe Tora Bora, aber die Festung war aus der Luft nicht zu knacken. Nun plante die US Army einen Angriff auf die Bergfestung, in der zwischen 400 und 2000 Kämpfer lebten. Sie zögerte aber, Bodentruppen einzusetzen, da sie hohe Verluste erwartete. Die »Drecksarbeit«, den Kampf um die 200 Höhlen, sollten Milizen übernehmen. Es gab Warlords und Kämpfer, die für viel Geld den »Endkampf« führten. Eine bunt gemischte, 2000-köpfige, nicht sehr zuverlässige Truppe, legte einen durchlässigen Ring um die Festung und griff an. Schon bald erlahmte der Widerstand der »Märtyrer«. Zermürbt von den Bombenangriffen, nutzten fast alle die Fluchtchancen und verschwanden im benachbarten Pakistan.

US-Truppen nahmen offiziell nicht an den Kämpfen teil, lediglich die Anwesenheit des A-Teams 572 wurde bestätigt. Das Team hatte nur Feuerleitaufgaben und keinen Kampfauftrag. Aber auch Delta- und SAS-Kräfte sowie CIA-Offiziere weilten im Kampfgebiet. Die Task Force 11 war bin Laden zeitweise dicht auf den Fersen. Am 14. Dezember 2001 bestätigte das Pentagon die

Anwesenheit von »snatch and grab«-Teams für den Zugriff sowie von Scharfschützen im Raum Tora Bora. Im Klartext: Delta war dort, um bin Laden zu töten oder gefangen zu nehmen. Die »sehr spezialisierten, sehr geringen Spezialkräfte« umfassten etwa 50 Deltas. Die Einsatzgruppen Schwarz, Silber und Rot kampierten fünf Kilometer vom Kampfgebiet in einer Schule. Mehrere Hubschrauber der Task Force 160, darunter auch die wendigen »Little birds«, unterstützten sie. Auch die Briten beteiligten sich mit zwei SAS-Zügen, später mit fast zwei Schwadronen.

Wie sich während eines Besuches von Henry Kissinger beim SAS herausstellte, kam es bei der Jagd auf bin Laden zu schweren Pannen. Einige aus Afghanistan zurückgekehrte Soldaten schimpften mächtig über das zu zögerliche Verhalten der CENTCOM-Offiziere. Nach Aussagen der angesichts mangelnden Muts und fehlender Entschlusskraft ihres Verbündeten frustrierten Briten trieben Delta und zwei SAS-Züge bin Laden in ein bei Tora Bora gelegenes Tal und kreisten ihn ein. Der Zugriff stand kurz bevor, alle warteten auf die Genehmigung von »oben«. Diese blieb lange aus, da die Generäle Verluste befürchteten und Stunden brauchten, um eine Entscheidung zu fällen. Die Verzögerung führte dazu, dass der beste Angriffs-Zeitpunkt ungenutzt verstrich, dann war das Nest leer. Kurz darauf wurde eine weitere Chance verpasst, die US-Kommandeure gaben erneut aus Angst vor Verlusten keine Zustimmung.

Nach dem 15. Dezember 2001 flüchteten fast alle Kämpfer, sie nahmen Waffen, Geräte und Dokumente mit. Warlord Hazarat Ali erklärte mit großer Geste die siegreiche Einnahme der Höhlen. Der Chefterrorist blieb wie vom Erdboden verschluckt, nur 50 Al-Kaida-Kämpfer gerieten in Gefangenschaft. Über die Zahl der Toten kursieren unterschiedliche Gerüchte, sie soll aber deutlich unter der offiziellen Angabe von 200 liegen. Wahrscheinlich verließ bin Laden bereits am »zehnten Tag im Fastenmonat Ramadan« Ende November 2001 Tora Bora, nicht ohne die Zurückbleibenden zum Kampf bis zum letzten Blutstropfen aufzufordern und ihnen für den Fall des Heldentodes die Freuden des Paradieses zu versprechen. Nach Weihnachten 2001 rückten die Amerikaner nach Jalalabad ab.

In den ersten Monaten des Jahres 2002 setzten die Delta-Kräfte der Task Force

Die Belagerung der Bergfestung Tora Bora in Ost-Afghanistan, die aus zahlreichen Höhlen und geschützten Stellungen bestand, endete nach heftigen Luftangriffen in wenigen Wochen. Fast alle Terroristen entkamen über die nahe Grenze nach Pakistan. Um andere Höhlen-Komplexe wurde heftig gekämpft, wie auf dem Bild die Kampfspuren am Tunnel-Eingang zeigen.

Sword die Suche nach bin Laden fort und unterstützten Säuberungs-Operationen im Osten und Süden Afghanistans. Im März 2002 machte die »Operation Anaconda« Schlagzeilen. In einer wüsten Bergregion erlitt die US Army blutige Verluste, allein an einem Tag starben acht GIs. Auch eine Delta-Einheit nahm als Erkundungs-Truppe teil. Als Hubschrauber auf einem feindbesetzten Berggipfel Truppen anlandeten und diese schwere Verluste erlitten, hatte ein Delta-Oberstleutnant seine Kameraden zuvor gewarnt – ohne Erfolg. Niemand war fähig gewesen, die Meldung umzusetzen, acht junge Soldaten, alles Special Operators, starben.

Auch Fort Bragg blieb nicht verschont. Nach ihrer Rückkehr aus Afghanistan ermordeten vier US-Soldaten ihre Ehefrauen. Am 29. Juni 2002 erschoss SFC Brandon Floyd, Delta-Angehöriger, seine Ehefrau Andrea und richtete sich dann selbst. Die Gründe für diese Kurzschlusshandlung blieben unbekannt. Am 6. August 2002 starb im Militär-Hospital Landstuhl der 28-jährige SFC Chris Speer, Sanitäter bei Delta. Bei einem Zugriff auf ein Dorf im pakistanischen Grenzgebiet hatten fünf Deltas schwere Verletzungen erlitten.

Nachdem Unbekannte den Vizepräsidenten Haji Abdul Qadir und einen Minister ermordeten, bat Präsident Karsai, der seinen Leibwächtern nicht traute, die Amerikaner um Schutz. Etwa 40 Operators begleiteten Karsai, später übernahmen SEALs vom Team 6 diese Aufgabe. Bei einem Attentats-Versuch auf Karsai in Kandahar erschoss ein Bodyguard drei Afghanen.

Im Herbst 2002 zählte die Task Force 11 weniger als 30 Operators, davon nur wenige Deltas. Der Großteil der Spezialkräfte verschwand nach Somalia, in den Jemen und bereitete sich auf den Irak-Feldzug vor. Die nun noch anwesenden Truppen kämpften nach herkömmlichen Methoden und deshalb ohne Erfolg gegen die Taliban. Anschließend verschlechterte sich die Lage, die »Gotteskrieger« bedrohen die Menschen bis heute, der heiß ersehnte Frieden rückt in weite Ferne. Für einen Strategiewechsel scheint es zu spät zu sein, militärisch ist der Konflikt kaum lösbar.

Delta im Irak

Nach dem Sieg über die Taliban bereiteten die USA ab Sommer 2002 den Sturz des »Lieblingsfeindes« Saddam Hussein vor. Kampferprobte SOF-Kräfte verließen das noch nicht befriedete Land am Hindukusch, und die Taliban erholten sich wieder. Die USA verkündeten ihre Absicht, den Diktator zu stürzen und eine Demokratie aufzubauen, und sie versprachen den Menschen ein besseres Leben. Sie warfen dem Irak den Besitz von Massenvernichtungswaffen vor. Später stellte sich heraus, dass dieser Vorwurf falsch war. Erst mit erheblicher Verspätung legte Außenminister Powell die (falschen) Karten auf den Tisch. 2003 präsentierte er vor der UNO »Beweise«, nach denen der Irak B-Waffen habe und bald auch Atomwaffen. Am 9. September 2005 distanzierte sich Colin Powell davon und bezeichnete die Rede als persönlichen »Schandfleck«. »Ich bin derjenige, der im Namen der USA der Welt falsche Informationen gegeben hat, und das wird für immer Teil meines Lebens bleiben«, äußerte er in

Im April 2003 drangen US-Kräfte in Bagdad ein und eroberten die Stadt. Vor einem brennenden Gebäude sichert ein Special Operator mit einem schweren .50 MG.

den *ABC-News*. Auch eine Zusammenarbeit des Iraks mit der Terrorgruppe Al Kaida hatte es so nicht gegeben.

Im März 2003 starteten die US-Panzer in Kuwait ihre Motoren. Sie drangen in zwei Angriffsachsen in den Irak ein, eroberten Bagdad und erlitten erstaunlich geringe Verluste. Die US Army feierte voreilig ihren »Blitzsieg«, verschenkte ihn dann aber. Einen »Krieg im Dunkeln« führten Delta und weitere US-Spezialkräfte. Monate vor Kriegsbeginn schufen sie die Grundlagen für den siegreichen Feldzug. Ab Dezember 2002 suchten SAS-Spähtrupps und Deltas im westlichen Irak nach Raketen und klärten Ziele auf. Es kam zu heftigen Gefechten, bald kontrollierten die Alliierten weite Teile des Iraks und besetzten wichtiges Schlüsselgelände. US-Agenten sickerten im Großraum Bagdad ein, eine Fünf-Millionen-Metropole, in der man leicht untertauchen kann, und planten Delta-Einsätze. Dutzende Operators lagen in Bagdad und Umgebung auf der Lauer, auch in anderen Landesteilen ebneten SOF-Kräfte den Mitstreitern den Weg. Sie sammelten Informationen, ermittelten Zielkoordinaten und markierten Ziele für Bombenangriffe. Sie sicherten Brückenköpfe am Euphrat, trafen Absprachen, führten

Ablenkungs- und Verzögerungs-Gefechte. Ein Teil der eingeschleusten Delta-Männer beherrschte arabische Sprachen und unterschied sich auch äußerlich nicht von den Einheimischen: dunkelhaarig und mit gebräuntem Gesicht sahen sie wie diese aus.

Einige Tage vor dem Einrücken des ersten US-Panzers in Bagdad waren Delta-Kräfte in der Stadt aktiv. Dank ihrer Vorarbeiten rückte die 3. US-Infanterie-Division in eine relativ ruhige Stadt ein. Ein wahres Meisterstück lieferte die Signal-Squadron (Fernmelde-Kompanie). Experten zapften ein halbes Dutzend Leitungen an, die Gespräche landeten bei der National Security Agency. Um das Eindringen weiterer Teams zu ermöglichen, wurde die Stromversorgung unterbrochen, in Bagdad gingen die Lichter aus. Wenige Tage nach dem Einmarsch nahm Delta mit Abu Abbas einen gesuchten Terroristen fest. Er war 1985 für die Ermordung der Geisel Leon Klinghoffer verantwortlich gewesen.

Als im Winter 1991 die Iraker aus Kuwait flohen, zündeten sie die Ölquellen an. Schwere Umwelt-Schäden folgten, es erforderte einen hohen Aufwand, die Feuer zu löschen. 2003 wiederholte sich dieses Trauerspiel nicht. Eine SAS-Schwadron und eine Delta-

Ausflug nach Bagdad

Als der Einsatzbefehl die Schwadron erreichte, reagierten die Männer gelassen bis begeistert. Das beauftragte Team studierte die Unterlagen, überprüfte Waffen und Geräte. Die Männer trugen weder Uniformen noch Schutzanzüge, auch keine »orientalische« Bekleidung. Im Orient, vor allem in den Metropolen, tragen junge Männer modische Jeans und Turnschuhe. Mit ihren langen, dunklen Haaren, Bärten und gebräunten Gesichtern unterschied sich die Delta-Boys nicht von ihren einheimischen Altersgenossen. Waffen, Munition und Ausrüstung steckten in geräumigen Taschen. Sie bestiegen einen Hubschrauber und verschwanden nach wenigen Minuten in der Nacht. Im Tiefflug erreichte er sein Ziel, ein ödes Feld unweit von Bagdad. Ohne die Beleuchtung zu aktivieren ging er nieder, senkte die Laderampe, zwei Soldaten sprangen in die Nacht und sicherten. Kaum war der letzte Operator draußen, verschwand das »Luft-Taxi« in der dunklen Nacht.

Das Team schulterte das Gepäck und marschierte zum Rendezvous-Punkt. Die Spannung stieg, als sich mehrere Autos näherten. Sollten die Deltas in eine Falle geraten sein? Als drei finstere Gestalten aus den Fahrzeugen stiegen, nahm die Wachsamkeit der Delta-Boys noch zu. Aber die Lichtzeichen zur Freund/Feind-Erkennung stimmten, Erleichterung trat ein. Das Begrüßungskomitee, Angehörige einer im Irak weilenden geheimen Einheit, fuhr mit den Deltas im Morgengrauen seelenruhig in Richtung Bagdad. Der Berufsverkehr hatte schon eingesetzt, niemand kümmerte sich um die Fahrzeuge. In der Stadt verschwanden die Männer in einem unauffälligen Haus und warteten.

Am frühen Abend ging es los. Die Männer stiegen in zwei Autos und kreuzten wahllos durch die Stadt, um Verfolger abzuschütteln. Nach einer Stunde hielten sie bei einem Hotel, in dem sich Regierungsmitglieder trafen. Nicht weit entfernt und mit guter Sicht auf das Hotel bezog das Team gut getarnt auf einem Hausdach Stellung und beobachtete. Einige Stunden lang tat sich nichts, aber die Kommandos blieben hellwach. Sie standen in gesicherter Funkverbindung mit dem Hauptquartier und hielten Kontakt mit über ihnen kreisenden Bombern. Als sich nach Mitternacht die Straßen leerten, fuhren mehrere Luxus-Karossen vor, eilig sprangen Leibwächter heraus und sicherten. Mehrere »VIPs« schritten in den feudalen Hotelbau. Nun war die Zeit für den Einsatz der »smarten« Bombe gekommen, ein Operator markierte mit Laserstrahlen das Gebäude. Der Funker nahm Kontakt zu einem Bomber auf und gab das Ziel zum Angriff frei. Dann erschütterte eine gewaltige Explosion das Stadtviertel. Vom Hotel blieb nur ein gewaltiger Krater übrig. Der Funker meldete knapp: »Ziel zerstört, Ende«.

Unauffällig und einzeln verließen die Männer ihr Dachversteck, später trafen sie sich an einer vereinbarten Stelle. Dort wartete ein Agent in einem Auto, der sie aus der Stadt herausfuhr, den restlichen Weg legten sie vorsichtig zu Fuß zurück. Nach einstündigem Fußmarsch erreichte das Team den Aufnahmepunkt für den Rückflug, der Helikopter brachte die Deltas wohlbehalten zur Basis zurück.

Schwadron übernahmen den Schutz der Ölfelder. Insgesamt brannten weniger als zehn Ölquellen, zwölf Jahre zuvor hatte ganz Kuwait unter dichten Rauchwolken gelegen. Als der Krieg nach drei Wochen endete, beklagten die US-Streitkräfte den Verlust von etwas über 100 Soldaten. Strahlend verkündigte der US-Präsident auf einem Flugzeugträger: »Mission beendet«. Aber damit lag er falsch. Nun begann erst der eigentliche Krieg, der bis heute andauert.

In der ersten »Nachkriegszeit« verfolgten die USA zwei Ziele. Primär wollten sie Saddam Hussein fangen oder töten. Hohe Priorität genoss auch die Fahndung nach ABC-Waffen. Mehrere Task Forces sollten nach den brisanten Waffen suchen, von der Existenz der ABC-Waffen hing der Ruf der US-Regierung ab. Die anfänglich als Kommandotruppe eingesetzte Task Force 20 ging nun auf »Waffenjagd.« Die 40 Elitesoldaten des »harten Kerns« kamen hauptsächlich von Delta, verstärkt von SEALs und Rangers. Der Auftrag lautete: »Alle ABC-Waffen im Irak suchen, in Besitz nehmen, sichern und bergen oder im Notfall zerstören.« Im Krieg hatte die Sondertruppe viele Verstecke mit Waffen und Kampfmitteln entdeckt, sie nahm die Hälfte der irakischen Waffen-Techniker und Mitglieder der Baath-Partei fest, stellte aber nicht eine ABC-Waffe sicher. Trotz intensiver Suche fanden weder die Task Force 20 noch die anderen Teams Geheimwaffen. Im Sommer 2003 endete die Suche ohne die heiß ersehnten Beweise. Einen Erfolg verzeichneten die Teams aber doch. Sie nahmen die B-Waffen-Expertinnen Rihab Rashid Taha und Huda Salih Ammash fest, bekannt als »Dr. Anthrax« und »Dr. Virus«.

Nun rückten der flüchtige Staatschef und seine Familie noch stärker ins Visier. Am 9. April 2003 stürmte die Task Force erfolglos ein Gehöft in der Nähe von Bagdad, die Söhne Saddams, Kusai und Udai, waren weg. Am 22. Juli 2003 schlug ihre letzte Stunde. Sie versteckten sich im Haus ihres Verwandten Nawaf Zaidan im Norden der Stadt Mossul. Laut offizieller Erklärung der US Army verriet eine »irakische Quelle« dies der 2. Brigade der 101. Luftlandedivision. Am Angriff beteiligten sich rund 200 Soldaten, die »Feinarbeiten« übernahm die Task Force 20. Gegen 10 Uhr hielt eine Patrouille vor dem Haus, die Soldaten klopften an die Tür. Der Hausbesitzer öffnete, zögerte und verwickelte sie in ein Gespräch. Plötzlich wurde das Feuer eröffnet. Die GIs zogen sich zurück und schossen mit schweren MGs Kaliber .50. Eine Stunde später bereiteten 200 Mann einen Sturmangriff vor. Als erste stürmten Delta-Operators auf das Haus zu, sprangen unter gegenseitiger Sicherung von Deckung zu Deckung. Da sie nur mühsam vorwärtskamen, griffen zwei Hubschrauber mit Raketen ein. Vier Iraker hielten das zweite Stockwerk und feuerten wie die Wilden. Raketen ebneten schließlich den Weg in das Gebäude. Um 13 Uhr war alles vorbei. Es bot sich ein grauenvolles Bild, drei der vier getöteten Iraker waren von Raketen getroffen worden und sahen fürchterlich aus. Die Leichen wurden als Söhne des Diktators identifiziert.

Nun verfolgten die »Menschenjäger« gnadenlos Saddam selbst, und sie waren ihm bald dicht auf den Fersen. In Tikrit, seiner Heimat, hatte er noch Freunde. Am 27. Juli 2003 kreisten über dem Stadtteil Mansour Hubschrauber. An Seilen ließen sich Soldaten zu Boden gleiten, sprengten die Tore und drangen in drei Häuser ein. »Wo ist Saddam?«, herrschten sie die Hausbewohner an, »Wir wissen, dass er hier ist!« Dann durchsuchten sie jeden Winkel, brüllten die

Bewohner an und bedrohten sie. Andere Spezialkräfte eröffneten grundlos das Feuer auf Autos. Nach Augenzeugenberichten starben fünf Zivilisten im Kugelhagel, die Aktion war erfolglos. Am nächsten Tag erschienen US-Militärs und verteilten 2000 Dollar für die verursachten Schäden. Solche Aktionen helfen nicht, Freunde zu gewinnen! Die internationale Presse nannte die Task Force danach ausgesprochen »triger happy« – schießwütig. Kurze Zeit später gab es sie nicht mehr. Aufgaben und Personal der TF 20 übernahm die neue TF 121. Sie entstand durch die Zusammenlegung der TF 20 mit der zuvor in Afghanistan eingesetzten Task Force 5. Task Forces werden nur zeitweilig für eine bestimmte Aufgabe gebildet. Die TF 121 gliederte sich in kleine Trupps, die schnell zuschlagen konnten und wussten, wie man ein Spionage-Netzwerk aufbaut, um an wichtige Informationen zu kommen. Ihr harter Kern bestand aus etwa 40 Delta-Operators und SEALs.

Noch war Saddam Hussein frei und den Verfolgern immer einen Schritt voraus. In den nächsten Monaten überlebte er zwei Raketenangriffe, aber die Häscher blieben ihm dicht auf den Fersen. Im Dezember erhielten die »Zielfahnder« der TF 121 eine heiße Information aus dem Umfeld der Familie des Diktators, sie war 25 Millionen Dollar wert. Saddam Hussein versteckte sich demnach auf einem Bauernhof nahe seiner Heimatstadt Tikrit. Routinemäßig durchsuchten Operators, unterstützt von GIs der 4. Infanterie-Division, das Gehöft und fanden nichts. Erst im Keller wurden sie fündig. Ein Abfall-Haufen erregte ihren Verdacht, darunter kauerte in einem Erdloch ein bärtiger, verwahrloster Mann mit zerzaustem Haar – der mächtige Diktator streckte den schussbereiten US-Soldaten bittend seine

Admiral William H. McRaven, »gelernter« SEAL, Veteran des SEAL Teams 6, kommandierte mit Erfolg zeitweise die im Irak eingesetzte Task Force 121. Später übernahm er das Oberkommando über alle im US-Befehlsbereich Europa vorhandenen Spezialkräfte mit Sitz in Stuttgart. 2008 wurde er Chef des JSOC.

Hände entgegen und verkündete in englischer Sprache: »Ich bin der irakische Präsident. Ich will verhandeln.« Spontan erwiderte ein US-Soldat: »Präsident Bush lässt ihnen Grüße ausrichten.«

Der US-Gesandte Bremer eröffnete die folgende Pressekonferenz mit den Worten: »Meine Damen und Herren, wir haben ihn«. Die Amerikaner freuten sich über das »Weihnachtsgeschenk« und rechneten mit positiven Folgen, die jedoch ausblieben. Die bürgerkriegsähnliche Situation im Irak verschlechterte sich noch, vier Jahre später schien eine Lösung noch immer weit entfernt. Die Hinrichtung des Diktators 2007 hatte weder positive noch negative Folgen, die Jagd auf führende Terroristen ging weiter. Am 16. April 2006 starb Abu Musab al-Zarqawi, Chef der Al Kaida im Irak, der als übler terroristischer »Halsabschneider« die ängstlichen Bürger vor den Bildschirmen das Fürchten lehrte. Die Task Force 145, die nach der Festnahme des Diktators weitere 55 »hochwertige« Ziele tötete oder gefangen nahm, erhielt Verstärkung durch eine Kompanie Green Berets und Nachrichten-Experten, sie wechselte mehrfach den Namen und bildete vier kleinere, weitgehend unabhängige Kampf-Gruppen unter Führung eines Oberstleutnants:

Aufstieg und Fall. Saddam Hussein, ehemaliger Diktator und Herr des Iraks, verschwand nach dem US-Einmarsch zunächst im Untergrund. Es gelang ihm, trotz intensiver Verfolgung durch Delta und andere Spezialkräfte ein halbes Jahr verborgen zu bleiben. Nach seiner Festnahme im Dezember 2003 wurde ihm der Prozess gemacht, der mit einem Todesurteil endete.

- Task Force Central, Delta-C-Schwadron, Rangerkompanie
- Task Force West, SEAL-Team-6-Einheit, Rangerkompanie
- Task Force North, Ranger-Bataillon, 1 Delta-Element
- Task Force Black, SAS-Schwadron, Fallschirmjäger

Während die Spezialkräfte Durchsuchungen und Festnahmen vornahmen, sicherten die Rangers die Aktionen weiträumig ab. Am 20. Februar 2005 entging Zarqawi an einer von Deltas und Rangers besetzten Straßensperre nur knapp seinen Verfolgern. Als er versuchte, im Fahrzeug zu fliehen, geriet er in das Visier eines Rangers. Ein Leutnant verweigerte die Feuererlaubnis, da nach seiner Meinung die Insassen nicht als Feinde identifiziert worden seien. Trotz sofortiger Verfolgung gelang Zarqawi so die Flucht. Die finale Jagd auf ihn begann am 16. April 2006 in dem kleinen Ort Yusufiyah, 30 km südwestlich von Bagdad. Nachdem die GIs sein Versteck ausfindig gemacht hatten, entwickelte sich ein heftiges Feuergefecht, fünf Terroristen starben, ohne dass sie zuvor ihre Sprengstoffgürtel hätten aktivieren können. Zarqawi jedoch – seine Anwesenheit wurde später bestätigt – gelang erneut die Flucht. Am 7. Juni 2006 hielt sich der jorda-

nische Terrorist in einem Haus in Bakuba auf. Spezialkräfte waren ihm dicht auf den Fersen. Gegen 18 Uhr warf ein Bomber mehrere Präzisionsbomben ab, die ein Gehöft in Trümmer legten und Zarqawi töteten. Zuvor gaben Operators die Zieldaten an die Luftwaffe, sie verschwanden schnell und überließen den Rest anderen Einheiten. Aber der Tod des Schlächters und obersten Al-Kaida-Führers im Irak brachte nicht die ersehnte Entlastung, die blutigen Kämpfe gingen unvermindert weiter.

Obwohl die Kriegsschauplätze in Afghanistan und im Irak gegenwärtig die meisten Spezialkräfte binden, sind diese doch auch immer noch weltweit tätig und erfüllen unterschiedliche Aufgaben. Noch vor dem 11. September plante Delta die Befreiung von amerikanischen Staatsbürgern, die in Ecuador in der Ölindustrie arbeiteten. Das Außenministerium verweigerte die Erlaubnis. Schon am 13. September 2001 verkündete ein US-Minister, dass Delta-Kräfte künftig

Misshandlung von Gefangenen

Kriege sind gnadenlos, grausam und brutal, die Humanität bleibt auf der Strecke, besonders widerlich sind Folter und Übergriffe. Die Ereignisse im US-Militärgefängnis Abu Ghraib, die 2004 ans Tageslicht kamen und große Empörung auslösten, sind ungeheuerlich und werfen kein gutes Licht auf Teile der US-Streitkräfte. Es ist vollkommen unverständlich, dass Soldaten eines zivilisierten Landes längere Zeit derart gemeine, primitive, sadistische, entwürdigende Handlungen an hilflosen Menschen ungestraft vornehmen konnten. Noch merkwürdiger ist es, dass kein Vorgesetzter seiner Aufsichtpflicht nachkam und den Mut aufbrachte, energisch gegen diese Verbrecher und Schänder in Uniform vorzugehen. Lieber drohten einige Offiziere Green Berets mit Disziplinar-Strafen, weil sie sich zu ihrem Schutz Bärte wachsen ließen! Der Schaden am Ruf der westlichen Führungsmacht ist gewaltig – die Terroristen haben ohne ihr Zutun einen Sieg errungen. Wer sich gerne auf Freiheit und Menschenrechte beruft, dies in der Praxis aber nicht so genau nimmt, verliert an Glaubwürdigkeit!

Unabhängig von Abu-Ghraib erhielt das Pentagon Hinweise auf Misshandlungen von Gefangenen auf dem Gelände des Internationalen Flughafens Bagdad. Dort befand sich das geheime Hauptquartier der Task Force 6-26. Im »Black Room« kam es bei Verhören zu Übergriffen. US-Soldaten schlugen Gefangene mit Gewehrkolben, spuckten ihnen ins Gesicht und nutzten sie als »Paintball-Ziele«. Einige der in enge Zellen eingesperrten Häftlinge wurden mit dem Kopf ins Wasser getaucht und unter Drogen gesetzt. Neben Abwehr-Offizieren, Vernehmungs-Experten und CIA-Personal hatten auch Delta-Angehörige Zugang zum »schwarzen Loch«. Nach einer Untersuchung kam es zu Maßnahmen gegen mehrere US-Soldaten, die Einrichtung wurde geschlossen.

den Schutz der Flugzeug-Passagiere übernehmen würden. Diese Meldung erwies sich als falsch. Die XXVIII. Olympischen Sommerspiele 2004 verliefen friedlich, rund 70.000 Sicherheitskräfte sorgten für den Schutz gegen Terrorattacken. Auch Delta beteiligte sich an den bis dato bestbewachten Sportwettkämpfen aller Zeiten. Im Januar 2005 sorgte ein Delta-Kontingent für die Sicherheit von George W. Bush bei seiner zweiten Amtseinführung. Im Herbst 2005 kamen nach der Flutkatastrophe in New Orleans angeblich Spezialkräfte zum Einsatz, dies blieb jedoch unbestätigt. 2006 veröffentlichte ein US-Journal den »Conplan 8022-02«, einen Eventualplan für militärische Schritte gegen die vermutete Atombewaffnung des Irans. Er sah auch verdeckte Operationen von US-Spezialkräften im Iran vor, die Atomanlagen erkunden sollten. Angeblich sieht das Geheimpapier Pläne für eine Störung des Energienetzes, Sabotage von Industrie-Anlagen und Anschläge auf Personen vor. Die USA verneinten dies. Ob der behauptete Einsatz geringer Delta-Kräfte an der Grenze zu Mexiko im Sommer 2006 den Tatsachen entspricht, blieb ebenfalls unbestätigt.

DER HARTE WEG ZUM OPERATOR

Traum-Job für Larry Doyle*

Larry Doyle wuchs im ländlichen Montana auf. In jungen Jahren begleitete er seinen Vater zur Jagd und wurde mit Waffen vertraut. Später las er Bücher über die harte Delta-Truppe, die ihn faszinierten. Bald stand sein Entschluss fest: Um jeden Preis und möglichst schnell wollte er dieser elitären Truppe beitreten. Nach der Highschool informierte er sich im Rekrutierungsbüro der US Army über Delta. Im Gespräch erfuhr er, dass ein Eintritt aus dem Zivilleben nicht möglich ist. Alternativ schlug ihm der Berater den Dienst bei den Rangers vor. Nach mehreren Tests kam Larry Doyle zum 75th Ranger Regiment in Fort Benning. Als »leichter Infanterist« lernte er das Waffenhandwerk und verbrachte viel Zeit im Gelände. Nach seiner Beförderung zum Sergeanten absolvierte Larry den achtwöchi-

Sport trägt dazu bei, Körperkraft und Leistungsfähigkeit zu steigern. Die an die Spezialkräfte gestellten hohen Ansprüche erfordern beste Kondition, Durchhaltevermögen und Schnelligkeit. Im Bild SEALs bei Sportübungen.

---

* Name ist geändert

Selbstverteidigung und Nahkampf sind das »Salz in der Suppe« und dienen dazu, den Gegner kampfunfähig zu machen. Dabei geht es um Leben und Tod, unentschlossenes Zaudern führt zur Niederlage. Kenntnisse in der Abwehr von Angriffen aus verschiedenen Distanzen erhöhen die Chance, im Nahkampf zu überleben. Ohne Aggressivität und Brutalität ist eine Niederlage sicher. Das Bild zeigt zwei Green Berets beim realistischen Training.

gen Ranger-Lehrgang in Fort Benning und war nun ein »echter« Ranger.

Der Krieg in Afghanistan begann, Larry hielt sich mehrfach dort auf und kämpfte gegen die Taliban. Nach 2003 verlegte seine Einheit in den Irak, der junge Ranger-Sergeant kämpfte dort gegen Terroristen. Mehrfach arbeitete er mit Delta-Operators zusammen, das bestärkte ihn in seinem Wunsch, zu seiner Traumeinheit zu wechseln. Inzwischen hatte Sergeant Doyle fünf Dienstjahre auf dem Buckel und war mit 23 Jahren ein vorzeitig gereifter, ernster Mann geworden. Larry bewarb sich um die Aufnahme in Delta, ein Master-Sergeant gab ihm wertvolle Tipps, sagte aber offen, dass jeder Anwärter ganz unten anfängt. »Es genügt nicht, einen Tag hervorragende Leistungen zu erbringen, aber am nächsten zu versagen, deine Motivation muss immer gleich hoch sein«, sagte er. »Versuche, immer das Beste zu geben, wenigstens aber gute Leistun-

gen. Besonders wichtig ist der perfekte Umgang mit Karte und Kompass.«

Sergeant Doyle bereitete sich gewissenhaft vor und realisierte seinen Jugendtraum. Im »selection course«, dem Auswahlverfahren, absolvierte er Sport- und Härte-Tests sowie psychologische Prüfungen. Nach harten vier Wochen schwitzte er beim »Commanders Board«. Dort stellten ihm die »Bosse« derart verfängliche Fragen, dass er fast aufgeben wollte. Aber sein starker Wille und die hohe Leistungsbereitschaft, die Doyle schon im Ranger-Regiment entwickelt hatte, halfen ihm, durchzuhalten. Die Reihen der Anwärter lichteten sich, und am halbjährigen »Operator-Course«, der Ausbildung im Anti-Terror-Kampf, nahmen nur noch einige Dutzend Soldaten teil. Die »Delta-Lehrlinge« erlernten Techniken der Terroristen-Bekämpfung und absolvierten Spezial-Lehrgänge. Als diese Hürde genommen war, kam Larry zur B-Schwadron und lernte weiter.

Würfe, Tritt-, Hebel-, Konter- und Schlagtechniken erleichtern es, einen körperlich überlegenen Gegner auch ohne Waffen zu bezwingen und ihn zu entwaffnen. Im Gegensatz zum Kampfsport werden im Einsatz keine Regeln eingehalten. Hier hat der »Sieger« den Gegner ausgetrickst und ihm die Pistole abgenommen. Wie alle Sondereinheiten wendet auch Delta eine Art »geschlossenes System« mit einer Mischung verschiedener Techniken an, das laufend erweitert und verbessert wird.

Voller Stolz blickte der Mann schließlich auf die hinter ihm liegenden Monate zurück, nun gehörte er zu den »Besten der Besten«. Kurz nach dem Wechsel zu Delta kam die Beförderung zum Staff-Sergeant, Larry wurde als Scharfschütze eingesetzt und zum Sanitäter ausgebildet. Anschließend verschlug es ihn an viele gefährliche Orte, er wurde verwundet und erlebte viel. Aber der Mut verließ Larry auch in schweren Tagen nicht, er konnte sich auf seine Kameraden verlassen und hatte das Gefühl, zu einer großen Familie zu gehören.

Nach einigen Jahren wurde er Sergeant first class und erhielt die Streifen eines Master-Sergeanten eher, als es bei seinen alten Ranger-Freunden der Fall war. Später, als »troop-Sergeant« (Zug-Feldwebel) im Rang eines Sergeant-Majors ergraute er, Furchen im Gesicht zeugten von den erlebten Entbehrungen. Inzwischen hatte Larry Doyle geheiratet und war Vater mehrerer Kinder.

Festnahme und Schutz erfordern reaktionsschnelles Handeln, aber auch Besonnenheit. Geht es um Leben und Tod, werden auch schmerzempfindliche und »verbotene« Körper-Stellen nicht geschont. Es gibt Griffe, die sofort tödlich sind!

Im täglichen Dienst lief es nicht mehr so leicht wie früher, es wurde Zeit, in ruhigeres Fahrwasser zu wechseln. Es gab mehrere Wege, die restlichen Jahre sinnvoll zu verbringen. Er konnte als Command Sergeant Major zum Stab wechseln, der Innendienst behagte ihm aber nicht.

Zufällig erfuhr er, dass bald die Stelle eines Command Sergeant Majors beim 75th Ranger Regiment frei würde. Sofort bewarb sich Doyle um diese Position und wurde mit Freuden begrüßt. Der erfahrene Veteran kehrte als höchster Unteroffizier in sein altes Regiment zurück. Dort vertrat er engagiert die Interessen der Soldaten, unterstützte als »rechte Hand« den Regiments-Kommandeur

und nahm sich der Sorgen der Männer an. Als sich die Verpflichtungszeit dem Ende näherte, standen ihm mehrere Alternativen offen. Für ein sehr hohes Gehalt suchten Sicherheits-Behörden erfahrene Männer. Händeringend buhlten private Firmen um »Delta-Boys«, sie boten Monatsgehälter von bis zu 30.000 Dollar an. Aber Larry hatte genug, er wollte nicht weiter Gesundheit und Leben riskieren und die nächsten Jahre lieber mit der Familie in Frieden verbringen. Nachdem er mit einer guten Pension seinen Abschied nahm, kehrte Larry nach Montana zurück und eröffnete in der Kreisstadt seiner alten Heimat einen Laden für Jagdwaffen und -ausstattung.

Nachwuchs gesucht

Möchte ein junger Amerikaner zu Delta, macht er sich auf einen steinigen Weg, der viel Geduld, Willenskraft und Idealismus verlangt. Im Rekrutierungsbüro erfährt er, dass ein sofortiger Dienstantritt nicht möglich ist. Die Wartezeit dauert mehrere Jahre, ohne Garantie, am Auswahl- Test auch nur teilnehmen zu können.

Qualität und Motivation der Deltas entscheiden über Erfolg und Misserfolg im Einsatz. Anders als bei den konventionellen Kollegen spielen Waffen und Technik eine lediglich wichtige, aber eben keinesfalls die Hauptrolle. Der Mensch dominiert! Es bedarf großer Erfahrung und viel Fingerspitzengefühls, aus der Schar der Bewerber die »stillen Helden« herauszufiltern und für den harten Dienst zu begeistern. Unfähige Operators gefährden nicht nur sich selber, sondern auch ihre Mitstreiter und den Auftrag. Über Rekrutierung, Auswahl und Ausbildung fehlen offizielle Un-

terlagen, nur Teil-Fakten dringen an die Öffentlichkeit.

Wie alle Spezialeinheiten sucht auch Delta einen ganz bestimmten Menschenschlag, der rar ist und »passen« muss, nicht durchschnittliche Anwärter, sondern Spitzenpersonal. Nur gesunde, motivierte und charakterfeste Männer haben eine Chance. Mehrere Wege werden beschritten, sie zu finden. Allgemein gilt der Grundsatz: Je mehr Bewerber, desto leichter sind Topleute herauszufinden. Es erfordert Geduld und Menschenkenntnis. Manche Soldaten sind zwar geeignet, aber sie denken nicht im Traum daran, »Schattensoldaten« zu werden. Appelle an Ehrgeiz oder Patriotismus können hier einiges bewirken.

Umgekehrt ist es schwieriger: Nicht wenige junge Männer träumen zwar vom Heldentum, scheitern aber an der Realität. Naive Idealisten und Romantiker erkennen die

Laufbahn-Berater meist sehr schnell. Sie werden höflich, aber bestimmt abgelehnt. Völlig ungeeignet sind Menschen, die zur Gewalt und Brutalität neigen, sich hemmungslos austoben möchten. Delta hatte von Anfang an Probleme, genügend Nachwuchs zu finden, und das nicht wegen geringer Attraktivität, sondern aufgrund der hohen Anforderungen. Dies ist auch heute nicht anders. Die Hürden sind so hoch, dass nur wenige sie nehmen.

Nach dem Kalten Krieg kamen neue Probleme. Die Stärke der US Army nahm ab, damit reduzierte sich auch das Personalreservoir, es wurde noch schwieriger, Nachwuchs zu finden. Eine simple Rechenaufgabe: Wenn die Zahl der Bewerber um die Hälfte sinkt, halbiert sich auch die Zahl derer, die sich qualifizieren. Trotz aller Reformen bleibt es dabei, eine Kehrtwendung würde Delta nicht überstehen. Alle Angehörigen der US Army können am Aufnahmetest teilnehmen. Viele kommen aus der Luftlandetruppe, von den Rangers und Special Forces, andere Bewerber sind willkommen. Für Soldaten der Marine und Luftwaffe ist ein Wechsel zu Delta mühsam, aber möglich. Sie müssen ihren Dienst beenden und die Uniform der Army anziehen. Es gibt verschiedene Wege, die Reihen der Truppe aufzufüllen. Grundsätzlich sind nur erfahrene Soldaten gefragt, die schon wissen, »wie der Hase läuft«. Viele Bewerber tun selber den ersten Schritt und melden sich freiwillig. Die Mund-zu-Mund-Propaganda von Seilschaften und »alten Kameraden« spielt eine große Rolle. Auch »Inserate« erscheinen in Fachzeitschriften und fordern zur Bewerbung auf. In der Zeitschrift »Infantry« erschien folgender Text: »Delta sucht Rekruten, das 1st Special Forces Operational Detachment-Delta rekrutiert Soldaten, die ge-

braucht werden, um weiträumige Operationen zu planen und durchzuführen. Delta ist die Spezial-Einheit der US-Armee für Missionen, die zur schnellen Reaktion und zu chirurgischen Eingriffen befähigt ist. Deswegen werden die Soldaten für Delta sorgfältig ausgewählt und speziell ausgebildet. Wer ausgewählt wird, wird bis an die Grenzen der geistigen, emotionalen und physischen Fähigkeiten gefordert. Delta bietet Offizieren und Unteroffizieren vielfältige Karriere-Möglichkeiten. Beide Gruppen erhalten die gleiche Ausbildung, dann übernehmen sie Planstellen in der Einheit.«

Da die US-Streitkräfte weltweit verstreut sind, besuchen Berater-Trupps die Auslands-Garnisonen, halten Vorträge und führen Gespräche. Ein halbes Dutzend Delta-Sergeanten bereist zweimal im Jahr die größeren Standorte. Ab März halten sich die Werber in den europäischen Kasernen auf, dann in anderen Regionen, um für den Lehrgang im Herbst Personal zu gewinnen. Von September bis Januar wird der Nachwuchs für den Frühjahrs-Lehrgang beraten. Die Veranstaltungen dauern zwei Tage, es finden Vorträge und Film-Vorführungen statt. Interessierte nehmen an Tests mit sportlichen und psychologischen Inhalten teil. Die Rekrutierungs-Unteroffiziere vermitteln den Soldaten, die Delta meist nur aus Fernsehen und/oder Computerspielen kennen, ein realistisches Bild. Sie machen ihnen klar, dass jeder ganz unten beginnt. Auf die Frage nach den Chancen geben sie ehrliche Antworten: »Es hängt in erster Linie von der inneren Einstellung ab, was man im Herz hat. Du kannst zwar ein sportliches As sein, aber wenn du nicht mit dem Herzen dabei bist, geht es nicht. Uns interessieren nicht die Streifen auf den Schultern, deine bisherige Laufbahn oder ob du ein mächtiger Rambo bist. Es ist wichtiger, 110 Prozent Leistung zu bringen. Du bist ein Teil des Ganzen, das viel größer ist als du selber«, lautet das elitäre Motto.

Wenn Delta auf einen Soldaten scharf ist, ergreift die Einheit selber die Initiative. Offiziere studieren Personalakten auf der Suche nach Spitzenpersonal. Besteht Bedarf, werden Fachleute mit technischen Qualifikationen oder speziellen Sprachkenntnissen gezielt angesprochen. Der »Auserwählte« erhält ein Schreiben mit dem Inhalt, »Delta sei an ihm interessiert«, oder er wird angerufen. Ist er einverstanden, bestätigt er das telefonisch, ist er es nicht, wird das Papier vernichtet und alles ist vergessen.

Vor der Zulassung zum Aufnahme-Test nimmt ein Delta-Kader den Bewerber unter die Lupe und überprüft die Eignung. Damit wird vermieden, dass ungeeignete Bewerber teilnehmen und unnötige Kosten verursachen, die Ausfallquote sinkt. Offiziere und Unteroffiziere absolvieren ein einheitliches Training, alle Regeln gelten für beide Laufbahnen. Niemand wird gegen seinen Willen zum Lehrgang »befohlen«. Nur US-Staatsbürgern und nur Männern ist der Zugang offen, Frauen sind nicht zugelassen, außer für einige Unterstützungsdienste. Zur Eignungs-Feststellung dient eine ärztliche Untersuchung, die auch Piloten, Freifaller und Taucher absolvieren. Besonderer Wert wird auf die Sehkraft gelegt, aber Brillen sind erlaubt. Die Bewerber sind Fallschirmspringer oder holen den Lehrgang nach. Wichtig ist die Sicherheits-Überprüfung, die Stufe »geheim« muss erfüllt sein. Auch der Lebenslauf wird gründlich durchleuchtet, abgesehen von »kleinen Sünden« ist eine blendend weiße Weste Pflicht, Disziplinlosigkeit führt zur Ablehnung. Drogenkonsumenten und mit anderen Suchtkrankheiten gestrafte Soldaten haben keine Chance. Das Mindestal-

ter lag längere Zeit bei 22, das Höchstalter bei 28 Jahren. Ein Inserat in der Dezemberausgabe 2006 der Zeitschrift »Paraglider« nennt jedoch ein Alter von 21 Jahren.

Das Mindestalter bewirkt, dass Menschen eintreten, die schon etwas reifer sind und wissen, was sie wollen. Übermut, Naivität oder Abenteuerlust gefährden alle. Voraussetzung ist es, beim Intelligenz- und Fitnesstest mindestens 110 Punkte zu erreichen. Lange galt als Mindest-Dienstgrad Sergeant (E 5), höchster Rang Sergeant first class (E 7). Das änderte sich, nun sind auch Specialist/Corporal (E 4) und Mastersergeant (E 8) willkommen. Die verbleibende Dienstzeit wurde von vier auf zweieinhalb Jahre herabgesetzt. Diese Änderungen lassen vermuten, dass mehr Soldaten am Test teilnehmen sollen, da erhöhter Personalbedarf besteht. Wegen der Verluste in Afghanistan und im Irak sowie einem geplanten Ausbau des Personalstandes ist vorgesehen, die Ist-Stärke in den nächsten Jahren bis um ein Drittel zu erhöhen, was allerdings sehr schwer fallen dürfte. Die Karriereaussichten sind gut, sie ermöglichen den Aufstieg zum Sergeant Major (E 9) oder zum Fachoffizier schneller als in anderen Einheiten. Eine Schwadron hat weit mehr Planstellen E 9 / Fachoffiziere als ein Bataillon von 600 Mann. Offiziere sind Hauptmann oder Major, müssen erfahren sein und formale Bedingungen erfüllen. Für sie stehen in Einsatz- und Stabsverwendungen Stellen bis zum Oberstleutnant offen, Stabsoffiziere tun auch im Pentagon, beim USSOCOM, USASOC und anderen Stäben Dienst. Voraussetzung sind ein College-Diplom sowie Laufbahnprüfungen. Alle Offiziere müssen entweder eine Kompanie, eine Batterie, ein A-Team oder einen Heeresfliegerzug mindestens zwölf Monate geführt haben.

Gib dein Bestes!⎯

Das harte Training und der anstrengende, interessante Dienst prägen die Soldaten für das weitere Leben. Auswahl und Ausbildung des Nachwuchses haben mehrere frühere Delta-Mitglieder ausführlich beschrieben. Nach drei Jahrzehnten stimmen die Ausbildungsinhalte noch immer weitgehend mit den früheren Tests überein. Das beweist, wie professionell und durchdacht das Delta-Konzept bereits in den Gründungsjahren war. Bis zur Wende nach dem 11. September 2001 wurden halbjährlich etwa 100 Anwärter zugelassen. Wegen des erhöhten Bedarfs ist anzunehmen, dass Änderungen eintraten, die nicht nach außen dringen. Trotz strenger Vorauswahl liegt die Durchfallquote bis zu 90 Prozent, es gab schon »Null-Kurse!« Nach der Zulassung zum »selection course« beziehen die Anwärter in Camp Dawson, einem gottverlassenen Übungsplatz in West-Virginia, ihre Unterkunft. Sie erfahren, dass sie nicht an einem Lehrgang, sondern am Auswahl-Test teilnehmen. Am Anfang ist die Sportprüfung zu bestehen. Gut trainierte Soldaten, besonders wenn sie von einer Sondereinheit kommen, müssten sie problemlos packen. Aber bereits hier versagen einige und kehren zu ihren Einheiten zurück. Solche Ausfälle häuften sich in den Aufbaujahren, die US Army erlebte damals ein Leistungstief. Heute ist es besser, da durch die strenge Vorauswahl viele offensichtlich Überforderte gar nicht erst zum selection course kommen.

In mehreren Fitness-Tests müssen mindestens 60 Punkte erreicht werden. Ein Lauf über zwei Meilen (ca. drei km) ist in 16,5 Minuten zu meistern. Diese Zeit erzielt ein geübter Läufer relativ leicht, wird sie unter-

Der mehrwöchige Eignungs-Test verlangt den Anwärtern alles ab. Nicht das Verhalten in der Gruppe, sondern individuelle Leistungen und Verhaltensweisen stehen dabei im Mittelpunkt. Die körperlichen Belastungen sind sehr hoch, wie dieses Bild eines völlig erschöpften, schweißüberströmten Kandidaten eindrücklich zeigt.

schritten, gibt es Zusatzpunkte. Auch die 37 Rumpfbeugen sind in einer Minute zu schaffen, ebenso 33 Liegestütze in derselben Zeit. Der Schwimm-Test ist machbar, 100 m in Uniform und mit Stiefeln sind ohne Zeit- und Stilvorgabe »irgendwie schwimmend« zu meistern. Eine unbestätigte Quelle spricht von einer Veränderung des alten Tests (fünf Stationen) ab 1997. Um genug Personal zu gewinnen, soll der Test auf das Niveau der Sportprüfung der US Army abgesenkt worden sein (drei Stationen).

Den Soldaten wird ans Herz gelegt, Spitzenleistungen zu erbringen, es genügt nicht, sich »durchzumogeln«. Mit dem »Advanced Land Navigation Course« (Orientierungs-Kurs für Fortgeschrittene) beginnen die Gepäck-Märsche und Orientierungs-Läufe, die Anforderungen steigen ständig. Unangekündigte Sport- und Persönlichkeits-Tests erhöhen den Druck und halten die GIs in Atem. Ein erster Höhepunkt ist der 18-Meilen-Gepäckmarsch in schwierigem Gelände. Das Problem liegt dabei nicht in der Marschstrecke, sondern in den Umständen. Wer keine böse Überraschung erleben will, hält die Vorgaben genau ein. Unterwegs wird kontrolliert, ist der Rucksack nur einige Gramm zu leicht, folgt die Bestrafung durch einen Betonbrocken, der das Gewicht verdoppelt. Die Tests finden bei jeder Witterung statt, Erleichterungen sind unbekannt und Verletzungen häufig. Entzündungen, wunde Füße, Prellungen, Rückenschmerzen, Verstauchungen und Schürfwunden plagen alle. Es wird erwartet, ja vorausgesetzt, dass die Teilnehmer die Schmerzen ertragen und weiter Dienst tun. Wer schwere Verletzungen erleidet, scheidet aus, er darf später wieder an gleicher Stelle einsteigen.

Für den Marsch gibt es keine Zeit-Vorgabe, die Anweisung lautet, »die beste mögliche Zeit zu erzielen«. Bewusst wird der Soldat verunsichert und im Zweifel gelassen, ob er es geschafft hat oder ob er die Koffer packen muss. Immer gilt das oberste Prinzip: Gib das Äußerste! Wer das nicht kann oder will, ist ungeeignet. Der massive Leistungsdruck ist nötig, um die physische und psychische Belastbarkeit zu testen. Profis vermeiden Kraftakte wie ein zu hohes Marschtempo und halten ein gleichbleibendes Tempo ein (viereinhalb Stunden sind für 18 Meilen eine gute Zeit, fünf Stunden werden toleriert). Wer das nicht schafft, verschwindet sang- und klanglos, wer bleibt, hat gewonnen. Das ist die »Psychologie« von Delta!

Ein Wort zum Verhalten der Kader, die keine Ausbilder sind. Sie sind reserviert, weder freundlich noch unfreundlich, aber korrekt, machen keine Scherze, kritisieren und loben nie. Anders als im Ausbildungs-Betrieb feuern sie nicht an, schreien nicht herum. Unfertige, wenig selbstsichere Typen brauchen Ermunterung oder Druck, aber solche Typen will man nicht. Die Kader sehen alles, sagen nichts und lassen ihre Schützlinge im Ungewissen.

Die Orientierungsläufe helfen Stärken und Schwächen der Soldaten zu erkennen. Als Einzelkämpfer sind sie allein auf sich gestellt und treffen eigene Entscheidungen. Sie marschieren allein, dürfen nicht über dienstliche Themen sprechen, Kontakte sind zu vermeiden. Das ist gerade für Amerikaner hart, sie suchen die Gemeinschaft und fühlen sich als Team-Player zusammen mit anderen Menschen wohl und sicher. Den Druck verstärkend sind psychologische Tests mit Hunderten von Fragen an der Tagesordnung, oft nach Schlafentzug und anstrengenden Übungen. Die Fragen sind anspruchsvoll, auch unsinnig und unverschämt. Lügner und Aufschneider haben

Das anstrengende Training erfordert neben Durchhaltevermögen und hoher Motivation Mut, Geschicklichkeit und Kraft.

keine Chance. Psychologen prüfen die Persönlichkeit und sehen, ob sie stabil ist. Sie erwarten, dass die Bewerber mit beiden Beinen im Leben stehen, Ehre und Anstand haben, zuverlässig sind und eine nüchterne, pragmatische Lebensauffassung besitzen, ohne selbstgefällig oder überheblich zu sein. Zögerliche Typen verursachen die gleichen Probleme wie ein schießwütiger »Cowboy«. Bald nach dem Nachtmarsch erfährt die nun schon reduzierte Gruppe, dass die »stress phase« beginnt, sie dauert gut zwei Wochen. Jeder ist voll für sich verantwortlich, Hilfe darf weder angenommen noch gewährt werden. Am schwarzen Brett hängen die Dienstpläne, sie sind genau zu erfüllen, auch die mündlichen Anweisungen sind exakt zu befolgen. Viele Soldaten sind es gewohnt, dass Vorgesetzte den Dienst regeln, für sie mitdenken, sie ermahnen und kontrollieren. Das ist nun vorbei, jeder organisiert sich selber. »Stubendurchgang« ist

Die Orientierungsläufe und Navigations-übungen verlangen sehr gute Kenntnisse von Karte und Kompass sowie moderner Navigationshilfen.

unbekannt, dienstliches Wecken Fehlanzeige. Wer verschläft und den Abmarsch verpasst, scheidet aus.

Die Beziehung zum Kader-Personal bleibt sachlich und kühl, niemand zeigt Gefühle. Die Vorgesetzten bleiben im Hintergrund

133

und sehen alles, besonders alles, was schief läuft. Die Unsicherheit nervt die Anwärter, sie hängen in der Luft, es gibt keine Zwischen-Ergebnisse. Lapidar heißt es immer nur: »Geben Sie Ihr Bestes!« Der Schwierigkeitsgrad der Orientierungsläufe in unbekannter Umgebung steigt. Es ist verboten, Straßen zu benutzen, und so quälen sich die GIs bis zur Erschöpfung mühsam durch tückisches Gelände, ersteigen Bergbuckel, durchqueren Wasserläufe, immer bemüht, sich nicht zu verlaufen. Wer auf einer Straße erwischt wird, erhält eine Verwarnung, er fliegt im Wiederholungsfall. Wer »per Anhalter« fährt, geht sofort. Ist mühsam der Rendezvous-Punkt gefunden, gibt der Streckenposten das nächste Ziel bekannt, eine Pause entfällt.

Der Dienst beginnt um sechs Uhr, manchmal gibt es warme Mahlzeiten, oft Kaltrationen und manchmal eine »Nulldiät«. An manchen Tagen sind die Anwärter noch spät in der Nacht auf den Beinen, erschöpft und dem Zusammenbruch nahe fehlt der Schlaf. Täglich scheitern einige am permanenten Druck und der Isolation. Wer gewohnt ist, strikt Befehlen zu folgen, ist allein auf sich gestellt hilflos. Wer durchhält, braucht neben einer Top-Kondition einen starken Willen, darf nicht einmal daran denken, aufzugeben. Die Kader schätzen Zuverlässigkeit und Beständigkeit. Es ist eine »Todsünde«, aufzugeben oder etwas zu verweigern, das führt zur Entlassung.

Sind die Kader überzeugt, dass jemand trotz guter fachlicher Leistungen charakterliche Schwächen hat, folgt die Ablösung. Im Gespräch werden nicht nur die Schwächen angesprochen, auch gute Ergebnisse finden Erwähnung. Der Abbrecher soll sich nicht als Versager fühlen. Im Zeugnis steht, dass der Ausbildungstand verbessert wurde. Ob die Lobeshymne bei der Rückmeldung in der alten Einheit etwas nutzt, ist fraglich. Häufig quittieren diese Soldaten bei nächster Gelegenheit den Dienst.

Nach 18 mühsamen Tagen gehen für das stark geschrumpfte Häuflein Mühen und Plagen zu Ende, aber es erwartet sie noch eine besondere Überraschung: Der berüchtigte »Forty Miler«, ein Marsch von zirka 65 km, fordert die letzten Reserven, viel Kraft bis an den Rand der Erschöpfung – und darüber hinaus! Wer Pech hat, sich unterwegs verfilzt und Umwege macht, marschiert 70 oder 80 Kilometer. Die Soldaten brechen in der Dunkelheit auf und sind über 18 Stunden unterwegs, sie machen nur kurze Pausen und geben ihr Letztes. Am Ziel angekommen, fallen sie ausgepumpt zu Boden, sie sind am Ende ihrer Kräfte.

Nach den harten Wochen enden nun die körperlichen Leiden, aber eine schwierige Hürde ist noch zu nehmen. Beim gefürchteten »Commanders Board« lauern viele Tücken, diese letzte Prüfung deckt gnadenlos das »Innenleben« der Bewerber auf. Passt er wirklich zu uns, wie steht er Dauerbelastungen durch? Oder ist er doch nur eine Niete, die im Einsatz versagt? Das Komitee, besetzt mit dem Kommandeur und mehreren Schwadron-Chefs, entscheidet darüber, wer besteht. Abschließend steht der Anwärter im Kreuzfeuer: Charakter, Verhalten unter Druck, Flexibilität und Intelligenz werden getestet. Die Prüflinge sind nach den Anstrengungen stark mitgenommen, übermüdet, ausgelaugt und haben Schmerzen. Sie möchten nichts mehr hören und sehen, lieber schlafen und den Stress der letzten 48 Stunden ablegen. Aber genau in diesem Leistungs-Tief werden Verstand und Konzentrations-Fähigkeit im Stress-Interview gefordert.

Es ist schon »ausgeruht« schwer, anspruchsvolle Buchtexte konzentriert zu lesen und zu bewerten, müde ist es die Hölle. Statt zu schlafen, lesen die Soldaten schwer verdauliche Klassiker. 18 Stunden Zeit gibt es für die Lektüre, dann ist eine Rezension fällig, eine einfache Zusammenfassung genügt nicht. Nach diesem Martyrium quälen die Psychologen die Geplagten mit vielen, gelegentlich verrückten Fragen und Kurztests. Sie ziehen frühere Antworten heran und stellen fest, ob sie einen Lügner oder eine »ehrliche Haut« vor sich haben. Vom Prüfling, der gnadenlos mit Fragen bombardiert wird, erwarten die Offiziere, dass er vernünftige Antworten gibt, er muss unter Zeitdruck urteilen und Nerven zeigen, ohne »durchzudrehen«. Sie reizen und provozieren bewusst, verwenden Aufzeichnungen der Psychologen und Bewertungen der Kader.

Wichtig ist es für den Kandidaten, die Prüfer zu überzeugen, auf Provokationen geschickt zu reagieren, Zweifel glaubhaft auszuräumen. Später, wenn es um Leben und Tod geht, genügt es nicht, nur gut zu schießen oder zu sprengen, Deltas müssen Entscheidungen treffen und auch umsetzen. Meist endet diese peinliche Prozedur, bei der es häufig recht rau zugeht, erst nach Stunden, und der ein oder andere Kandidat »fliegt« nach allen Mühen doch noch. Wer alles ertragen, Prüfungen und Tests absolviert hat, hat das Zeug für das OTC-Training. In Grenzfällen geben die Psychologen und Lehrgruppen-Leiter noch ihr Urteil ab. Dann wird abgestimmt, die Mehrheit entscheidet. Der Kommandeur hat ein Vetorecht, von dem er nur selten Gebrauch macht. Nun beginnt die Ausbildung zum Special Operator in der Terrorismus-Bekämpfung.

Operators Training Course (OTC) – Letzter Schliff

Als vor 30 Jahren der erste Kurs begann, gab es keine Vorschriften, Handbücher oder Dienstanweisungen. Mühsam erarbeiteten sich die Ausbilder ihre Unterlagen und gestalteten Schritt für Schritt Abläufe und Inhalte des Ausleseverfahrens. Viel wurde vom SAS übernommen, dem großen Vorbild, aber auch von anderen Spezial-Einheiten und zivilen Sicherheitsbehörden. Am Freitagabend wurde der Ausbildungsplan »blind« aus dem Handgelenk entworfen, am Montag umgesetzt und ergänzt. Langsam entstanden klare und realistische Konzepte. Die Schriftform wird bis heute vermieden, die mündliche Weitergabe bevorzugt. Dies dient nicht nur der Geheimhaltung, sondern

fördert auch die Klarheit. Sind schriftliche Unterlagen vorhanden, beginnen die Probleme, und eifrige Bürokraten übernehmen das Ruder. Es ist eine Chance, unbelastet etwas Neues zu entwickeln, und Delta tat das konsequent. Der Fach-Kurs formt aus ehemaligen Rangers, Green Berets und Fallschirmjägern einen völlig neuen Soldaten, den versierten Kämpfer gegen Terroristen. Die praktische Ausbildung im OTC vermittelt intensive Kenntnisse über die Terrorismus-Bekämpfung, unbekannte Kampf-Techniken und zahllose Kniffe. Die vorhandenen Kenntnisse nutzen nur bedingt, manchmal behindern sie. Deltas denken und handeln anders als Soldaten »normaler« Einheiten,

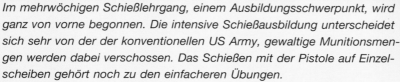

Im mehrwöchigen Schießlehrgang, einem Ausbildungsschwerpunkt, wird ganz von vorne begonnen. Die intensive Schießausbildung unterscheidet sich sehr von der der konventionellen US Army, gewaltige Munitionsmengen werden dabei verschossen. Das Schießen mit der Pistole auf Einzelscheiben gehört noch zu den einfacheren Übungen.

die einer straffen Führung und Dienstaufsicht unterliegen. Sie denken selbständig und warten nicht erst Befehle ab. Etwas vereinfacht: Um aus Rekruten gute Soldaten zu machen, müssen diese lernen, Regeln zu beachten, zu ausgeprägtes Denken (»sollte man den Pferden überlassen ...«) ist unerwünscht. Bei Delta geschieht das Gegenteil, die eingeschüchterten GIs lernen, selbst zu planen und zu handeln. Das Training dauert ein knappes halbes Jahr, ein Großteil besteht es.

Am Anfang stehen allgemeine Themen, dabei lernen die Soldaten, sich in schwierigen Lagen richtig zu verhalten, wie sie Stress vermeiden, welche Kleidung in bestimmten Lagen zweckmäßig ist oder ihr Gedächtnis zu schulen. Die nächsten fünf Wochen stehen im Zeichen eines intensiven Schiesstrainings. Es steht an erster Stelle, perfekte

Schiess-Leistungen haben höchste Priorität. Neun weitere Wochen sind speziellen Angriffs- und Rettungstechniken gewidmet. Für die Ausbildung zum Bodyguard sind bis zu drei Wochen vorgesehen, auch für die geheime Aufklärung. Sechs Wochen dauern die fortgeschrittene Gefechts-Ausbildung, Kurse in erster Hilfe und geheimer Funk-Technik. Diese Bereiche haben im Krieg gegen den Terror an Bedeutung gewonnen. Offensive Einsätze, Aufklärung, Überwachung und der Kampf in bebauten Gebieten erfordern gründliche Kenntnisse.

Die Schießausbildung, wichtigster Teil des Lehrgangs, veränderte sich kaum. Nur wer seine Waffe perfekt beherrscht, überlegt reagiert, immer und viel trainiert, schafft es. Wer zittert, ängstlich und nervös ist, hat keine guten Karten. Die Kandidaten lernen viel Theorie über Ballistik, Gefahrenwinkel oder

Im Mittelpunkt stehen die Schießleistungen des Einzelschützen, der später entsprechend seiner Eignung »sniper« oder »assaulter« wird. Nur bestens qualifizierte und ausgebildete Schützen, die ständig üben, sind den Anforderungen gewachsen.

Mit vorgestreckter Pistole stürmen die »shortgunners« in den Raum und eröffnen sofort das Feuer auf die Geiselnehmer. Dafür haben sie nur wenige Sekunden Zeit und dürfen trotz der Unübersichtlichkeit keinesfalls »versehentlich« Geiseln töten.

Geschoss-Flugbahnen. Mehrere Wochen werden die Schießbahnen zu einer zweiten Heimat, die Vorauswahl zum »assaulter« (Zugriff) oder »long gunner« (Scharfschütze) erfolgt. Die Ausbildung ähnelt kaum dem militärischen Training, eher speziellen Polizei-Techniken. Um perfekte Treffsicherheit zu erlangen, verbringen die künftigen Kommando-Soldaten über 1000 Ausbildungsstunden im »shooting house« und auf den Schießplätzen. Sie lernen, die Waffe reaktionsschnell, präzise und tödlich einzusetzen, das Leben von Geiseln und Kameraden nicht zu gefährden. Die bedingungslose Bereitschaft, den Gegner zu töten, ist oberstes Gebot, fester Wille dazu wird vorausgesetzt. Wer das nicht kann oder will, unsicher ist, darf den Job nicht übernehmen. Wie umstritten das Thema ist, zeigen die Diskussionen um »gezielte Tötungen«.

Auch erfahrene Veteranen beginnen wieder ganz von vorne und studieren die »hohe Kunst des Schießens« von der Pike auf, obwohl sie bereits ausgebildete Schützen sind. Ständiges Training, Geduld, Begabung und Disziplin sind nötig, um den Anforderungen zu genügen. Die »short gunners« der Angriff-Teams benutzen Waffen mit kurzem Lauf, Pistolen, MPs und Karabiner für den Kampf auf kurze Distanz, meist nur wenige Meter, in umgrenzten Objekten. Eine schwere, langläufige Waffe ist hinderlich. Es finden viele Pistolen Verwendung, auch vom Kaliber 9 mm, aber ganz ist auch der Colt M 1911 A1 noch nicht verschwunden. Die »long gunners« beobachten, klären auf, sie geben Feuerschutz, bekämpfen Personen- und andere Ziele auf größere Distanz, decken die Sturm-Trupps beim Angriff. Ziel ist eine hundertprozentige Treffer-Leistung bis

Die Licht- und Sichtverhältnisse sind beim Zugriff äußerst eingeschränkt und behindern zusätzlich. Alles spielt sich in Sekundenbruchteilen ab, dabei darf der Operator nicht den Überblick verlieren und muss ruhig und überlegt handeln.

Die Ausrüstung der Scharfschützen ist sehr vielfältig und besteht aus verschiedenen Waffen und Geräten. Moderne optische Geräte und Nachtsichtausrüstung sind heute selbstverständlich. Die Tarnung richtet sich nach den jeweiligen Gegebenheiten. Selten werden die schwarzen Schutzanzüge getragen, verbreitet ist der zottelige »Ghillie Suit«.

600 Yards. Etwa ein Drittel des Nachwuchses absolviert das Präzisions-Schützen-Programm und lernt, koordinierte Angriffe zu unterstützen. Den guten Scharfschützen kennzeichnen ein scharfes Auge und eine ruhige Hand, jeder Schuss ein Treffer! Die Delta-Scharfschützen werden sorgsam ausgewählt und psychologisch beurteilt. Nur intelligente, ruhige, charakterlich gefestigte Männer, die fit und ausdauernd sind, eignen sich als »sniper«.

Über Scharfschützen gibt es viel Literatur, die hier nicht nachgebetet werden soll, zwei Eigenschaften dominieren. Erstens: Sie dürfen nie die Selbstkontrolle verlieren und im »Blutrausch« ein Massaker verursachen. Zweitens: Es ist zu vermeiden, »Gefühle«, also Mitleid oder Sympathie für den Gegner zu zeigen, der den Scharfschützen ja nicht direkt bedroht. Dann kann er im entscheidenden Moment versagen, zögern genügt schon. Das Massaker in München 1972

lässt grüßen! Der Scharfschützen-Einsatz ungenügend ausgebildeter Polizeikräfte entwickelte sich zum Fiasko. Der Sniper braucht viel Geduld und ein gutes Erinnerungs-Vermögen. Das Sammeln von Informationen, Observieren, Melden, Aufklären und Verfolgen der Lageentwicklung beansprucht viel mehr Zeit, als das Schießen. Sniper und »spotter« (Beobachter) bilden ein Team, sie bekämpfen Personen- und andere Ziele auf größere Entfernungen, unterstützen die »assaulters« beim Zugriff, beobachten, geben Feuerschutz. Häufig finden das ZF-Gewehr M24 und schwerkalibrige Waffen Verwendung. Zur Ausrüstung zählen Fernrohre, Laser-Entfernungsmesser, Nachtsichtbrillen. Alle Einsätze werden gründlich vorbereitet, Luftbilder, Fotos und Karten ausgewertet, Deckungen erkundet und das Wetter studiert. Die Annäherung und der Bezug der »final firing position« (Feuerstellung) geschieht verdeckt, die Scharfschüt-

Gut getarnt verbringen Scharfschützen viel Zeit in den Stellungen, sie klären auf, beobachten, sichern und sammeln Informationen.

zen verschmelzen mit der Umgebung, sie tarnen sich meisterhaft, pirschen sich lautlos an. Viele Präzisions-Schützen laden ihre eigene Munition, tragen der Situation angepasste Tarnanzüge, auch den »Ghilli-suit« (Tarnumhang) oder ähnliche »Verkleidungen«.

Die Aus- und Weiterbildung findet in Fort Bragg und an anderen Orten statt, die Sniper trainieren auf einer eigenen Bahn an Hausfassaden mit Fenstern und Türen, sie nehmen an Video- und Fotolehrgängen teil, lernen die Bedeutung des Windes für ihre Arbeit kennen. Weitere Lehrgänge folgen, einer ist das »Counter-Sniping«, die Abwehr feindlicher Scharfschützen. Besonders viel Übung und Geschick ist für das Ausschalten von Zielen aus großer Entfernung nötig. Im 2. Golfkrieg 1991 gelang es Delta-Scharfschützen Bedienungs-Mannschaften der SCUD-Raketen aus großer Distanz zu töten, ebenso technische Anlagen und

wichtige Raketen-Teile zu zerstören. Die »assaulters« lernen die Techniken und Waffen der Sniper ebenfalls kennen.

Im Nahbereich ist punktgenaues Schießen im beengtem Umfeld angesagt. Es wird die Technik des »instinctive fire« (instinktives Feuern) angewandt und nicht wie üblich Kimme und Korn. Voll auf das Ziel konzentriert, behält der Schütze das Ziel fest im Auge und fixiert es über das Korn. Im Bruchteil einer Sekunde entscheidet er abzudrücken, oder es zu lassen. Der Abzugshebel wird im günstigsten Moment nicht behutsam betätigt, sondern »durchgerissen«. Die richtige Reaktion entscheidet nicht nur über Leben und Tod des Gegners oder der Geisel, auch der Befreier wird leicht zum Opfer, wenn er zögert.

Das Training beginnt mit Einzelschüssen auf »Pappkameraden« und Zielscheiben, die Entfernungen steigen. Sitzen die Einzelschüsse, erlernen die Soldaten den »double

Bei den »assaulters« sind großkalibrige Pistolen, die auf kurze Entfernungen eine sagenhafte Durchschlagskraft aufweisen, sehr beliebt.

Die noch unter Schockwirkung stehenden »Terroristen« werden bei dieser Übung von US-Spezialkräften und italienischen Soldaten unmittelbar nach der Ablenkung überwältigt.

Das »Close Quarter Training« ist eine realistische Nahkampf-Ausbildung in und um ein Gebäude. Das solide gebaute Haus hält den Aufprall von Geschossen, Explosionen und Erschütterungen aus. Schutzvorrichtungen für den Geschossfang und zusätzliche Sicherheits-Anlagen sind vorhanden.

tap« (Doppelschuss), dabei werden in ganz kurzer Folge zwei Schüsse abgegeben, um den Gegner definitiv zu töten, ihn nicht nur kampfunfähig zu machen oder zu verwunden. Das entspringt keiner perversen Mordlust, sondern ist notwendig, da vermeintlich Tote und Verwundete plötzlich zur Waffe greifen und schießen könnten. Später, im Einsatz, bestimmen die Operators weitgehend selber, welche Waffe sie für welchen Zweck verwenden. Klappen Einzelschüsse und »double tap«, folgt das Schießen aus dem Stand, dann Anschläge mit seitlichen Drehungen nach rechts oder links, Schießen in der Bewegung und auf Ziele im Rücken. Dann werden die Übungen paarweise, zu

dritt und in der Vierergruppe, dem Basis-Kampfelement der Delta Force, trainiert. Die Trupps schießen auf Scheiben, die nicht nur Terroristen und Geiseln, sondern auch »normale« Menschen darstellen. Wer dabei eine »Mutter mit Kind« trifft, erhält mit Sicherheit kein Lob. Im Verlauf der sehr realistischen Übungen wird allen eingehämmert, erst dann zu schießen, wenn das Ziel völlig sicher ausgemacht ist. Der Schutz der Geiseln genießt oberste Priorität, wird ein »Guter« irrtümlich getroffen, folgt eine sofortige Unterbrechung und die Suche nach den Ursachen für den im Ernstfall tödlichen Fehler. Nach den langen Stunden auf den Schießbahnen, die auch dem Kennenlernen die-

Kugelsichere Helme und Visiere sind wesentliche Bestandteile der Schutz-ausrüstung. Das vom ersten Mann getragene ballistische Schild erhöht den Schutz gegen Projektile. Meist finden leichte Schilder Verwendung, die allerdings keinen vollständigen Körperschutz bieten, sondern nur Teilbereiche schützen. Dieses »Reaction-Team« geht in »stack formation« vor und ist mit Pistolen und MP5 N bewaffnet. Das Schießen aus der Deckung heraus erfordert besondere Kenntnisse und viel Übung.

nen, wird es recht professionell. Einen ganzen Monat üben die Elitekrieger im »shooting house«, einem der besonders streng gehüteten Geheimnisse. Das riesige, dreistöckige »House of Horror« (Haus des Schreckens) ist ein Gebäude mit automatischen Schießanlagen, Schießkinos zur Hebung der Reaktions-Schnelligkeit sowie ultramodernen Schieß-Ständen. In den phantasievoll gestalteten Räumen des Schießhauses findet sehr realistisch ein »Close Quarter Training« (Nahkampf in Gebäuden) mit Videos und modernsten Hilfsmitteln statt. Ein holografischer Schießstand ermöglicht es, auf dreidimensionale Laserbilder zu schießen, die Terroristen darstellen. Projektoren werfen Bilder von Zielen an die Wände, sie werden wirklichkeitsnah mit scharfer Munition bekämpft, die Ergebnisse zeichnet ein

Computer auf. Duellscheiben mit Freund-Feind-Erkennung helfen, schnell und richtig zu reagieren. Für Einsätze in Räumen, Gebäuden, Omnibussen, Zügen, Straßenbahnen, Tunnels, Kraftwerken und U-Bahnen dienen Räume mit beweglichen Wänden. Anders als im alten Schießhaus mit weniger Räumen üben die Deltas hier unter besten Bedingungen. Die Wohnzimmer sind möbliert, Büros, Werkstätten, Aufzüge und Treppenhäuser ermöglichen realistische Übungen. Die Räume sind von Schaufenster-Puppen bevölkert, die stehen, sitzen oder liegen, Roboter und andere High-tech-»Spielereien« treten hinzu. Einige Räume werden für wechselnde Situationen erweitert oder ausgestattet. In dieser gespenstischen Umgebung finden unter scharfem Schuss Rettungs- und Raumsäuberungs-

Wie diese aktuelle Aufnahme aus dem Irak zeigt, genügt in manchen Fällen ein energischer Tritt, um eine Türe zu öffnen.

Die Zündung einer »flash bang«, eines Blend-Brand-Irritationskörpers von 50.000 Watt, verursacht einen hellen Lichtblitz und starken Lärm. Dadurch wird der Gegner abgelenkt und verwirrt. Da sie einen hohen Phosphor-Anteil aufweist, ist ihr Einsatz wegen der Brandgefahr nicht immer sinnvoll. Entgegen anderen Schilderungen setzte die GSG 9 in Mogadischu den Irritationskörper nicht im Flugzeug ein, sondern als Ablenkungsmaßnahme im Vorfeld.

Drills statt. Wichtig ist der »aircraft room«, an Seilen hängen Baugruppen eines Groß-raum-Fliegers mit Cockpit und Kabinen sowie von Puppen dargestellte Fluggäste an der Decke.

Neben Schießübungen werden im »shooting house« grundlegende Einsatz-Taktiken geübt. Zu Beginn der taktischen Ausbildung führen die Trainer die Rettung von Geiseln vor. Der Sturm eines Raumes erfordert Schnelligkeit, Präzision, Professionalität und gute Nerven. Die »schulmäßige« Lehrvorführung läuft sehr realistisch ab, die OTC-Kandidaten erleben sie hautnah als Zaungäste. Nach dem Zuruf »Fertigmachen« geht der Sturmtrupp in Ausgangs-Stellung und wartet auf das Kommando des Truppführers. Auf »Zugriff« tritt der »kicker« (Türöffner, erster Mann) die Türe ein oder benutzt Spreng-

ladungen und Werkzeuge. Der Gegner wird durch Ablenkungsmaßnahmen überrascht und für einige Sekunden außer Gefecht gesetzt, eine »flash-bang« (Blend-Knall-Irritationskörper) fliegt in den Raum, detoniert mit lautem Knall und erzeugt einen grellen Lichtblitz. Die »Bösen« werden blitzschnell kampfunfähig gemacht und daran gehindert, Geiseln zu töten oder zu fliehen. Das restliche Team stürmt in den Raum, verteilt sich links und rechts entlang der Wand und tötet die »bad boys« (dargestellt durch Puppen). Einige sichern und behalten den gesamten Raum im Auge, andere kümmern sich um die Geiseln. Nach wenigen Sekunden ist alles vorbei, die Zuschauer sind vom höllischen Spektakel geschockt, aber auch von Geschossen, die ihnen um die Ohren schwirrten und sie nur knapp verfehlten!

Building Takedowns – Gebäude

Wer als allerletztes Mittel eine gewaltsame Geiselbefreiung anordnet, trägt ein hohes Maß an Verantwortung für Menschenleben. Oft töten Geiselnehmer ihre Opfer, wenn sie einen Befreiungsversuch erkennen, oder es sterben Geiseln im Tumult der Aktion. Spätestens nach den ersten Geisel-Toten ist ein Angriff mit Spezialkräften unvermeidbar. Die Vorbereitungen erfordern Sorgfalt, Schnelligkeit, Überraschung und Schockwirkung. Jeder Einsatz folgt einem Plan, aber oft treten unerwartete Entwicklungen ein, die alles über den Haufen werfen. Die folgenden Beispiele geben nur einen kurzen Überblick über einige Taktiken, die von Fall zu Fall anders ablaufen und zu ergänzen sind.

Zur Vorbereitung eines Auslands-Einsatzes sind auch Planungen politischer und rechtlicher Art erforderlich. Bei einer Rettungs-Aktion verlegt das Delta-Team meist auf dem Luftweg in die Nähe des Objekts, informiert sich über die Lage, sichtet Unterlagen, spricht mit Zeugen und Ortskundigen. Der Angriffsplan berücksichtigt die Stärke des Gegners, die eigenen Kräfte und die Gefährdungslage. Baupläne, Raumverzeichnisse, technische Aufzeichnungen oder Auskünfte von Handwerkern helfen. Vor dem Sturm wird das Gelände weiträumig abgeriegelt,

Eng aufgeschlossen nähert sich der mit Pistolen und Schrotflinten bewaffnete Sturm-Trupp dem Zielobjekt. Die Soldaten dieser älteren Aufnahme tragen keine Schutzkleidung, Helme und Visiere, sondern als Kopfbedeckung die beliebte blaue Wollmütze der US-Marine.

Sniper und Spotter (Scharfschütze und Beobachter) in Stellung. Das Scharfschützen-Gewehr M-91, Kaliber .308, ist mit einer Zieleinrichtung »20-X Power telescopic sight« versehen.

Bei einer Zugang-Sprengung finden unterschiedliche Sprengstoffe Verwendung. Knall, Rauchentwicklung und Schockwirkung tragen zur Überrumplung der feindlichen Kräfte bei.

Schussbereit und äußerst vorsichtig steigen die »short gunner« eine Treppe hoch. Treppenaufgänge sind besonders gefährlich, deshalb sichert ein Schütze nach hinten.

Erfordert es die Lage, seilen sich Operators an den Wänden ab und dringen überraschend durch Fenster oder andere Öffnungen in ein Gebäude ein. Das ist oft die beste Möglichkeit, Terroristen zu finden, die sich nur in einem Gebäudeteil versteckt oder verschanzt haben.

meist durch einen inneren und äußeren Ring. Die Sicherheitszone verhindert nicht nur Flucht oder Verstärkung des Gegners, sondern hält auch Zivilisten fern. Die Scharfschützen beziehen Stellung, beobachten aus ihren Verstecken und klären ständig auf. Sie versuchen, möglichst viel über Stärke, Aktivitäten und Bewaffnung des Gegners sowie über die Verfassung der Geiseln zu erfahren. Die Beobachtungen leiten sie an das Kommandozentrum weiter, das über Funk führt und koordiniert.

Zur lückenlosen Kontrolle und Zielansprache wird das Objekt in Sektoren aufgeteilt, für die jeweils ein Team zuständig ist. Sind die Vorbereitungen beendet, nehmen die »assaulters« Angriffsposition ein. Der Sturm erfolgt möglichst nachts oder bei schlechter Sicht. Zuvor wird versucht, den Gegner abzulenken, zu überraschen und zu verwirren. Neben den flash-bang-Granaten finden auch Leuchtspur-Geschosse, Nebelkerzen und Tränengas Verwendung, Hubschrauber im Tiefstflug machen die Terroristen »nervös«. Der Zugriff erfolgt unter Nutzung der »Schrecksekunde« überraschend und aus verschiedenen Richtungen. Schlecht ist es, über einen Haupteingang einzudringen, da dieser oft vermint oder schwer gesichert ist. Besser ist es, durch Hintereingänge, eingestürzte Gebäudeteile oder Breschen an der Rückseite des Gebäudes ins Innere zu gelangen. Nach Möglichkeit greift ein weiteres Team über das Dach an und geht von oben nach unten vor. Fehlen Hubschrauber, klettern die Männer mit Steck-Strickleitern oder Seilen mit Mauerhaken in die höheren Stockwerke. Beim gewaltsamen Eindringen helfen Vorschlaghammer, Kettensäge, Rammbock oder Sprengladungen.

Im Gebäude lauern höchste Gefahren. Nach der Zugangsprengung oder der Zündung einer Blendgranate stürmt der erste Mann in das Innere, der Rest folgt unmittelbar und sichert in alle Richtungen. Sind in der Diele oder im Treppenhaus Schützen versteckt,

Sind die Geiseln befreit, werden die restlichen Räume freigekämpft, Kellerzugänge, Fenster, Nebentüren und Treppenaufgänge gesichert.

Die Ausbildung verläuft sehr realistisch und wirklichkeitsnah. Bei einer Übung haben Spezialkräfte einen »Gefangenen« überwältigt und transportieren ihn ab.

können sie die Angreifer leicht ausschalten. Deshalb verteilen sie sich und nehmen Deckung. Auch mit Sprengfallen ist immer zu rechnen. Kontrolliert ein über das Dach angreifendes Team die oberen Etagen, ist eine Absprache nötig, da die Gefahr besteht, dass sich die Soldaten gegenseitig töten. Eine sichere Möglichkeit, von Raum zu Raum zu gelangen, ohne tückische Treppenhäuser, Gänge und Dielen zu betreten, sind in Wände oder Türen gesprengte kleine Durchlässe. Für diese »mouseholes« (Mauselöcher) genügen schwache Ladungen.

Unterstützung leisten die Scharfschützen, kurz vor dem Zugriff feuern sie auf Personenziele, die an Fenstern und anderen Öffnungen auftauchen. Erfordert es die Lage, bekämpfen sie kurz vor dem Sturm erkannte Ziele und geben so das Angriffssignal. Die Sniper teilen das Gebäude in Sektoren ein, die sie kennzeichnen. Aus Distanz verfolgen sie den Ablauf und geben den Sturm-Trupps Feuerschutz.

Linear Assaults – Verkehrsmittel

Schwierig und gefährlich ist es, Omnibusse, Straßenbahnen, Züge aller Art, Autos und U-Bahnen zu stürmen. Wegen der vielen Fenster ist die verdeckte Annäherung sehr schwer. Die meisten Transportmittel besitzen zwei Eingänge, die Insassen sitzen relativ eng, sind von Geiselnehmern gut zu überwachen. Wie bei Gebäuden bleibt nur die Möglichkeit, gleichzeitig und überraschend durch alle Öffnungen einzudringen, die Geiselnehmer zu überwältigen und die Geiseln möglichst schnell zu evakuieren. Eine weitere Taktik sieht vor, Spezialkräfte entlang einer Seite des Fahrzeuges zu konzentrieren, die andere aber frei lassen. Während die Aufmerksamkeit der Geiselnehmer abgelenkt wird, erfolgt der Angriff an der unbesetzten Seite. Die Einsatzkräfte klettern wie bei Gebäuden durch Fenster in das Innere und überwältigen die Entführer.

Sturm auf einen von Geiselgangstern gekaperten »school bus«. Da Leitern fehlen, stellen sich die Operators auf ihre »Mitstreiter« und gehen in Fensterhöhe in Position.

Nichts für schwache Nerven: Ein Team in voller Ausrüstung konzentriert sich auf den in Kürze bevorstehenden Zugriff. Dann hängt alles von Schnelligkeit und Treffsicherheit ab.

Wohl am schwierigsten ist es, ein gekapertes Flugzeug zu stürmen und die Geiseln unversehrt zu retten. Heute sind Flugzeug-Entführungen stark zurückgegangen, auch wegen schärferer Sicherheits-Vorkehrungen. Das Cockpit ist von den Kabinen getrennt, strenge Schutzvorschriften gelten, und Sicherheits-Beamte fliegen mit. Die Risiken einer Flugzeug-Erstürmung liegen außerordentlich hoch, sowohl für die Einsatzkräfte als auch für die »Hijacker« als auch für die Geiseln.

Kapern Geiselnehmer ein Flugzeug, müssen sie früher oder später zwischenlanden und auftanken. Oft stellen sie nach der Landung Forderungen und drohen, Geiseln zu ermorden. Es folgen Verhandlungen, um die Hijacker zu beruhigen und möglichst lange hinzuhalten. Diese Zeit brauchen Anti-Terror-Einheiten für Anmarsch und Vorbereitungen. Oft sind die Maschinen abseits der Flughafengebäude und parkender Flugzeuge abgestellt, die Umgebung ist meist deckungslos. Ein Sturm ist nur dann erfolgreich, wenn es gelingt, ungesehen in die Nähe des Fliegers zu gelangen. Vorher gehen Scharfschützen-Teams in gehöriger Entfernung um die Maschine in Stellung, klären auf und beobachten. Die Beobachtungen leiten sie an das Lagezentrum weiter.

Spezialkräfte in Schutz-
bekleidung greifen ein
verdächtiges Fahrzeug
an und ziehen die
Insassen heraus.
Schwarze Uniformen
(links im Bild) eignen
sich besonders für
Einsätze im bebauten
Gebiet. Ein Operator
sichert etwas abgesetzt
mit der Pistole.

Von Spezialkräften befreite Geiseln werden im »Gänsemarsch« zu einem Hubschrauber
geführt und ausgeflogen. Auf diese Art geht keiner der Befreiten »verloren«. Zu ihrer eigenen
Sicherheit werden sie manchmal recht derb behandelt, gelegentlich wird über ihre Köpfe
geschossen, um sie in Deckung zu zwingen.

Wegen der meist erheblichen Distanzen ist es schwer, die Geiselgangster zu bekämpfen. Scheint der Zeitpunkt für den Angriff günstig, geben die Scharfschützen Feuerschutz und töten Terroristen, die ein Ziel bieten. Werden die Befreier während der Annäherung erkannt und zum Rückzug gezwungen, decken die Sniper das Absetzen. Missglückt ein Angriff oder ist das Leben der Geiseln unmittelbar bedroht, greift das Notfall-Team ein. Da es um Leben oder Tod geht, läuft alles sehr, sehr schnell ab, das Team fährt in Fahrzeugen mit Höchstgeschwindigkeit direkt auf die Maschine zu, stürmt den Flieger aus dem Stand, verdecktes Vorgehen entfällt. So besteht die Chance, die Flugpiraten zu überwältigen, bevor sie allzu großen Schaden anrichten.

Die Teams sprechen sich vor dem Zugriff ab, wer für was zuständig ist. Manchmal fordern Geiselnehmer technische Hilfe, Wasser oder Lebensmittel und erlauben Flughafen-Angestellten, sich dem Flugzeug zu nähern. Das ist eine gute Chance für die Deltas, sie ziehen Arbeitsanzüge an, erkunden Maschine und Umgebung. Zeit gewinnen heißt die Parole, langsam lässt die Konzentration der Hijacker nach, sie ermüden, Nervosität tritt ein. Das gefährdet zwar auch die Opfer, ist aber der beste Zeitpunkt für den Angriff! Möglichst im Dunkeln, bei schlechter Sicht und Witterung, oder am frühen Morgen treten die Sturmtrupps an. Ablenkungsmanöver helfen, als die GSG 9 in Mogadischu die »Landshut« stürmte, zündeten SAS-Kräfte vor den Cockpitfenstern zwei Blend-Granaten. Das helle Licht zog kurz die Aufmerksamkeit von »Mahmud«, dem Chef der Entführer, auf sich und verwirrte ihn. Ähnliche Wirkung haben Explosionen und Feuer, auch der Lärm von Fliegern im Tiefstflug lenkt ab.

Die Annäherung, die sich lange hinziehen kann, muss äußerst behutsam und konzentriert erfolgen. Günstig ist es, sich von hinten dem Heck der Maschine zu nähern, tote Winkel und begrenzte Sichtmöglichkeiten helfen dabei, Schattenwürfe sind zu vermeiden. Haben die Sturmtrupps das Flugzeug erreicht, gehen sie in Höhe der Tragflächen, Türen oder an anderen Stellen der Maschine in Stellung und konzentrieren sich auf den Zugriff. Es ist wichtig, in kürzester Zeit – etwa 30 Sekunden sind gut – gleichzeitig und an mehreren Stellen in das Flugzeug einzudringen. Mit Leitern klettern die Männer nach oben oder gehen über die Tragflächen vor. Das schnelle Öffnen von Flugzeugtüren ist eine Kunst, die Soldaten lernen im Unterricht, wie man die gängigen Modelle öffnet und schließt, wie sich die Bodenfreiheit auswirkt. Beim Sturm der »Landshut« gelang es zwei von der Steuerbordseite angreifenden GSG-Beamten nicht, die Türe zu öffnen. Geht es nicht anders, erzwingt ein Sprengsatz den Zugang. Dabei ist gehöriges Fingerspitzengefühl nötig, sensible Bereiche der Maschine müssen geschont werden. Zu viel oder falscher Sprengstoff kann bewirken, dass Geiseln Schaden erleiden, das Flugzeug brennt oder »hochgeht«. Solche Pannen gab es schon mehrfach.

Ist der Zugang offen, diktieren die jeweilige Situation und das Verhalten der Geiselnehmer den Verlauf. Nicht immer eignen sich »flash bangs« oder andere »Schockmittel«. Schussbereit und in festgelegter Reihenfolge dringen die Elite-Soldaten über möglichst viele Eingänge in die Maschine ein. Im Flugzeug selbst wird ähnlich wie in Gebäuden vorgegangen, auch hier geht es darum, die Geiselnehmer möglichst zu überraschen und auszuschalten, bevor sie reagieren oder Passagiere töten können. Es treten Lagen auf, in denen die Bereiche und Räume des Flugzeuges Schritt für Schritt vom Cockpit bis zum Heck freizukämpfen sind. Die befreiten Passagiere werden in Sicherheit gebracht, manchmal über Notrutschen evakuiert. Sind die Hijacker getötet oder überwältigt, beginnt die Suche nach Bomben, da entführte Flugzeuge oft zur Sprengung vorbereitet sind.

Um komplizierte Lagen bewältigen zu können, reichen militärische Kenntnisse allein nicht aus. Die Deltas erfahren deshalb vieles über die Abläufe auf einem Flughafen, lernen die Arbeit des Bodenpersonals kennen, wissen, wie man alle gängigen Flugzeuge wartet und pflegt. Sie arbeiten mit Flughäfen und Fluggesellschaften zusammen, lernen die Fachsprache, kennen die besonders sensiblen Bereiche (Sauerstoff- und Betriebsstoff-Leitungen), aber auch die Bedeutung von Warnlampen, interpretieren technische Begriffe wie Schubkraft und Bodenfreiheit korrekt. Sie fahren Versorgungs-Fahrzeuge und bedienen technische Geräte, wie sie auf Flughäfen zu finden sind.

Breaching – Sprengen

Kenntnisse über die geheimnisvolle handwerkliche Kunst des »Schlagens von Breschen« gehören zum Standard bei Sondereinheiten. Sowohl die Anwendung brachialer Gewalt, wie sie bei Verwendung von Sprengstoffen und/oder mechanischen Geräten ausgeübt wird, als auch »lautlose« Techniken wie der Einsatz von Geräten, die das Öffnen von Schlössern ermöglichen, sind damit gemeint. Um gewaltsam in Objekte und Verkehrsmittel einzudringen, gibt es Hilfsmittel und Techniken. Wer Geiseln befreien will, darf sie nicht vor lauter Eifer mit falsch bemessenen Ladungen in die Luft sprengen. Daher nimmt diese Ausbildung im OTC-Training einen wichtigen Platz ein. Viele haben bereits Kenntnisse über den Umgang mit Spreng- und Zündmitteln aus früheren Verwendungen, nun werden sie Profis! In ihrer bisherigen Ausbildung oder im Einsatz sprengten sie manches Objekt, und um dabei sicherzugehen, »bauten« sie

Gewöhnungs-sprengen. Ein mittlerer Sprengsatz wird zur Explosion gebracht.

eher zu starke als zu schwache Sprengsätze. Nun lernen sie, Wände mit speziellen Ladungen fast messerscharf zu durchtrennen, ohne dabei jemanden zu verletzen, sie lernen, wie man mit wohldosiertem Sprengstoff optimale Ergebnisse erzielt. Experten sehen Explosivstoffe als Präzisionswerkzeug an. Nach Art und Dosierung können sie ein Ziel so »zerlegen«, dass Bauten in nächster Nähe unbeschädigt bleiben.

Delta verwendet viele Sprengstoffe, auch »unkonventionelle« Mischungen und Chemikalien, die hier nicht Thema sind. Häufig finden Trinitrotoluol (TNT), Dynamit und Plastik-Sprengstoff C4 (Composition Compound 4) Verwendung. TNT entwickelt bei der Explosion durch Gase eine Druckwelle, die das Ziel relativ »langsam« zerstört. C4 detoniert schnell und weist eine hohe Sprengkraft auf. Es »brennt« sich durch jegliches Material. Deshalb genügen kleinere Mengen (etwa ein Drittel der an TNT benötigten Menge), um sogar Stahlgerüste zu durchbrennen. Leichter Plastik-Sprengstoff ist sehr sicher im Umgang und kann wegen seiner plastischen Eigenschaften beliebig geformt oder zerschnitten werden. Gut verdämmt, lösen die C4-Blocks von etwa 500 g beachtliche Explosionen aus, die Brückenpfeiler zum Einsturz bringen. Auch Stahlkabel und Gebäude zerstören sie, wenn die Dosis stimmt.

Sprengsätze lassen sich aus Stoffen herstellen, die es überall gibt. Mit Zucker, Mehl, Kunstdünger oder Motoröl können Sprengladungen hergestellt werden, wenn das Wissen über die Mixtur und die Menge der »Zutaten« vorhanden ist. Auch das lernen die Deltas sehr gründlich und behalten es für sich. Sollen nur kleine Öffnungen, Löcher oder »Breschen« entstehen, hilft die Sprengschnur. In der Schnur aus Synthetik ist Sprengstoff enthalten, sie ist leicht zu handhaben, hat ein hohes Abbrenn-Tempo, durchdringt Metall und fällt Bäume (ein Ring je Zentimeter Baumdurchmesser).

Die OTC-Teilnehmer erwerben ferner gründliche Kenntnisse im aktiven und passiven Minenkampf sowie im Umgang mit Sprengfallen und anderen Ladungen. Relativ wenig ist über den Bau von »breaching charges« bekannt. Mit diesen speziellen, äußerst genau bemessenen Ladungen gelingen »chirurgische« Einschnitte. Bei Zugangssprengungen helfen schwache Schneidladungen, um schutzwürdige Personen nicht zu gefährden. Speziell für den urbanen Kampf wurde ein »Demolition Kit for urban combat operations« entwickelt.

Aber nicht nur Sprengsätze helfen, in Räume und Gebäude einzudringen, besser gesagt »einzubrechen«. Nicht selten bedient sich Delta bei der »Konkurrenz«, wenn es um neue Erkenntnisse geht. Um Erfahrungen zu sammeln, besuchten die ersten Deltas Gefängnisse und nahmen Unterricht bei den »Fachleuten«, vor denen nichts sicher ist. Bei »Fassadenkletterern« erlernten sie die Herstellung von und den Umgang mit einfachen, aber wirksamen Hilfsmitteln. Wer die Funktionen von Schlössern kennt, knackt sie ohne Schlüssel. Oft helfen einfache Werkzeuge, Dietrich, Bohrer, Metallteile, Notschlüssel oder Bänder machen fast jeden Weg frei – wenn richtig eingesetzt! Aber auch der Umgang mit schwerem Gerät will gelernt sein: Winden, bewegliche Arbeitsbühnen, Kettensägen, Bolzenscheider und Spezialwerkzeuge können ebenfalls helfen. Außerdem werden die GIs zu perfekten »Autodieben«, das ist zwar ungesetzlich, aber in gewissen Situationen heiligt der Zweck die Mittel. Wie Profis knacken sie Autos und Lenkrad-Schlösser, starten mit »hot wires« Motoren.

Fahrertraining

Ihren Führerschein müssen die Deltas nicht mehr machen, den haben sie schon. Fahrstunden stehen trotzdem auf dem Programm: Der beliebte »Dynamic Driving«-Lehrgang zählt zu den angenehmen Seiten des Dienstes, das spannende »crash and bang«-Training begeistert nicht nur Autofans, sondern kitzelt auch die Nerven der ruhigen Typen. Ausnahmsweise steht beim Fahrertraining nicht wie sonst die Sicherheit an erster Stelle, aggressives Fahren wird ausdrücklich gewünscht, und Autorennen gehören zum »Dienst«. Fahrzeuge finden nicht nur als Transporter, sondern auch als »Waffen« und zur Flucht Verwendung. Richtig eingesetzt sind sie gefährliche Kampfmittel, retten in gefährlichen Lagen Leben. Wer sich sehr schnell möglichst weit vom »Tatort« entfernt, überlebt. Im Kurs lernen die Teilnehmer, ein geeignetes Fahrzeug auszuwählen und zu stehlen. Sie lernen, wie man es aufbricht, kalt startet und für eigene Zwecke umbaut, also »frisiert«. Sie erfahren, wie ein Auto durch ein zweites zu stoppen ist. Auch das richtige Verhalten unter Beschuss wird vermittelt, das Durchbrechen von Sperren und Hindernissen, die Bewältigung einer 180-Grad Wende und Karambolage-

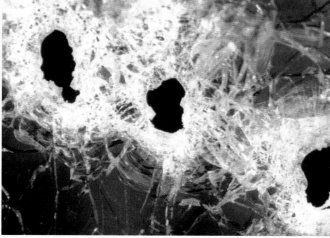

Aus nächster Nähe abgegebene Schüsse auf den Wagen haben das Fensterglas durchlöchert.

Völlig von Kugeln durchlöchert sind Auto und Fahrer. Bei Übungen übernehmen Puppen die Rolle des Gegners. Eine beliebte Taktik der Terroristen ist es, an einem Fahrzeug vorbeizufahren, auf die Insassen zu schießen und zu verschwinden.

Ramm-Techniken. Es reicht nicht, rücksichtslos zu rasen, Fahrverhalten und -gefühl müssen stimmen. Wie greifen die Bremsen bei einer Notbremsung, stimmt die Kurventechnik, wie ist das Gewicht gelagert, klappt das Rückwärtsfahren? Auch »richtiges Auffahren« ohne eigenen Schaden will gelernt sein. Ein quergestelltes Fahrzeug sperrt eine Straße, es dient auch als Deckung in einem Feuergefecht. Die sicherste Position für den Schützen ist der Bereich des Motorblocks, der vor Beschuss schützt. Für das Fahrer-Training, das eine Hochgeschwindigkeits-Ausbildung einschließt, dienen großzügige Anlagen und Übungsstrecken. Auch zivile und Einrichtungen anderer Sicherheitsdienste dienen dem Training.

Roping – Seilarbeit

Seile, Stricke und Taue gehören als unentbehrliche Hilfen in vielen Einsatzlagen zur Ausstattung jedes Special Operators. Schon 1960 trugen die Hammelburger Bundeswehr-Einzelkämpfer immer ein Stück Seil mit Karabiner bei sich. Elite-Soldaten verwenden Taue, Spezial- und Kletterseile zu vielerlei Zwecken. Sie werden zum Erklettern von Gebäude-Fassaden und Felswänden benötigt, aber auch zur Überwindung von Gewässern, Schluchten oder Felswänden. In Vietnam entwickelte Luftlande-Techniken ermöglichen das Abseilen aus Hubschraubern. Später wurde das selbstkontrollierte und gefährliche Abseilen mit Gurtgeschirr, Karabiner und Seilbremsen durch das heutige »Fast-Roping« weitgehend ersetzt. Die vom SAS übernommene Technik ist einfach, aber nicht ungefährlich. Aus dem Hubschrauber wird ein dickes Tau abgelassen. An ihm gleiten die Soldaten aus zehn Metern Höhe in sieben Sekunden

Das Hochklettern an frei herabhängenden Tauen ist körperlich sehr anstrengend und nicht ungefährlich. Nicht nur die Hände, sondern auch die Füße werden dabei beansprucht. Wer nicht aufpasst oder keine Handschuhe trägt, fällt unkontrolliert oder verletzt sich schmerzhaft.

Mehrere Spezialkräfte nutzen die Technik des schnellen Abgleitens (Fast Roping) von einem MH-60-Helikopter auf das Dach eines Gebäudes. Dabei zählt jede Sekunde!

Das Abseilen aus dem vierten Stock erfordert Mut und Können.

seinen Händen. Dächer sind oft Todesfallen, Seile verhindern Abstürze. Es ist klug, paarweise untergehakt vorzugehen, da das Gleichgewicht besser kontrolliert wird. Wird ein Trupp vom Hubschrauber aus auf einem Dach abgesetzt, suchen die Elite-Soldaten sofort einen festen Halt und umklammern sich gegenseitig, da die Gefahr besteht, »hinweggefegt« zu werden.

Personen- und Objektschutz

Ein Kernauftrag ist Retten, Befreien und Schutz. Die Sicherheit der Geiseln bei und nach einem Zugriff hat oberste Priorität, Gefangene werden befreit, gefährdete Menschen evakuiert. Im Anti-Terror-Krieg schützen Delta-Kräfte eigene Soldaten aus der Distanz, ebenso Objekte. Häufig sind sie als Personenschützer tätig, bewachen strategisch bedeutende Anlagen und Einrichtungen. Die Mächtigen umgaben sich schon immer mit Kriegern ihres Vertrauens, um vor Mordanschlägen geschützt zu sein. Als Delta nach dem Iran-Debakel 1980 in Ungnade fiel und die Politiker aus Angst vor Pannen keine Einsätze genehmigten, standen die Leibwächter-Jobs an erster Stelle. Damals gab es viele gefährdete Botschaften, deren Sicherheitsdienste große Probleme hatten. Die erste Lektion in der Kunst des Personenschutzes gab es vom US Secret Service, der rund um die Uhr jeden Schritt des US-Präsidenten überwacht. Fachleute vom FBI und von der CIA gaben ihr Wissen an die Deltas weiter.

Der Ausbildungsstand der OTC-Teilnehmer ist zu Beginn des Spezial-Trainings bereits weit fortgeschritten. Die Kenntnisse in waffenlosem Nahkampf, Beurteilung von Gefährdungslagen, erster Hilfe und Fahrtechnik

nach unten ab, gebremst durch die Körperreibung. Unbedingt erforderlich sind robuste Handschuhe, da sonst die Hände zerschunden und nicht mehr »gebrauchsfähig« sind. Wegen fehlender Sicherungen besteht ein Unfall-Risiko.

Spezialkräfte lernen, Gebäude heimlich über Dächer und durch Fenster zu betreten. Eine Kletteranlage in Fort Bragg hilft, diese Techniken zu verbessern. Es braucht Mut, mit und ohne Leitern Wände hochzuklettern, im dritten Stock kriechend zur richtigen Stelle zu gelangen und ein Fenster von außen mit einfachen Hilfsmitteln zu öffnen, ohne das Glas zu zerbrechen. Noch schwieriger ist es, von Fenster zu Fenster oder auf das Dach zu gelangen, dabei ziehen sich die Männer gegenseitig hoch, steigen auf die Schulter des Partners und suchen Halt in

Personenschützer des US Secret Service (Präsidenten-Schutz) begleiten und sichern den Dienstwagen des Präsidenten, hier vermutlich Ronald Reagan.

werden erweitert. Gerade der Schutz von Personen benötigt viel Fingerspitzengefühl und »Psychologie«. Die Schutzmaßnahmen müssen so scharf sein, dass Attentäter keine Erfolgschancen sehen und es lieber gleich sein lassen. Wenn Fanatiker und Verrückte zuschlagen, schützt der Bodyguard mit dem eigenen Körper. Personenschützer stehen unter Strom, ihre Wachsamkeit darf keine Sekunde nachlassen, auch Details entgehen den scharfen Augen nicht. Oft sind sie im Vorfeld tätig, suchen mögliche Täter, halten sie ab oder schüchtern sie ein. Ihr Motto: »Wer einer gefährlichen Situation aus dem Weg gehen kann, soll es immer tun, einen besseren Schutz gibt es nicht.« Meist begleiten mehrere Leibwächter ihre »Herrschaft« auf Schritt und Tritt oder halten sich in nächster Nähe auf. Bodyguards beobachten aufmerksam das Umfeld, nehmen Veränderungen wahr, ziehen daraus Schlüsse und reagieren professionell. Bewaffnet sind die Männer mit Pistolen, selten mit MPs. Wichtig ist der korrekte Umgang mit

Prominenten, die nicht selten ihre »Macken« haben. Oft ignorieren sie Warnungen und Regeln, sehen den Schutz als überflüssig an und begeben sich in Gefahr. Der gestresste Bodyguard darf nie die Nerven verlieren, hat höflich und korrekt zu sein, muss alles sehen, sich durchsetzen und richtig reagieren. Im Dienst herrscht oft Langeweile, aber auch dann fehlt die Zeit zum Ausruhen, höchste Konzentration ist Pflicht. Attentate erfolgen nicht immer aus einer Menschenmenge heraus oder aus der näheren Umgebung, oft sind spezielle Abwehr-Taktiken nötig. Die Gefahr beim Aus- und Einstieg aus beziehungsweise in Fahrzeuge ist besonders hoch. Meist sitzen die Bodyguards in einem Begleitfahrzeug und verlassen vor den »VIPs« den Wagen, sichern sie rechts und links. Dann steigt der vorne mitfahrende Leibwächter aus dem Auto, nach ihm die Schutzperson. Bei einem Angriff wird der/die Prominente in den Wagen verfrachtet, die Gefahrenstelle so schnell wie möglich verlassen.

Geheime Aufklärung

Viele Einheiten der Special Operations Forces arbeiten mehr oder weniger eng mit Geheim- und Nachrichtendiensten zusammen. Anders als beim »Kommando Spezialkräfte« (KSK), das nicht »nachrichtendienstlich« operiert und sich streng am internationalen Recht orientiert, übernehmen die US-Sondereinheiten vermehrt Aufgaben, die weit über die Gefechts-Aufklärung und die »Gewinnung von Schlüssel-Informationen« hinausgehen. Schon in Vietnam arbeiteten Special Forces eng mit der CIA zusammen, jedes A-Team verfügt über einen »Intelligence-Sergeanten«, der in eigener Regie örtliche Spione anwirbt, bezahlt und führt.

Die Nähe zum Geheimdienst bringt den Spezialeinheiten mehr Probleme als Vorteile. Mehrfach wurden sie von der CIA für üble Dinge benutzt, ohne gleichberechtigt zu sein. Lebenswichtig sind für verdeckt operierende Deltas verschiedene konspirative Techniken. Nach den Anschlägen 2001 gerieten CIA und FBI unter massiven Druck, da sie sich als unfähig erwiesen hatten, die Bedrohung zu erkennen und abzuwenden. Ursache dafür war neben einer aufgeblähten Bürokratie, Konkurrenzdenken und Arroganz vor allem eine krasse Fehleinschätzung der Nachrichtendienste: Sie hatten den Einsatz menschlicher Spione zugunsten einer nicht mehr beherrschbaren Technik grob vernachlässigt, und das ging nicht gut. Seit Beginn des globalen Krieges gegen den Terror versuchte vor allem Minister Rumsfeld, die Dienste zu entmachten und die paramilitärischen Einsätze der Army zu übertragen. Heute operieren Spezial-Teams in vielen Regionen und gehen präventiv gegen Terroristen vor. Die Ausbildung wurde erweitert, Special Operators sollen als »Scouts«

Geheimdienstähnliche Arbeit erfordert viel Konzentration, Geduld und eine gute Beobachtungsgabe.

Hier sitzt ein Operator in einem Zivil-Pkw und beobachtet.

Augen und Ohren offen halten. An den US-Botschaften sind kleine Teams tätig, koordinieren und unterstützen die Aufklärung im Anti-Terror-Krieg. Delta ist kein Sammelbecken für Agenten oder Spione, aber die geheimen, verdeckten Aktionen erfordern Grundkenntnisse dieser Kunst, die von den Kollegen der »Agency« ausgeübt wird. Ausnahmsweise übernehmen Deltas Aufgaben, die Sache von Agenten sind, mitbedingt durch fast deckungsgleiche Aufträge, gewollte oder ungewollte Überschneidungen. Aber trotz einiger Gemeinsamkeiten ist das 1st SFOD-D (A) alles andere als ein professioneller Geheimdienst, auch wenn manchmal konspirativ gearbeitet wird. Zur Erfüllung von Aufträgen im Ausland dringen die Spezialkräfte dort heimlich und unbemerkt ein. Bereits vor der Verlegung infiltrieren Einzelpersonen oder kleine Trupps im Operationsgebiet, klären auf, erkunden und beschaffen Informationen. Diese Aufgaben nehmen auch andere Geheim-Formationen der US-Streitkräfte wahr. Auf viele Menschen üben Agenten-Einsätze eine gewisse Faszination aus, James Bond lässt grüßen. Aber Spionage ist ein harter, gefährlicher, undankbarer und oft auch langweiliger Job, um den niemand zu beneiden ist. Lebenswichtig ist es für Agenten, sich in feindlicher Umgebung unauffällig zu verhalten. Es ist anzunehmen, dass im OTC-Kurs praktisches Wissen vermittelt wird, das hilft, komplizierte, gefährliche Aufgaben zu bewältigen.

Operators im verdeckten Einsatz unterscheiden sich nicht von der Bevölkerung, sie sind vorsichtig, aber nicht ängstlich, reagieren blitzschnell. Um den Anforderungen gewachsen zu sein, ist Fachwissen nötig. Operators haben es gelernt, eine Zielperson unauffällig und lange zu verfolgen. Umgekehrt werden Verfolger abgeschüttelt, falsche Fährten gelegt. Sie sind immer auf der Hut und prägen sich vorsorglich Fluchtwege ein, da mit Verrat jederzeit zu rechnen ist. Spezielle Techniken helfen, unbemerkt Nachrichten zu hinterlassen oder Hinweise zu geben, oft genügen einige Farbstriche oder harmlose Markierungen an zentralen Einrichtungen, ähnlich den »Gaunerzinken«.

Sichere Verstecke sind lebenswichtig, Aufenthaltsorte möglichst oft zu wechseln. »Safe houses« (als Versteck geeignete »sichere Häuser«) und Kontakt-Personen helfen weiter. Phantasie, Gespür und der Blick für das Wesentliche machen es leichter, Informationen zu erlangen und sie zu bewerten. Das Training macht aus den Deltas zwar keine »Super-Agenten«, aber sie erlernen Kniffe und Tricks, die dazu beitragen, außergewöhnliche, konspirative Aufgaben im Ausland erfüllen zu können. Das Training verläuft realistisch, vor allem die Übungen in ziviler Umgebung sind nicht ohne. So wurden Teilnehmer in Zivilkleidung ohne Papiere »ausgesetzt« und angewiesen, sich in vorgegebener Zeit in einer hunderte Kilometer entfernten Stadt bei einem »Kontakt« zu melden. Als »Wegzehrung« erhielten sie ein paar Dollar, einen minimalen Betrag, mit dem wenig anzufangen war. Wen bei einer solchen Übung die Polizei aufgreift, wer beim Schwarzfahren Pech hat und erwischt wird oder wer sein Ziel nicht findet, hat verloren.

Infiltration

Die Deltas erreichen ihre Einsatzorte im Ausland mit verschiedenen Verkehrsmitteln. Meist erfolgen die Verlegungen in Maschinen der US Air Force, auch Flüge ziviler Luftlinien werden gebucht. Ist die Einsatzregion erreicht, bestimmen taktisch-operative Lage und Auftrag den Weitertransport. Meist übernehmen dies Hubschrauber oder kleinere Transporter. Neben den heute oft urbanen Einsatzorten, die einfach erreichbar sind, operieren die Spezialkräfte auch im schwierigen Gelände abgelegener Regionen. Nach dem SAS-Konzept spezialisieren sich Teams auf bestimmte »Verbringungsarten«. Sie nutzen Fahrzeuge, die bewaffnet

Hubschrauber sind die unentbehrlichen »Arbeitspferde« der Special Operators. Zwei MH-53H PAVE LOW nehmen über Strickleitern Operators an Bord.

HAHO-Sprünge (High Altitude – High Opening) ermöglichen Präzisions-Landungen weit hinter den feindlichen Linien.

Der Schirm hat sich nach dem freien Fall rechtzeitig geöffnet. HALO-Springer (High Altitude – Low Opening) kurz vor der Landung nach Sprung aus großer Höhe.

»Special Purpose Insertion/Extraction System (SPIES)«, kombiniert mit dem »Fast Rope Insertion/Extraction System (FRIES)« ermöglicht sowohl ein schnelles Abgleiten als auch die Aufnahme eines Teams an Orten, an denen Hubschrauber nicht landen können. Hierzu ist spezielles Absetz/Aufnahme-Gurtzeug notwendig.

Special Operators in Winterkampf-Bekleidung während einer Übung.

und gepanzert sind und schwieriges Gelände bewältigen. In besonderen Lagen werden öffentliche Verkehrsmittel genutzt, in Ausnahmefällen Reit- und Tragtiere. Die Angehörigen mobiler Trupps lernen auch, in Wüstengebieten durchzukommen und dort zu überleben. Große und kleine Helikopter dienen als schnelle Transportmittel und unterstützen die Truppe. Überraschende Aktionen erfordern viel Vorsicht. Eine beliebte Infiltrations-Technik ist der HAHO-Sprung (High Altitude – High Opening) aus 9000 Metern Höhe. Die Sauerstoffmasken tragenden Springer verlassen 50 km vom Ziel das Flugzeug. Mit lenkbaren MC-4-Schirmen erreichen sie im Gleitflug lautlos ihr Ziel und landen punktgenau am gewünschten Ort, in der Nacht sind sie kaum wahrzunehmen. HALO-Sprünge (High Altitude – Low Opening) sind Freifallsprünge aus großer Höhe, bei denen die Reißleine meist erst wenige hundert Meter über Grund geöffnet wird. Es ist für den Gegner schwierig, diese Sprünge zu erkennen, da sich der Schirm erst kurz vor der Landung öffnet. Die noch nicht als Freifaller qualifizierten Teilnehmer haben im OTC-Kurs die Möglichkeit, dies nachzuholen. Für einen maritimen Einsatz stehen personelle und materielle Kapazitäten zur Verfügung, obwohl das die Kampfschwimmer vom SEAL Team 6 bestens beherrschen. »Rigid Raider«-Sturmboote, Zodiac-Schlauchboote, Kajaks und weiteres Gerät stehen hierfür bereit. Auch erfahrene Bergsteiger und Schifahrer unterstützen die Kameraden, einige haben ein Arktistraining absolviert, andere sind in der Wüste und im Dschungel daheim.

Im SERE-Lehrgang werden viele Überlebens-Techniken vermittelt. Lebensrettend kann der Bau von behelfsmäßigen Waffen und Werkzeugen sein. Sie lassen sich mit etwas Geschick aus einfachen Materialien herstellen, die überall zu finden sind.

»Ab ins schwarze Loch!« Ein nicht sehr »kooperativer« Lehrgangs-Teilnehmer wird von einem Ausbilder in die »isolation box« verfrachtet. Wie lange er in diesem engen Bretter-Verschlag ausharren muss, der kein Stehen, Sitzen oder Liegen ermöglicht, ist nicht bekannt.

SERE-Lehrgang

Die Teilnahme am »Survival, Evasion, Resistance, Escape«-Lehrgang, (Überleben, Ausweichen, Widerstand, Flucht) ist für Special Operators und Soldaten in risikoreichen Verwendungen Pflicht – Terroristen zahlen sechsstellige Kopfprämien für gefangene Amerikaner! Deltas besuchen die Lehrgänge in Camp Mackall, einer Außenstelle von

Fort Bragg. Air Force, Navy und Marines unterhalten eigene Ausbildungsstätten und schulen dort vor allem Piloten und Besatzungen. Es werden mehrere Lehrgänge angeboten, die Special Operators absolvieren als gefährdete Gruppe das dreiwöchige »SERE Level C Training«. Es finden auch Einweisungen zur Abwehr terroristischer Angriffe, Weiterbildungen und Lehrgänge für Ausbilder statt.

Mit verbunde-nen Augen wer-den diese bei-den Soldaten zum »scharfen« Verhör gebracht. Die vorüberge-hende Blindheit erhöht Unsicher-heit und Angst.

Die Spezialkräfte erlernen Survival-Techni-ken, um im Feindgebiet zu überleben und sich aus der Natur zu ernähren. Als Nahrung dienen Kleinwild und Fische, Insekten oder Würmer, aber auch viele Pflanzen stillen den Hunger des Wissenden. Das Training hilft, den natürlichen Ekel zu überwinden. Mit ein-fachsten Mitteln bauen die Soldaten Unter-künfte, stellen Werkzeuge und Waffen her oder legen Schlingen zum Fang kleiner Tie-re. Sie lernen, am Leben zu bleiben, besu-chen Vorführungen, in denen Flucht-Techni-ken und richtiges Verhalten bei einer Verfol-gung demonstriert werden. Zum SERE-Kurs gehören Nahkampf-Lektionen, die es auch verwundeten Soldaten ermöglichen, sich zu verteidigen.

Ernst wird es bei der Abschlussübung, die kriegsnah abläuft. Die Teilnehmer werden ohne Wasser, Verpflegung und Waffen aus-gesetzt und gnadenlos gejagt. Spätestens nach zwei, drei Tagen geht der Letzte ins

Netz und alle sehen sich in einem wasch-echten POW-Camp wieder. Dort verbringen sie die nächsten Tage gefesselt, ohne Stiefel im Freien oder in kalten Betonzellen mit pri-mitiven sanitären Einrichtungen (ohne Toilet-tenpapier). Sehr scharf sind die Verhöre, die Stressverträglichkeit und Widerstandswillen testen. Schlaf- und Nahrungsentzug sind beliebte Methoden der Ausbilder, die »Feinduniformen« tragen, recht fies sein können und rau auftreten. Am Ende wiegen die Teilnehmer deutlich weniger, ohne für ei-ne Abmagerungskur bezahlt zu haben. Vor allem lernen sie, Angst und Panik zu über-winden, Stress zu bewältigen, Verhöre cle-ver zu überstehen.

Wie weit gehen die Trainer, wo liegen die Grenzen zwischen Fiktion und Realität? Offi-ziell wird darauf hingewiesen, dass sie psy-chischen und mentalen Druck nur bis zu vorgegebenen Grenzen ausüben dürfen, Folter ist verboten, aber niemand präzisiert

Mit einem Signalspiegel versucht dieser Teilnehmer am Survival-Lehrgang, ein Flugzeug auf sich aufmerksam zu machen.

die Zahlen, Fakten und Grenzen »wegen der Geheimhaltung«. Es gibt zwar Gerüchte, aber keine Beweise dafür, dass die Kursteilnehmer Folterungen erdulden müssen. Es stellt sich allerdings die Frage, wo nach Meinung der US Army physische und psychische Folter beginnen und wo raue, robuste Vernehmungs-Methoden enden. Es ist nicht auszuschließen, dass solche Gerüchte bewusst in die Welt gesetzt werden, nur um die Unsicherheit der Soldaten zu erhöhen.

An der von Green Berets betriebenen Schule tat ein Ausbilder mit einschlägigen persönlichen Erfahrungen Dienst. Der ehemalige DDR-Bürger hatte das »schwere Verbrechen« der »Republikflucht« begangen, war erwischt worden und hatte anderthalb Jahre hinter Gittern verbracht. Er zog später die US-Uniform an und gab seine Erfahrungen an die Soldaten weiter, die im Notfall davon profitieren können.

Ein Teil der künftigen Deltas hat diese Ausbildung in einer früheren Verwendung absolviert, der Rest nimmt am Training teil. Gerade für Deltas ist der Lehrgang wichtig, da sie Geheimnisträger sind und hohe Einsatz-Risiken eingehen.

Der OTC vermittelt Grundlagen, die weiter ergänzt werden. Nun tritt der Nachwuchs in eine Einsatz-Schwadron ein und setzt den Lernprozess fort. Dort werden die Kenntnisse erweitert und praktische Erfahrungen erworben. Bis zur vollen Einsatzbereitschaft dauert es mehrere Jahre. Eine unangenehme Meldung hat kürzlich die Offiziere im Pentagon erschreckt. Das Personal im 1st SFOD-D (A) verminderte sich angeblich um 23 Prozent, bedingt durch Verluste in Afghanistan und im Irak. Auf die Ausbildungs-Schwadron soll Druck ausgeübt werden, die Anforderungen zu senken, um Personal-Verluste auszugleichen und das Operationstempo zu halten.

UNTERSTÜTZER

Delta-Einsätze sind aufwändig und kompliziert, Deltas benötigen Hilfe und Unterstützung, die von Air Force und Navy kommen. Auch Kampftruppen, Heeresflieger, Nachrichten-Dienste, Flugzeuge, Hubschrauber und Schiffe helfen, ebenso Logistik- und Versorgungstruppen sowie zivile Sicherheitsbehörden.

SEAL Team 6

Die auf dem Marinestützpunkt Little Creek an der Ostküste stationierte Naval Special Warfare Development Group, besser bekannt unter dem alten Namen SEAL Team 6, ist die »Special Mission Unit« der US Navy und Teil des JSOC. Die Einheit ergänzt nicht nur das 1st SFOD-D (A) maritim, sondern ist ihm als »Allzwecktruppe« ebenbürtig. SEALs (Sea, Air, Land Teams) sind die wohl härtesten US-Sonder-Einheiten und verdanken ihren Namen unkonventionellen Einsätzen – im Meer, aus der Luft oder am Boden. Obwohl sie als Kampfschwimmer und Taucher primär Einsätze in Gewässern und deren Umfeld übernehmen, beherrschen sie den Landkampf wie die Freunde von Delta und sind auch Fallschirmspringer. Ihre Ausbildung ähnelt dem Training der Deltas, Kälte, Nässe und Risiken des Wassereinsatzes treten hinzu.

1978 begannen zwei Züge mit 20 Mann vom SEAL Team 2 als »MOB Six« (Mobility Six) mit Rettungs-Einsätzen und Geisel-Befreiungen. Am 1. Januar 1981 wurde die Einheit in SEAL Team 6 umbenannt, offiziell mit der Terrorismusbekämpfung betraut und auf 100 Mann erweitert. Neben den marinespezifischen Aufgaben bilden Kampf gegen Terroristen und Spezial-Aufklärung die Schwerpunkte. Mitte der Achtzigerjahre

SEALs vom Team 6 machen sich zum Abseilen aus dem Helikopter fertig.

Ein mit M4-Karabiner bewaffneter SEAL-Offizier im Afghanistan-Einsatz.

Die Ausbildung der SEALs dürfte die härteste der US-Sondereinheiten sein. Kälte, Nässe und Verletzungen setzen auch gesunden und durchtrainierten Typen erheblich zu. Hier testet der Ausbilder Reaktionsvermögen und Verhalten eines ahnungslosen Schwimmers auf seine Art.

schuf das Team das Projekt »Red Cell«. Die Sondertruppe sollte mit unkonventionellen Mitteln Sicherheitsmängel der US Navy aufdecken. Sie war erfolgreich, wohl zu erfolgreich für einige um ihre Karriere bangende Admirale.

Aber die SEALs verloren die Bodenhaftung und begingen schwere Fehler, deren Folgen sie bald zu spüren bekamen. Wegen Verfehlungen wurde die Truppe zurückgepfiffen. Der Kommandeur, der eine Gefängnisstrafe absitzen musste, verfasste 1992 den Bestseller »Rogue Warrior«, damit geriet das streng geheime SEAL Team 6 in das Blickfeld der Öffentlichkeit. Deswegen wurde die Einheit in »Marine Research Facility« (Marine-Forschungs-Abteilung) umbenannt. Die Tarnung wirkte nicht, und es folgte die Bezeichnung »Naval Special Warfare Development Group«, also Entwicklungsstelle für Spezial-Waffen und Einsätze.

Das SEAL Team 6 war an fast allen Konflikten ab 1983 beteiligt, oft stand es mit Delta im Einsatz. Heute ist die Personal-Mischung gut, in den Task Forces kämpfen Deltas, Rangers und SEALs Schulter an Schulter. Das Team verfügt über etwa 200 »echte« Kämpfer und ist vermutlich in sechs Gruppen unterteilt. Die Teams Blau, Rot und Gold übernehmen Angriffe, Schwarz ist für Aufklärungs- und Überwachungs-Aufgaben zuständig, Team Grau für Transporte und Team Grün kümmert sich um den Nachwuchs. Teile nehmen am »Spectra-Training« teil und erhöhen den Ausbildungsstand, »Standby« bedeutet Alarmbereitschaft, der Rest steht im Ausland im Einsatz. Die 16-köpfigen Züge sind in Viertertrupps gegliedert, die sich oft noch in zwei Zweiertrupps aufsplitten. Ein Teil der »platoons« (Züge) ist für die Geisel-Befreiung, das Entern von Schiffen, Einsätze auf Ölplattformen und den urbanen Kampf spezialisiert. Die SEALs erreichen als Kampfschwimmer ihre Einsatzorte auf dem Wasserweg. Für Transporte stehen Patrouillenboote, U-Boote und Mini-U-Boote (Swimmer Delivery Vehicles) bereit.

Ranger-Regiment

Das 75th Ranger Regiment kämpft als leichte Infanterie und arbeitet heute besonders eng mit Delta zusammen. Die Geschichte der legendären »Jäger« findet ihren Anfang in den Kolonial- und Indianerkriegen des 18. Jahrhunderts. Damals waren sie als listige Scouts, verwegene Scharfschützen und harte Einzelkämpfer gefürchtet. Seit 1951 gibt es zwei Arten von Rangers. Die infanteristische Ranger-Ausbildung (Einzelkämpfer aller Truppen) steht den Kampftruppen offen und dient der unteren Führer-Ausbildung, sie findet bei der Ranger-Ausbildungs-Brigade in Fort Benning, in den Sümpfen Floridas und im Gebirge statt. Nach dem sechswöchigen Kurs tragen die Absolventen am linken Oberarm der Uniform einen schwarzgelben Streifen mit dem Schriftzug »RANGER«; sie kehren wieder in ihre Stammeinheiten zurück. Ganz anders sieht es bei den Profis im 75th Ranger Regiment aus, das primär Spezialeinsätze gegen strategische Ziele durchführt. In diesem Regiment dienen die »echten« Rangers, die fast alle mehrfach in Afghanistan und im Irak gekämpft haben. Das unabhängige Regiment, eher eine Brigade, untersteht dem Special Operations Command als Verband der leichten Infante-

Ranger-Leistungsabzeichen.

Die Rangers unterliegen hohen körperlichen Belastungen und halten sich durch Sport fit. Seit einigen
Jahren dürfen sie Sportkleidung und -schuhe tragen.
Ihre Vorgänger mussten auch den Sport grundsätzlich im kompletten Kampfanzug betreiben.

Abzeichen des 75. Ranger-Regiments.

Gliederung 75th Ranger Regiment

- Stab und Stabskompanie
- 1. Ranger Battalion (Hunter Army Airfield, Georgia)
- 2. Ranger Battalion (Fort Lewis, Washington)
- 3. Ranger Battalion (Fort Benning, Georgia)
- Ranger Special Troops Battalion

Gliederung Ranger Battalion

- Stab und Stabskompanie
- Ranger Rifle A Company (Infanterie-Kompanie)
- Ranger Rifle B Company
- Ranger Rifle C Company
- Ranger Rifle D Company
- Ranger Support Company (Unterstützungs-Kompanie)

rie. Obwohl auch für klassische militärische Operationen geeignet, verstärkt und unterstützt es vornehmlich Delta-Einsätze.

Die zahlenmäßig schwachen Delta-Teams greifen gerne auf diese Verstärkungen zurück. Bei Angriffen auf strategische Ziele, Rettungsaktionen, Durchsuchungen, Erstürmung von Flugplätzen oder zur Deckung von Absetzbewegungen sind sie nicht nur eine willkommene »Hilfstruppe«, sondern eine echte Hilfe. Die manchmal entstehenden Spannungen zwischen den jungen, »zackigen« Rangers (bzw. deren Offizieren) und den eigenwilligen Deltas sind nicht so ernst zu nehmen, wie sie scheinen. Schließlich versuchen viele Rangers freiwillig, zum 1st SFOD-D (A) zu wechseln.

Die drei Infantry-Battalions haben Scharfschützen-, Aufklärungs- und Mörser-Züge, aber keine Panzerabwehr-Kompanie. Jede der vier Kampf-Kompanien verfügt über drei Infanterie-Züge und einen schweren Zug. Das »Special Troops Battalion« und die jeweiligen Unterstützungs-Kompanien stellen die logistische Versorgung für einen angemessenen Zeitraum sicher. Das Ranger-Regiment operiert offensiv, es übernimmt keine Einsätze, die auch von konventionellen Verbänden ausgeführt werden könnten. Ihm untersteht eine eigene Aufklärungs-Kompanie, den Bataillonen jeweils ein Aufklärungs-Zug. Anders als andere Einheiten, die regional orientiert sind, kämpft das Ranger-Regiment weltweit.

160th Special Operations Aviation Regiment (Airborne)

Seit dem Vietnamkrieg gehören Hubschrauber zur US Army wie das Salz zur Suppe. Ohne die »Drehflügler« der Heeresflieger ist kaum eine militärische Operation möglich. Nach dem Debakel im Iran, ausgelöst durch Hubschrauber-Pannen, entstand das 160th Special Operations Aviation Regiment (Airborne) ab 1980 zunächst als Versuchs-Verband für Spezialeinsätze und sollte dazu beitragen, Schwächen zu beseitigen. Das

Regiment betreut alle Sondereinheiten, schwerpunktmäßig die JSOC-Verbände. Es führt Transporte, Aufklärung, Kampfeinsätze, Infiltration, Exfiltration und Anschlussversorgung durch. Dem Regiment unmittelbar unterstellt sind eine Ausbildungs-Kompanie, ein technisches Zentrum für Instandhaltung sowie die Stabs-Kompanie. Die vier Bataillone sind stark gegliedert, sie haben verschiedene Aufgaben. Die direkte Unterstüt-

Gliederung 1st Aviation Battalion

- Stab und Stabskompanie
- Instandsetzungskompanie
- Leichte Sturmkompanie (MH-6J)
- Leichte Angriffskompanie (AH-6J)
- Sturmkompanie (MH-60K, MH-60L)
- Sturmkompanie (MH-60K, MH-60L)

Ein »Little Bird« vom 160. Spezial-Heeres-flieger-Regiment befördert in den Außen-sitzen ein Angriffs-Team. Auf einem Dach sichert ein Scharfschützen-Paar.

»Special tactics« ___

Im 24th Special Tactics Squadron auf der Pope Air Base nahe Fort Bragg sind die Combat Controller (Fliegerleit-Offiziere), Para-Rescuer (Luft-Retter) und Wetterfrösche vereinigt, sie unterstützen die »Special Mission Units«. Die ehemaligen »Pfadfinder« sind voll ausgebildete Special Operators, militärische Fluglotsen, Fallschirm-Rettungs-Sanitäter und Wetter-Experten. Sie begleiten kombinierte Luft-Boden-Einsätze, erkunden und sichern Absprungzonen und Behelfs-Pisten, regeln den Flugverkehr, fordern Feuerunterstützung an, sie retten und helfen Verwundeten, sind meteorologisch und wetterkundlich versiert. Taktisches Grundelement ist das 18-köpfige »Special Tactics Team«, oft in kleine Trupps aufgeteilt.

zung von Delta übernimmt vor allem das 1st Aviation Battalion.

Die drei Einheiten des 2. Bataillons sind schwere Sturmkompanien MH-47E. Das 3. Bataillon hat zwei Sturmkompanien MH-60L und eine schwere Sturmkompanie MH-47G, das 4. Bataillon eine schwere Sturm-kompanie (MH-47G). Die Heimatstandorte befinden sich in Fort Campbell, Kentucky, Hunter Army Airfiled, Georgia, und in Fort Lewis, Washington. Nur erfahrene Piloten und Besatzungen, deren Fachausbildung bis zu fünf Jahre dauert, sind »full mission qualified«. Auch das Boden-Personal absol-viert ein spezielles Training, fast alle springen Fallschirm und sind im Nahkampf geschult. Die Einsätze erfolgen meist nachts oder un-ter schlechten Witterungsbedingungen, Langstrecken-Flüge sind häufig. Die Besat-zungen greifen auf modernes Fluggerät, Be-waffnung und Navigationsgerät zurück.

Para-Rescuer/medics (Fallschirm-Rettungs-sanitäter) eines Special Tactics Teams haben einen Schwerverletzten stabilisiert und bereiten ihn für eine Hubschrauber-Evakuierung vor.

Air Force Special Operations

Das Air Force Special Operations Command (AFSOC) unterstützt als unkonventionelle Luftkomponente mit globalem Aktionsradius die Delta-Einsätze. Hierfür stehen mehrere Geschwader bereit, ausgestattet mit zugerüsteten, mit modernster Flugtechnik und Abwehrtechniken versehenen Starrflüglern und hochmodernen Hubschraubern. Hauptaufgaben:

- Transporte: Einfliegen, Ausfliegen, Absetzen, Versorgen
- Kampfeinsätze: Kampfunterstützung, Präzisionsschläge
- Hilfseinsätze: Suchen, Retten, Bergen, Evakuieren

Die Langstrecken-Transporter MC-130E Combat Talon I und MC-130 Combat Talon II bringen die Teams heimlich an jeden Punkt der Erde. Zur Sicherheit bevorzugen sie die Nacht und den Tiefflug, sie setzen Operators ab oder landen sie an, holen sie zurück und übernehmen die Versorgung. Um feindlicher Aufklärung zu entgehen, wechseln sie die Flughöhen und legen weite Strecken im Tiefstflug, oft in Baumwipfelhöhe, zurück. Hierfür sind die Maschinen mit modernster Navigations-Technik und Elektronik versehen, in der Luft aufgetankt, ist ihr Aktionsradius unbegrenzt.

Das gefürchtete, kampfwertgesteigerte AC-130U Spectre »Gunship« leistet Luftnahunterstützung. Die Maschine greift in niedriger Höhe aus einer Kurve heraus mit mehreren Waffen-Systemen direkt in das Gefecht am Boden ein. Vorne in der Maschine, die meist nachts operiert, befindet sich eine 25-mm-Revolverkanone GAU-12/U, im hinteren Teil eine Bofors-Schnellfeuerkanone 40 mm sowie eine 105-mm-Haubitze. Vielen Spezial-

kräften rettete »Spooky« in letzter Minute das Leben. Modernste Avionik und Sensorik tragen dazu bei, den Teams am Boden zu helfen.

Der schwere, teilgepanzerte Hubschrauber Pave Low III E ermöglicht den Nacht- und Schlechtwetterflug unter schwierigsten Bedingungen. Mit Defensivelektronik und Infrarot-Täuschkörpern geschützt, taugt er für den Tiefstflug und besitzt effektive Navigationshilfen. Der robuste Helikopter wird hauptsächlich zur Infiltration, Exfiltration und zur Versorgung auf mittlere und große Entfernungen eingesetzt, er ist zum Selbstschutz bewaffnet, aber kein klassischer Kampfhubschrauber.

Neben Schnellfeuerkanonen (im Bild) verleiht die 105-mm-Haubitze dem AC-130-»Kanonen-Boot« eine enorme Feuerkraft.

Die CV-22 Osprey ist die neueste Errungenschaft, dieser »Kippflügler«, halb Flugzeug, halb Hubschrauber, verbindet die Eigenschaften und Vorteile eines Flugzeuges mit denen eines Hubschraubers. Wegen zahlreicher Pannen verzögerte sich die Einführung zunächst, nun soll sie aber doch die Nachfolge der »in die Jahre« gekommenen Hubschrauber-Flotte sowie einiger MC-130-Maschinen antreten.

Nach langem Zögern führen nun auch die US-Spezialkräfte das Kipprotor-Transportflugzeug ein. Es verbindet die Vorzüge von Tragfläche und Rotor. In den nächsten Jahren soll es veraltete schwere Hubschrauber ersetzen.

»Intelligence Support Activity« (ISA)

Bei der Zusammenarbeit der Spezialkräfte mit der CIA sowie weiterer Nachrichten-Diensten traten häufig Probleme auf. Nach Pannen und Verlusten nahmen die Sondereinheiten dies selber in die Hand und bauten die »Foreign Operating Group« auf, die laufend andere Namen führte und derzeit unter »gray fox« (grauer Fuchs) als interner Geheimdienst firmiert, aber besser als »ISA« bekannt ist. Der Dienst sammelt Feindnachrichten, betätigt sich in der Auslands-Spionage und bereitet militärische Einsätze vor Ort vor. Neben den Agenten und Auswertern gibt es Experten für technische/elektronische Aufklärung und eine supergeheime Formation für Zugriffe und strategische Kommandoeinsätze. Dieser »Geheimdienst im Geheimdienst« stand oft im Kreuzfeuer der Kritik, er wurde wegen gravierender Vorkommnisse entmachtet, aufgelöst und wieder neu aufgebaut. Viele Agenten sind ehemalige Green Berets.

WAFFEN, GERÄT, AUSRÜSTUNG

Weit über 20.000 Versorgungs-Artikel helfen den Spezialkräften, schon aus platztechnischen Gründen ist es unmöglich, näher darauf einzugehen, jeder Bereich für sich böte Stoff für dicke Bücher und unendliche Diskussionen. So vermittelt diese kurze Zusammenfassung nur einen winzigen Einblick in die Welt der Waffen, Ausrüstung und Geräte; Details und Neuentwicklungen fehlen weitgehend.

Delta verwendet hochentwickelte Waffen und ist dabei keinen Sparzwängen unterworfen. Im Gegenteil: Heute stehen unbegrenzte Finanzmittel für die Beschaffung modernster Handwaffen und Kampfmittel zur Verfügung, die lähmende Bürokratie der Logistiksysteme ist beseitigt, technischer Kreativität sind keine Grenzen gesetzt. Eigenentwicklung und Beschaffung stehen hoch im Kurs, auf Kosten der im Militär so beliebten (und gehassten) Einheitlichkeit. Viele Waffen, Ausrüstung und Geräte werden in eigenen Werkstätten nach den Wün-

Dieser Special Operator ist mit einem Colt M4A1-Karabiner (5,56 mm) bewaffnet.

schen des Benutzers umgebaut und angepasst. Ein Delta weiß auch ohne »Dienstaufsicht«, was für den Einsatz taugt und was nicht. Auch Spezialmunition wird hergestellt. Ein Wort zu den »Spezial-Waffen« und anderen »geheimnisvollen« Gegenständen: Es gibt einige, nicht sehr aufregende »Sonderanfertigungen«, die natürlich streng gehütet werden. Wer technisch versiert ist und sich die Mühe macht, intensiv zu suchen, findet in den umfangreichen Beständen ganz legal und schnell auch jede »Geheimwaffe«.

Karabiner M4A1

Teilansicht Karabiner M4A1.

Teilansicht Waffensystem Sturmgewehr HK416.

In den Neunzigern löste bei Delta der mit einschiebbarer Schulterstütze ausgestattete M4 Carbine das Sturmgewehr M16 A2 und die Maschinenpistole MP 5 als persönliche Grund- und Primärwaffe ab. Der leichte Karabiner mit einklappbarer Schulterstütze ist eine handliche Kurzlaufwaffe mit hoher Treffgenauigkeit. Diese Fortentwicklung des M16 A2 eignet sich bestens für eine Anti-Terror-Truppe, sie ist leicht, einfach zu bedienen und verfügt mit einem Kaliber von 5,56 mm über die nötige Durchschlagskraft. Sie schießt voll- und halbautomatisch, hat Visier-Einrichtungen bis 200 Meter sowie 500 bis 600 Meter. Das Gewicht der nur 75,5 cm langen Waffe liegt bei 2,5 kg. Die kurze Schulterwaffe ist Kern des ergänzenden »Modular Weapons Systems (MWS)«. Das modulare Waffensystem besteht aus mehreren Zusatzgeräten und erweitert das Einsatzspektrum wesentlich. So kann der abnehmbare Tragegriff mit mechanischem Visier gegen eine optisch-elektronische, lasergestützte Ziel- und Identifizierungs-Einrichtung ausgetauscht werden. Wärmebild- und Restlicht-Systeme oder die angebaute Granatpistole M 203 40 mm erhöhen die Effizienz dieser persönlichen Waffe vieler Deltas. Kürzlich meldete die »Army Times«, dass bereits seit 2004 das HK416-Waffensystem bei Delta Verwendung findet. Das Sturmgewehr, von dem Delta mehrere hundert Stück erworben hat, soll verlässlicher als die US-Standard-Waffen sein. Beim M-4-Karabiner sollen im Irak und in Afghanistan öfters Ladehemmungen durch Sand und weitere Störungen eingetreten sein. Die deutsche Firma Heckler & Koch hat ein modulares Sturmgewehr entwickelt, es zeichnet sich durch Präzision und Bedienerfreundlichkeit aus und ist unempfindlich gegenüber Verschmutzung. Mit dem HK416 kann auch aus dem Wasser heraus geschossen werden. Viele Zusatzgeräte sind problemlos anzubauen. Kenner behaupten, das Gewehr sei eine ideale Mischung aus dem soliden M4 und dem robusten russischen AK-47. Derzeit plant die US Army nicht, das Gewehr über Delta hinaus einzuführen. Dagegen führt Norwegen das HK416 als Standardwaffe ein.

HK MP5

Seit vierzig Jahren und noch heute ist die MP5 bei vielen Spezialeinheiten eine beliebte Waffe für den Nah- und Häuserkampf, vor dem M4-Karabiner führten sie viele Deltas als Primärwaffe. Die leichte und kompakte MPi vom Kaliber 9 mm ist eine ideale Sturmwaffe und glänzt durch besondere Treffsicherheit. Die gebogenen Magazine fassen 15 oder 30 Patronen, wahlweise feuert sie halb- oder vollautomatisch. Die deutsche Firma Heckler & Koch entwickelte mehr als 120 Varianten, sie genügen allen Anforderungen und sind in vielen Waffenkammern vertreten. Spezialeinheiten verwenden beim Personenschutz, Geheim-Einsätzen und im Häuserkampf gerne die Anfertigung MP5 K (kurz) mit Vordergriff, verkürztem Lauf und geringem Gewicht. Sie kann verdeckt aus einem Aktenkoffer heraus eingesetzt und mit Holstern an der Schulter oder am Oberschenkel getragen werden. Die kurzläufige MP5 SD ist mit einem integrierten Schalldämpfer versehen und so gut für verdeckte Einsätze geeignet, allerdings vermindert sich wegen des Dämpfers die Mündungsenergie stark. Obwohl die bewährte MPi ins »zweite Glied« getreten ist, verwenden Operators sie weiter, vor allem zur Erhöhung der

Special Operator mit MP5 N im Anschlag.

MP5 SD 3,9 mm.

Feuerkraft, und schätzen die robuste Waffe. Speziell für SEALs wurde die MP5 N (Navy) entwickelt, die über beidseitige Feuerwahlhebel, Aimpoint-Visier, Mündungs-Feuerdämpfer und aufschraubbaren Schalldämpfer verfügt.

Weitere Waffen

Die Deltas verwenden bei geheimen Operationen Pistolen, ihre »Zweitwaffe«. Bemerkenswert ist, dass Spezialkräfte traditionell eine Vorliebe für das Kaliber .45 haben. Relativ häufig findet die Universal-Selbstladepistole (USP) im Kaliber .45 der Firma Heckler & Koch Verwendung, eine weiterentwickelte MK23. Diese universale, zwölfschüssige Selbstladepistole beruht erstmals auf einem modularen Konzept. Dies ermöglicht einen individuellen Zuschnitt der Sicherungs- und Abzugseinrichtungen. Auch ältere Modelle wie der achtschüssige Selbstlader M-1911 A1, System Colt, Kaliber .45,

Pistole MK23.

sowie die 16-schüssige halbautomatische Selbstladepistole M-9 Beretta, Kaliber 9 mm, die ein Stangenmagazin und einen Zweiwege-Abzugmechanismus hat, finden noch Verwendung. Häufig ist auch die am 1. Mai 1996 eingeführte »MK23 MOD O SO-COM Pistol«, Kaliber .45, anzutreffen. Sie ist die durch Vergleichs-Erprobungen und 450 Präzisions-Tests am härtesten geprüfte Dienstpistole und entspricht hohen Anforderungen. Salzwasser, Sand, Staub, Hitze und Schlamm behindern die Funktion der mit Schalldämpfer und Laser-Aiming-Modul versehenen Waffe nicht. Sicherungshebel und Magazinhalter sind beidseitig bedienbar, ein Puffersystem reduziert die Rückstoßkräfte. Manche Nutzer finden sie allerdings zu unhandlich.

Seit sich die Einsätze in urbaner Umgebung häufen, werden vermehrt Schrotflinten als äußerst effektiver »Hammer« eingesetzt. Ihre Wirkung ist besonders auf kürzere Entfernung verheerend, deshalb finden sie häufig beim gewaltsamen Eindringen in ein Objekt Verwendung. Die Geschosse der großkalibrigen Waffen können einen Menschen förmlich in Stücke reißen, im Nahkampf gegen Einzelziele und größere Gruppen ist sie gefürchtet. Sie demoliert fast jede Türe und zerstört Schlösser. Delta verwendet verschiedene Modelle, die Benelli M1, M3 und M4 oder die Remington M-870, auch die

Mossberg M 500ATP Cruiser Flinte. Diese Flinten verschießen auch Tränengas, Blend- und Ablenkungsmunition.

Maschinengewehre führen den Feuerkampf auf größere Entfernung gegen stärkere, gut bewaffnete Feindkräfte und befestigte Stellungen. Seit es Gefechte mit Terroristen-Banden gibt, die eine erhebliche Feuerkraft aufbringen und modernst bewaffnet sind, nahm ihre Bedeutung zu. Das MG-60, Kaliber 7,62 mm, wurde durch das MG M 240 ersetzt. Es ist relativ lang und schwer, zwei Mann übernehmen die Bedienung. Das Kaliber 7,62 mm verleiht im Vergleich zu 5,56-mm-Patronen eine höhere Durchschlagskraft und Reichweite. Oft wird es auf Fahrzeuge montiert oder in Stellungen eingesetzt.

Das als »Squad Automatic Weapon« (Gruppen-lMG) in der US Army eingeführte handliche, leichte MG M 249 löste das HK 21E-MG, Kaliber 7,62, ab. Da es die gleiche Munition (5,56 mm) wie die Gewehre M16 A2 und M4 verfeuert, vereinfacht sich die Logistik. Im Kasten-Magazin aus Plastik befinden sich 200 Schuss, aber auch die M4- und M16-Magazine mit 30 Schuss passen. Ein Soldat genügt zur Bedienung, im Liegen verwendet er ein Zweibein, sonst den Schultergurt.

Scharfschützen-Einsätze sind das »Salz in der Suppe«, ohne Sniper läuft bei Delta nichts. Natürlich sind die Anforderungen an Qualität und Präzision der Gewehre ebenso hoch wie die an die Qualifikation der Schützen. Das verbreitete Sniper Weapon System M24, Kaliber 7,62 mm (Scharfschützen-Waffensystem), eine Weiterentwicklung der Repetierbüchse Remington-700, hat das M21 sowie das halbautomatische Gewehr M14 weitgehend abgelöst. Durch den hohen Anteil von Kevlar, Fiberglas und Alumini-

Angehöriger eines »special reaction teams« überwacht mit einer »tactical shotgun« (Schrotflinte).

Ansicht Scharfschützengewehr Barrett Sniper Rifle, Kaliber .50.

um ist es relativ leicht. Zur Zielermittlung auf Distanzen von 500 m und darüber dient ein »Ultra«-Zielfernrohr 10 x 24 Leupold M-3. Das halbautomatische Mark 11 System, Kaliber 7,62, bekämpft Ziele bis 1000 m wirksam und zuverlässig. Auf den ersten Blick ähnelt es stark dem Sturmgewehr M16.

Scharfer Einsatz: 75 mm »recoilless rifle« (rückstoßfrei) in Afghanistan.

Der automatische Granatwerfer MK-19 verfügt über ein Kaliber von 40 mm und kann auch auf Fahrzeuge montiert werden.

Liegt ein Ziel über 1000 m entfernt, übernehmen die schweren Spezialgewehre im Kaliber .50 (12,7 mm). Das halbautomatische Barrett-Weitschuss-Präzisionsgewehr M 82A1 SASR wirkt bis 1500 m, auch gegen Fahrzeuge oder Hubschrauber. Im Magazin stecken zehn Patronen. Eine verbesserte, leichtere Weiterentwicklung ist das Barrett M 107. Jüngst wurde das halbautomatische Scharfschützen-Gewehr M110 SASS (Semi Automatic Sniper System), Kaliber 7,62 mm, eingeführt. Es wiegt 7,9 Kilo und ist 103 cm lang. Die Magazine fassen 10 oder 20 Schuss Munition. Die bereits im Irak und in Afghanistan verwendete Waffe löst das in die Jahre gekommene M24 ab. Die Deltas sind auch an schweren infanteristischen und Panzer-Abwehr-Waffen ausgebildet, beispielsweise an der M136 AT4. Die AT4 hat eine Reichweite von 2100 m und durchdringt 40 cm Stahl. Daneben befinden sich Panzerfäuste M72 LAW in den Arsenalen. Von den schweren Waffen ist der automatische Granatwerfer MK-19, 40 mm, erwähnenswert. Diese »Mischung aus Granatwerfer und Maschinenkanone« zeichnet eine geballte Feuerkraft aus. Die hohe Feuer-Geschwindigkeit der »High-Explosive-Dual-Purpose-Granaten« (hochexplosiv, zweifach verwendbar) beträgt 60 Schuss pro Minute. Ohne Messer geht kein Special Operator in den Einsatz. Allerdings trägt er es nicht zwischen den Zähnen, um den Gegner lautlos zu massakrieren, sondern verwendet es lieber als Allzweck-Werkzeug. Unmöglich können alle Funktionen aufgezählt werden, es dient zum Befreien aus Notlagen (Kappen von Leinen), als Werkzeug zum Schneiden, Graben, Aufbrechen, oder es kappt Fesseln. Vielseitig sind auch die vielen Kampf- und Feldmesser-Typen. Die Spezial-Kommandos bestimmen gewöhnlich selber, welches Modell sie im Einsatz verwenden. Vom M 9 Bayonet bis zu legendären Gerber- und Randall-Klingen reicht das Angebot, oft sind die Messer verändert oder mit einer Sägezahnung versehen. Neben der Splitter-Handgranate M67 gibt es für alle Lagen Rauch-, Spreng-, Markierungs- und Schockgranaten. Als Kampfmittel dienen Landminen, Zünd- und Sprengmittel, um nur einige zu nennen. »Fremdwaffen«, be-

Ein Bola-Messer wird feldmäßig an einem Stein geschärft.

Das schwer bewaffnete »Light Strike Vehicle« eignet sich besonders für Einsätze in Wüstengebieten.

liebt ist die russische AK-47, vervollständigen das Waffenarsenal. Erwähnenswert sind die »nichttödlichen« Waffen, die in Erprobung stehen.

Nicht zu vergessen ist der vielseitige Fuhrpark, der den Spezialkräften die notwendige Mobilität verleiht. Delta führt zwar keine Gefechte mit Panzern und Artillerie, ist aber taktisch beweglich. Mobilität gewährleisten luftverlastbare Fahrzeuge mehrerer Größenordnungen, die leicht, schnell, verlässlich und gut bewaffnet sind. Sie dienen nicht nur als Transportmittel, sondern auch als Waffen-Plattform und bewegliches »Versorgungsdepot« mit Munition, Treibstoff, Wasser und Verpflegung. Gut bewährt hat sich das ATV (All Terrain Vehicle), ein robustes Quad. Umgebaute SOV-Humvee (Special Operations Fahrzeuge), Land Rover »Defender« und das »Light Strike Vehicle« für den Wüsteneinsatz erhöhen die Mobilität. Viele Fahrzeuge sind mit dem schweren Browning M2HB-MG, dem MK-19-Maschinen-Granatwerfer und weiteren Waffensystemen ausgestattet. Auch Zivil- und Mietfahrzeuge finden Verwendung. Universelle

Das auf dem Land Rover Defender basierende »Special Operations Vehicle« (SOV) ist mit einer schweren Kaliber-.50-Maschinenwaffe und der leichten Panzerabwehr-Waffe M136AT-4 ausgestattet.

Werkzeuge, Lampen, Fesseln oder faltbare Sturmleitern sind nur einige Beispiele für die Geräte-Vielfalt. Mit auf Fahrzeugen montierten Leitern kann man in Fenster klettern, ein Flugzeug oder einen Bus stürmen und Wände erklimmen.

Der »Humvee« ist das Arbeitspferd der US Army.

Ausrüstung und Gerät

Operators schleppen im Einsatz 25 kg Ausrüstung mit, oft mehr, und es wird immer mehr! Einerseits erhöhen nützliche Teile die Sicherheit und erleichtern die Arbeit, auf der anderen Seite ist ein überladener Operator zunehmend hilflos. Nicht alles was schön, gut und teuer ist, Hightech-Spielzeug, Digitalkameras und Computer, braucht er. Wichtig sind Nachtsichtgeräte, da Delta nachts und im 24-Stunden-Rhythmus kämpft. Verbreitet ist das kleine und leichte PVS-7, es wird am Helm befestigt. Nachtbrillen verstärken das Restlicht millionenfach und verhelfen zu einem taghellen, grünen Bild der Umgebung. Die neuen Modelle PVS 14 und PVS 21 erhöhen die Tiefenschärfe und haben eine hohe Auflösung. Nur für Experten überschaubar sind die vielen Funkgeräte und Anbauteile. Ohne Funk-Verbindung scheitern Einsätze, die Geräte ermöglichen die sichere Kommunikation auf kurze und weltweite Distanzen. Zur Überbrückung großer Entfernungen dient das SATCOM-PSC-5 (Satelliten-Kommunikation), es wiegt mit Batterien und Zubehör etwa 20 kg und ist damit relativ leicht. Es nutzt die Frequenzbänder UHF/VHF und benötigt für abhörsichere Nachrichten ein Schlüssel-Gerät. Dies braucht das PRC-137F Special Missions Radio (SMRS) nicht, das auch für den Tastfunk tauglich ist und über einen Laptop E-Mails empfängt. Für den taktischen Sektor stellt das PRC-126 auf zehn Kanälen Sprechfunk-Verbindungen bis über zehn Kilometer her. Abhörsicher ist das PRC-119, das selbständig die Betriebsfrequenz wechselt. Mit kaum 1 kg wiegt das handliche Handfunkgerät PRC 148 nicht nur wenig, es hat viele Zusatzfunktionen, auch ein Graphik-Display. Ein Mehrzweck-Antennensatz erhöht die Reichweite der Funkgeräte. Zum Schluss noch ein Teil: Das Digital Message Device Group (DMDG) ist ein Gerät zur Eingabe und Ausgabe von Daten. Wird es mit einem Funkgerät verbunden, übermittelt es den eingegebenen Text in Sekunden (burst transmission), das schützt den Sender vor dem Anpeilen. Das Global Positioning System (GPS) ist ein bedeutender Schritt nach vorne, es hat nicht nur militärisch, sondern auch im zivilen Bereich vieles verändert. Satelliten senden Signale an Empfänger, die Daten zur Ortung der Positionen transformieren. Damit können die Deltas exakt ihre Positionen bestimmen, aber auch zeitliche Abläufe. Das PSN-11 wiegt 1,5 Kilo und ist leicht zu bedienen. Auch an die Luft-Nahunterstützung wird gedacht. Mit dem Ground Laser Target Designator, Laser-Entfernungsmesser und Zielfernrohr, werden Ziele markiert. Ein Laserstrahl fasst das Ziel auf und ermittelt die Entfernung, das GPS stellt die Koordinaten fest. Die Daten gehen an bis zu zehn Kilometer entfernte Luftfahrzeuge, die in Minuten mit lasergesteuerten Lenkbomben oder Hellfire-Raketen das Objekt zerstören.

Wegen der Fülle der persönlichen Gegenstände erfolgt hier nur ein ganz kurzer Überblick darüber. Sie reicht von schwer entflammbarer, dunkler, atmungsaktiver Schutz-Kleidung über Körperschutz und diverse Kampfanzüge bis hin zu Helmen mit integriertem Funk, Flüssigkeitsspendern (Camelbak-Hydrierungssystem) und »Thermobak«. Lebenswichtig sind die mit Einschub-Keramik verstärkten Schutzwesten, sie haben aufgesetzte Taschen und weitere Vorrichtungen. Rucksäcke, Holster, Visiere, Kampfmittel-Westen, Schutzmasken, Schutzbrillen und Stiefel sind auf dem neuesten Stand, erlaubt und verbreitet ist Out-

Ein Funker gibt Daten in sein Gerät ein. Vorne ist eine moderne Antenne aufgebaut.

Der Computer hat schon lange Einzug gehalten.

door- und Sportbekleidung. Helme und Kopfbedeckungen richten sich nach dem jeweiligen Einsatz, oft sind moderne Pro-Tec-Helme im Gebrauch. Ellbogen-, Knie- und Schienbein-Schutz werden häufig getragen, auch Kleidung für extreme Witterung. Ein »medical pack« dient im Notfall der Erstbehandlung.

LITERATURVERZEICHNIS

Bücher

Adams, Thomas: US Special Operations Forces in Action. Frank Cass Publishers. London 1998.
Allen, Patrick: US Special Operations Command, Sonderverbände der USA im Bild. Motorbuch Verlag. Stuttgart 2004.
Barnett, Tovar, Shultz: Special Operations in US Strategy. USA 1984.
Beckwith, Charlie: Delta Force. Anns and Armour Press. London 1984.
Boger, Jan: Elite- und Spezialeinheiten international. Motorbuch Verlag. Stuttgart 1987.
Bohrer, David: US-Eliteverbände. Motorbuch Verlag. Stuttgart 2001.
Clancy, Tom: Special Forces. Wilhelm Heyne Verlag. München 2001.
Griswold, Terry, Giangreco, D.M.: Delta – Americas Elite Counterterrorist Force. Zenith Press. St. Paul 2005.
Haney, Eric L.: Delta Force. Im Einsatz gegen den Terror. Goldmann Verlag. München 2003.
Kelly, Francis J.: US Special Forces 1961–1971. Department of the Army. Washington D.C. 1973.
Linderer, Gary: Six Silent Men. Ballantine Books. New York 1997.
Macdonald, Peter: SAS im Einsatz. Motorbuch Verlag. Stuttgart 1994.
Micheletti, Eric: War against Terrorism in Afghanistan. Histoire & Collections. Paris 2003.
Pollock, J.C. : Pay Back. Delacorte Press. New York 1989.
Pushies, Fred: Weapons of Delta Force. MBI Publishing Company. St. Paul 2002.
Schauer, Hartmut: US Air Commandos. Motorbuch Verlag. Stuttgart 2002.
Schauer, Hartmut: US Navy SEALs. Motorbuch Verlag. Stuttgart 1998.
Scholzen, Reinhard: Personenschutz. Motorbuch Verlag. Stuttgart 2001.
Scholzen, Reinhard: KSK. Motorbuch Verlag. Stuttgart 2004.
Sutherland, Ian: Special Forces 1952–1982. R. James Bender Publishing. San Jose 1990.
Tomajczyk, S.F.: US Elite Counter Terrorist Forces. MBI Publishing Company. Osecola 1997.
Waller, Douglas C.: The Commandos. Dell Publishing. New York 1986.

Dienstvorschriften

Field Manual (FM) 305. Army Special Operations Forces.
FM 306. Urban Operating.
FM 324. Counterinsurgency.
FM 2176. Survival, Evasion and Escape.
FM 3120. Special Forces Operational Techniques.
Joint Publication 305. Doctrine for Joint Special Operations.

Broschüren

A Counterterrorism Story: A Review of the Counterterrorism Policy of the United States. Colonel Douglas Macfarlane, 20 May 1991. Naval War College.
Annual Report, US Special Operations Command. 2005, 2006, 2007.
Armed Forces Journal, verschiedene Ausgaben.
Army Times, verschiedene Ausgaben.
Behind The Lines. March/April 1996.
Capstone Concept for Special Operations, US Special Operations Command.
Congressional Research Service. Library of Congress.

Critical Analysis on Task Force Ranger. Major Clifford Day. Air Command and Staff College.
CRS Report for Congress. USSOF: Background for Congress. 25. January 2008.
Executive Intelligence Review. February 2006.
History, 15th, 20th Anniversary, US Special Operations Command.
Historical Planner, US Special Operations Command.
Military Review, verschiedene Ausgaben.
National Defense, verschiedene Ausgaben.
Parameters, US Army Quarterly, verschiedene Ausgaben.
Posture Statement 2006, 2007, US Special Operations Command.
Operation Acid Gambit. SOF rescue of Kurt Muse. USSOCOM Pressestelle.
Point Blank. The Philosophy of Special Operations. Major General Mike Hindmarsh. Australian Army Journal III 2006.
Prisoners Of War: The Search For Answers. Travis Masters.
Quadrennial Defense Review Report, February 2006.
Ranger History – Operation Eagle Claw. The Iranian Crisis.
SCUD Hunting. Lancaster University. Tim Ripley.
Special Operations Forces Reference Manual, January 1998.
Special Operations Technology, verschiedene Ausgaben.
Special Warfare, Organ des JFK Special Warfare Center and School. Fort Bragg. Verschiedene Ausgaben.
Special Forces – The First Fifty Years. Jubiläumsausgabe.
Stars and Stripes, verschiedene Ausgaben.
Statement of Max Boot, The Council on Foreign Relations on Terrorism, Unconventional Threats and Capabilities, June 29, 2006.
10th Special Forces Group, 1952–2002. Jubiläumsausgabe.
The Drop. Special Forces Association. Verschiedene Ausgaben.
The Hijacking of TWA 847, A Study of Bureaucratic Paralysis. National War College, Washington, December 1989.
The Origins of US Special Operations Command, Colonel W. Boykin. 1988.
The US Army Military History Institute. Verschiedene Studien.
Thinking about Special Forces. Answers to Often-Asked Questions. Ratgeber für den Nachwuchs.
Tip of the Spear. Zeitschrift des US Special Operations Commands. Tampa. Verschiedene Ausgaben.
United States And Soviet Special Operations. Study by the Congressional Research Service. US Government Printing Office. Washington 1987.
US Army Special Operations Command, Pressestelle. Fort Bragg.
US Special Operations Command, Pressestelle. Tampa.
VFW Magazine. Delta Force: Secret Wielders of Death.

Allgemeine Presse

ABC News. Associated Press. Baltimore Sun. Bild Online, News & Nachrichten. CNN online. Die tageszeitung. Die Welt. Fayetteville Observer Online. Fox News. Frankfurter Rundschau. Global security. Hamburger Abendblatt. Laredo Morning Times. Los Angeles Times. Navy News, Black-NET news. Newsweek. New York Times. Okinawa Marine. Reuters. Seattle Post-Intelligencer. Seattle weekly. Soldiers of the Truth. Specwarnet. Special Operations Com. Spiegel online. Süddeutsche Zeitung. Soldier of Fortune, verschiedene Ausgaben. Stern. De/Politik. Strategy Page. The Atlantic online. The Dallas Morning News. The New Yorker. The Salt Lake Tribune. The Static Line. The Terrorism Research Center. The US Mountain Ranger Association. The Wall Street Journal. The Washington Post. The Washington Times. Time-Magazine. USA Today. US News & World Report. Visier Special Nr. 35, Spezialeinheiten der Polizei. Wikipedia. World Net daily.